Achat und Schatz

buch & media

Cinzia Buss (geb. Martino), geboren in Rom 1961, besuchte das wissenschaftliche Gymnasium. Im Jahr 1979 reiste sie nach Frankfurt am Main, wo sie zwanzig Jahre lebte. Dort wurde sie Kommunikationselektronikerin im technischen mittleren Dienst bei der Deutschen Telekom. Mit der Privatisierung des Unternehmens zog sie nach Ostfriesland, die Heimat ihres Ehemanns. Orazio Martino, der berühmter Krokodilflüsterer von Dietzenbach, ist ihr Bruder.

Cinzia Buss

Achat und Schatz

Zwei Geschichten

buch & media

Weitere Informationen über den Verlag
und sein Programm:
www.buchmedia-publishing.de

Originalausgabe
November 2019
Buch&media Publishing, München

Umschlaggestaltung: Franziska Gumpp
ISBN print: 978-3-95780-186-9
ISBN epub: 978-3-95780-187-6
ISBN pdf: 978-3-95780-188-3
Printed in Germany

Inhalt

Der sagenhafte Schatz von Goa

Die Familie Panyas

Genest las aus seinem Schulheft vor:

»Die Seychellen sind eine Republik und ein Inselstaat im Indischen Ozean mit 42 Granit- und 73 Koralleninseln. Man sagt, Gott hätte die Seychellen-Inselgruppe zum Schluss erschaffen mit einer Handvoll Diamanten zerstreut im Indischen Ozean. Schon die Namen und die Formen der Inseln erzählen Geschichten inmitten eines Paradieses aus tropischen Palmen und Urwald, wo die kristallklare See die Grenzen des türkisblauen bis grünlichen zu suchen versucht.« »Stopp, Genest, für die Erdkundearbeit ist das nicht relevant. Bleibe lieber bei den Tatsachen.« »Auf Bird Island leben drei Arten von Riesenschildkröten. Wegen des üppigen Vogelbestands baute man dort bis zum Jahr 1905 über siebzehn Tonnen Guano ab, um auch auf Mauritius die Zuckerrohrfelder zu düngen. Hier lebten die Rußseeschwalben und die seltene Feenseeschwalbe.« »Vor allem ist hier Esmeralda zu Hause, die älteste, größte und schwerste Schildkröte der Welt. Sie ist nur hundertsiebzig Jahre jung und wiegt dreihundert Kilogramm«, fügte die Oma hinzu. Genest sagte etwas gekränkt: »Aber nein, das ist uninteressant. Auf dem Aldabra-Atoll befindet sich die weltgrößte Kolonie der Riesenschildkröten.« Seine Stimme klang dabei widerwillig, undankbar und langweilig. »Hier lebt außerdem die letzte flugunfähige Vogelart des Indischen Ozeans, die Weißkehlige Ralle. Das Klima ist der Laune des Monsuns unterworfen. In den Komoren zwischen Malawi und Madagaskar liegt die Insel Mayotte. Politisch gehört sie zu Frankreich, diese Entscheidung war eine Volksabstimmung«, las er genervt weiter. »Oma, bald ist Wochenende, lass es mich auch genießen«, flehte Genest.

»Bei der Volksabstimmung für die politische Zugehörigkeit von Mayotte war auch meine Mutter dabei. Das ist unser Zuhause, nicht vergessen. Damals waren viele Männer auf dem Festland und die Frauen mussten allein entscheiden. Von der ganzen umliegenden Gegend und noch weiter kamen schwangere Frauen hierher, um zu gebären. Es galt hier das Recht des Geburtsorts, die Kinder bekamen dann die französische Staatsangehörigkeit.«

»Bla, bla, Oma. Die Insel hat die Form eines auf dem Kopf stehenden Seepferdchens, deshalb ist dieses auch ihr Nationalsymbol, und ist mit einem doppelten Korallenriff umgeben. Da die Insel dicht am Äquator liegt, ist das Klima schwül warm.« »Ok, Spatz, lassen wir es gut sein. Aber morgen üben wir noch mal kurz.« Nach einer kurzen Pause, Genests krauses Haar streichelnd, fügte sie hinzu: »Du weißt, Schulbildung öffnet dir die Tore zur Welt.«

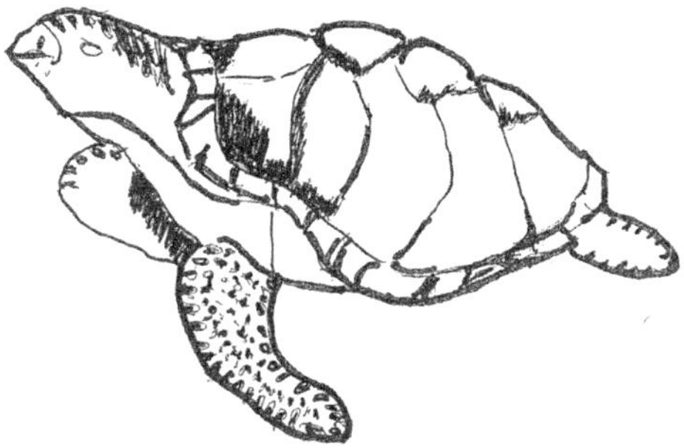

Die Großmutter Panya lebte mit dem Enkel Cash zusammen, der zwei Frauen geheiratet hatte. Die Insel Mayotte war von Muslimen bewohnt, laut dem Koran können die Männer bis zu zehn Frauen heiraten, wenn sie für alle gut sorgen können. Die Frauen waren Limba und Penda mit jeweils zwei Kindern, Gamal, Genest, Rasul, die Söhne und Lila, die Tochter. Sie lebten in einem Dorf, in einer Hütte aus Zement mit Palmblättern bedeckt, neben einem Bambusgebüsch, das von Lemuren bewohnt war. Morgens, immer beim Aufstehen, schob man zuerst das Moskitonetz beiseite. Es schützte vor Moskitos und anderen Insekten. Auf den Komoren hatte schon die Chikungunya-Epidemie gewütet. Die Männer trugen den Parco. Das war die typische Tracht dieser Gegend und diese wurde an der Brust geknotet. Cash musste aber, beruflich bedingt, Jeans mit einem bunten T-Shirt anziehen. Die Frauen trugen Gesichtsmasken aus Sandelholzpaste, die je nach Anlass komplizierte geometrische und florale Muster aufwiesen. Cash war von Beruf Fährenführer. Heute fuhren wieder Touristen zwischen Petite und Grande Terre. »Mère, quel ferry prendrons?« Mutter, welche Fähre nehmen wir? Es wimmelte von aufgeregten Touristen und die Sprachen waren erstaunlich vielfältig, die Lautstärke der Kinder war aber deutlich dominant. »Sont tous les mêmes, chérie.« Sind ja alle gleich. Die Fähre hatten alle den gleichen Namen, Salama Djama 1, 2, oder 3.

»Werden wir auch die Hauptstadt sehen?«, wollte ein Tourist wissen. »Auf der Petite Terre ist der Flughafen und ganz in der Nähe die Landeshauptstadt. Die Touristen werden dann von Fremdenführern zu den Sehenswürdigkeiten des Landes gebracht«, antwortete ein Matrose, der gerade an der Reling damit beschäftigt war, die Fahrgäste zu bedienen. Das Wetter war schön, so früh am Morgen erquickte noch eine frische Brise, während die Sonne noch verschlafen erst am Horizont den Himmel erhellte. Im kristallklaren, grünlichen Wasser surrten silberne fliegende Fische mit großen Flugspannen umher, die von verspielten Delfinen geärgert wurden. »Oh, là Mamma«, riefen zwei Touristen, an die Reling gelehnt. »Dort ist auch ein eingesunkener Vulkankrater, der Lac Dziani. Dies ist ein heiliger Ort.« »Ja, klar, an solchen Orten wohnen die Seelen der Ahnen«, sagte der andere patzig, die Augen gen Himmel gerichtet. Im Dorf erwachte der Alltag allmählich. »Lila, füttere nicht schon wieder die Lemuren. Du weißt, dass wir das Essen selber brauchen«, sagte die Oma ruhig. »Schau mal, sie tragen die Kleinen, sind sie nicht süß?« »Ja, aber nicht mehr lange. Es sind wieder die Weibchen mit den Kindern. Die Männchen treiben sich am Strand herum und dösen in der Sonne. Das ist verantwortungslos.« Penda und Limba bemalten sich die Gesichter. »Penda, gehst du heute einkaufen? Du kannst besser verhandeln, nimm Genest mit. Ich gehe lieber Wäsche waschen am Fluss.« Penda erwiderte: »Nimm dich in Acht vor den Zebus. Die sind so frech, dass sie überall herumstehen.« Die Oma schrie schon wieder: »Kinder, zum Frühstück, ihr müsst gleich los.« Alle schubsten sich gegenseitig, um als erstes zum Frühstück zu kommen. Lila drückte sich an ihre Oma: »Sie sind alle so gemein zu mir.« Tröstend entgegnete ihre Oma: »Ah Lila, sie sind Jungs, das ist halt so.« »Gamal benimm dich, du bist im Teenie-Alter. Früher, als es noch keine Zementhütten gab, hättest du deine eigene Junggesellen-Hütte bauen müssen«, sagte die Mutter streng schauend. »Die Zementhütten waren rot wie der Boden unter den Füßen. Es sah fast so aus, als wären sie unsichtbar in der Landschaft. Das waren noch schöne Zeiten. Grell und bunt bemalt sollte zeigen, dass man bereit war, selbstständig zu leben.« »Genau«, sagte Genest triumphierend. »Leider ist das heute aus der Mode geraten, jetzt müsst ihr mich dulden.« »Weißt du, Lila«, sagte Genest belustigt. »Auf der Insel Moyenne spukt es und die Geister heulen ›uuuuu‹.« Lila drückte sich an ihre Oma. »Aber Gamal, sie ist noch so ängstlich, es ist Zeit zur Arbeit zu gehen. Wo bist du heute?« »Heute bin ich auf dem Feld, Vanille und Ylang-Ylang-Pflanzen pflegen.«

Dieser Tag war herrlich, keine Wolke war am Himmel und der Geruch der Kräuter, wofür die Insel berühmt war, machte seinem Name alle Ehre. Der salzige Geruch der Küste gab eine besondere Note dazu. »Penda, nimm ruhig ein paar Euro mit. Denke daran, dass morgen schon Wochenende ist«, erinnerte Limba sie noch. »Mama, können wir auch mitkommen, Rasul und ich? Unsere Freunde baden dort auch«, fragte Lila schüchtern und schaute dabei die Oma an.

»Lila, wenn du lieber bei deiner Mama bist, ist das ok, ich komme schon zurecht. Deine diebischen Lemuren werde ich schon verscheuchen.« Limbas Weg zum Fluss führte an einem holprigen Dschungelpfad entlang, umgeben von tropisch grünen Bananenpflanzen und Palmen. Zwei Flughunde flatterten wild auf die Krone des Baumes. »Kinder, achtet auf eure Köpfe. Diese Flughunde gehören in den Kochtopf.« An der Hängebrücke trafen sie andere Frauen, auch mit Körben auf dem Kopf und kleinen Kindern dabei. Die Kinder gesellten sich zueinander. »Ach, die Zebus. Der Weg ist wieder versperrt, die Karre steht einfach da. Wir gehen einfach auf die Seite. Kinder, lasst die Zebus in Ruhe«, sagte die Älteste. Am Fluss ging es lebendig zu, zwischen dem freudigen Geschrei der Kinder, dem Gesang der Jüngeren und den lauten Gesprächen der Älteren. Schon hing die erste fertige Wäsche am Gebüsch zum Trocknen. Die älteren Kinder versuchten mit spitzen Stöcken Blätter und Sonstiges zu fangen, nur um anzugeben, was für gute Fischer sie seien. Auf dem Weg zum Basar trafen Penda und Gamal die ersten Einwohner vor der Haustür sitzend oder stehend. Sie grüßten sich herzlich. Jeder kannte jeden. Der Basar war sehr belebt, leuchtende bunte Farben von Gemüsen, exotischen Früchten und herrlichen Stoffmustern erhellten den Platz. Dort fand man alles, was man benötigte. Die meisten Verkäufer waren Frauen. Es war sehr laut und jeder bot seine Erzeugnisse an. Ein Stand hatte Öle, besonderes Ylang-Ylang-Öl, getrocknete Teeblätter und allerlei Samen zum Vermischen mit den Speisen im Angebot. Das war besonders beliebt bei den Touristen. Ansonsten wurde der Rest exportiert. Die Farben der getragenen Kleidungsstücke waren farbenfroh. Einige gingen lieber barfuß. Am Fischstand war heute keine große Auswahl, die Ebbe hatte eingesetzt und die Fische weilten nun woanders. Daher war der Fisch heute teuer. Ein Mann stritt sich heftig mit einem Händler, weil er den Fisch für morgen dringend gebraucht hätte. Alle kauften kräftig für die Strandparty am Wochenende ein. Die meisten nahmen sich dann lieber den Fleischstand und das Geflügel vor. Eine Gruppe junger Männer ging trotzdem mit spitzen Stöcken auf Fischfang, was Aufsehen erregte. »Hi, Jungs, wenn ihr Glück habt, kaufe ich mal von euch!«, rief jemand und andere fügten hinzu: »Verlauft euch nicht in Madagaskar.« »Ja, sicher, ihr Pappnasen!«, knurrten die Jungs gemeinsam. Calvin umarmte Barack und sie sangen laut: »Wir gehen ja fischen, bei Ebbe …« Viele lachten und die Jungs waren froh, als sie ganz weit weg waren.

Überall waren weiße, menschenleere Strände in der Mitte von exotischem Flair. Zwischen die zwei

Baobabs mit ihren klebrigen, weißen Blüten wurden Tonnen gestellt, zur Vorbereitung der Strandparty am Abend. Das ist hier am Wochenende üblich. Heute war Ebbe und schon draußen, hinter den ersten Riffen, herrschte kaum Wellengang. Das Wasser war badewannenwarm. Zwischen den Korallenwäldern dösten Buckelwale und herrliche Fischschwärme in stechend grellen Farben. Der Tag ging zu Ende, am Horizont verabschiedete sich eine riesige Sonne mit goldenen Strahlen über der ganzen Landschaft. »Schau mal«, sagte Mahir zu seinem Sohn Malo. »Jetzt küssen sie sich. Bald hört man ein Zischen bei Sonne und Meer, wenn du still bist.« Ein Schwarm Delfine hatte Turnstunde und mit summenden und schnatternden Tönen sprangen sie wild umher und gaben den Anschein, als ob das Wasser kochen würde. »Ja, Vater, mit dem Zischen wird es heute nichts, da hast du nicht mit den Delfinen gerechnet.« »Da!«, schrie Etana, die kleine Schwester. »Der schwarze Delfin.« »So«, sagte die Mutter. »Noch eine Blüte zwischen die Haare und du riechst so herrlich wie die Luft unserer Insel.« Pierre und Raoul kamen vom Rennen aus der Puste, auch mit guter Kleidung. »Schau mal, Malo, wir haben es nicht vergessen, wir haben ihn neu gebastelt.« Voller Stolz zeigten sie den Ball, der aus Zeitung und Lumpen zusammengezimmert worden war. Die Erwachsenen grüßten sich mit Handschlag, andere mit gehobenen Händen, aus altem Brauch des Bürgerkrieges auf dem Kontinent. Sie wurden immer mehr. Jeder brachte etwas mit. Das Feuer zum Grillen in der Tonne wurde langsam angezündet. Die älteren

Menschen wurden besonders respektvoll begrüßt, die Frauen kamen mit Gesichtsmasken in verschiedenen Motiven und sahen wunderschön aus. Sie bereiteten die Speisen vor, denn aus religiösen Gründen dürfen die Männer nicht mit rohen Lebensmitteln hantieren. Die ersten Musikanten kamen, die mit Saiten versehenen Bambusrohre wurden eingestimmt und die Jungs übten auf mit Fell bespannten Trommeln ihren Rhythmus. Plötzlich ertönten schwirrende und sirrende Geräusche. »Die fliegenden Fische«, schrien die Kinder, einige verließen das Wasser, bis es ruhiger wurde. Über dem gigantischen Baobab flogen schon die ersten Seychellen-Flughunde mit ihrem Geschrei um die Krone herum, während andere noch mit dem Kopf nach unten an den Bäumen hingen. Endlich kam Marsur mit dem Muschelhorn, das für den besonderen Klang sorgte.

Nun konnte gespielt werden. Zum Essen gab es eine große Auswahl, zum Beispiel Maniok, eine Wurzelknolle, die gekocht nach Kartoffeln schmeckte. Es gab auch Kuja, eine bittere, grünliche Paste mit Gummikonsistenz, die früher als Reisersatz diente. Zu trinken gab es unter anderem Palmenwein. Die Melodien waren rhythmisch, wiederholend und vielen bekannt. Es wurde gemeinsam gesungen, getanzt oder einfach miteinander unterhalten. Die Tänzer zeigten ihr Können und der Dunst des Grillfleisches beherrschte die Luft. Nicht unweit von hier war der geschützte Bezirk der Riesen-Seeschildkröte. Zwischen Juni und Oktober sah man die ersten am weißen Strand gemütlich ankommen. Die Kinder im Wasser schwammen drum herum, um sie nicht zu stören. Das war ein harmonischer Umgang miteinander. Die Schildkröten waren dankbar und schauten vertrauensvoll mit ihren großen Augen und die Kleinen streichelten den Großen zart über den Panzer. Zwischen dem Geschrei der Fußball spielenden Kinder und der Musik, die immer wieder lange Pause machte, unterhielten sich die Männer. »Aber Baako«, sagte Marsur, »glaubst du wirklich, dass du in Frankreich Arbeit findest, die so gut bezahlt ist, dass es dir dort besser geht?« »Na ja, außerhalb der Touristenperiode verdiene ich hier nicht viel. Ich möchte auch, dass meine Kinder eine gute Schule besuchen. Vielleicht haben sie es dort besser.« Die Oma Panya unterhielt sich mit den Gleichaltrigen, Cendrine und Ciel. »Es ist so ein Traum von mir, in letzter Zeit kommt er immer wieder.« Dann sagte Ciel: »Erzähle mal.« »Ich arbeite auf dem Kräuterfeld und alle verschwinden nach und nach. Keiner singt mehr.« Sie schnappte nach Luft. »Dann fliegt ein großer Vogel im Kreis über meinem Kopf und mit lautem Geschrei. Es klingt so, als wolle er mir etwas sagen, aber ich verstehe nicht, was.« Dann sprach Cendrine mit respektvoller Miene und leiser Stimme, nachdem sie Ciel mit einem Blick durchbohrt hatte: »Es ist wohl der Ruf eines Ahnen. Du sollst zum See.« Panya schaute unsicher und ängstlich. »Wenn du willst, kommen wir beide mit, nicht wahr, Ciel?«

Panyas Geheimnis

»Lila, beeile dich, heute ist Moschee-Tag, alle haben sich schon herausgeputzt.« Am Freitag verzichteten selbst die Männer auf den traditionellen Parco. Die Frauen trugen keine Gesichtsmasken. »Schau mal, Lila, alle sind fertig, sogar die Kleine der Nachbarin. Sie hat sich bildhübsch zurechtgemacht«, schimpfte die Mutter. »Ist nicht wahr, Mutter, nicht alle machen sich auf den Weg zur Moschee. Die Schamanen-Familie macht sich einen schönen Tag und bleibt zu Hause.« »Lila, du weißt doch, sie gehören zu den Ureinwohnern und haben ihre Traditionen. Zum Glück sind es nur ein paar, sonst haben wir auf dieser Insel nur Muslime«. Als Lila schließlich fertig war, lief schon das halbe Dorf die Straße hinunter. Nach der Moschee traf Panya Cendrine. »Guten Morgen meine Liebe, ich habe eine gute Nachricht. Ein Bekannter fährt uns drei morgen früh mit dem Auto nach Lac Dziani. Was sagst du dazu?« »Klasse, meine Liebe, wie wollen wir bezahlen?« »Da brauchst du dir keine Sorgen zu machen. Das passiert so unter uns, für zwei Hühner und ein Pfund Bohnen.« Panya war erleichtert. »Zum Glück befindet sich der See in Petite Terre und wir wohnen nicht sehr weit vom Fährenbetrieb entfernt.« Am nächsten Tag war Panya früh auf und sehr aufgeregt wartete sie darauf, abgeholt zu werden. Selbst die Lemuren im Bambusgebüsch schliefen noch. Es herrschte eine gewisse Stille, am Baum gegenüber schliefen die Flughunde noch, mit dem Kopf nach unten hängend, diese Schurken. »Gott sei Dank, sie schlafen noch. Diese Hitzköpfe sind sonst immer so laut.« Panya glaubte, etwas gehört zu haben. Kaum war sie vor der Tür, sah sie schon von Weitem das Auto auf dem holprigen Weg fahren. Der kühle Wind streichelte ihr Gesicht. Tief atmend genoss sie den Augenblick. Es roch nach feuchter Erde, vom Morgentau geküsst. An der Fähre traf sie Cash, der ihr viel Glück wünschte. Die Damen waren sehr aufgeregt. Im Meer drängten sich orange-rot leuchtende Clownfische neben Doktorfischen, verjagt von dem grimmigen Seeteufel. Das Wasser war so klar, dass man beim Schnorcheln bis zu dreißig Meter tief auf den Grund hinabsehen konnte. Mittlerweile waren schon die ersten Sonnenstrahlen am Horizont zu sehen. »Der See Dziani ist mit seiner smaragdgrünen Farbe und der schmückenden Landschaft drum herum ohne Zweifel der beeindruckendste Kratersee auf der Insel. Er bildet fast einen perfekten Kreis …«, sprach der Fremdenführer.

Die Touristen marschierten mit dem Fremdenführer um den Lac Dziani herum. Dieser See vulkanischen Ursprungs beäugte die Besucher, während quellende Blasen, welche die grüne Brühe an der Stelle aufwühlten, heraufstiegen. Drumherum, ummantelt von üppiger Vegetation in grünem Look, wehten die Palmen in der leichten Brise. An diesem heiligen Ort, in der Nähe einer Höhle, die von Palmen überdacht war, fiel Panya auf die Knie und ein Licht umhüllte sie sehr lang. Diese Begegnung veränderte sie auf eine besondere Art und Weise. Endlich hatte sie innerlich Frieden gefunden. Die Freude hielt nicht sehr lange an, denn von dieser Begegnung an wurde Panya von Träumen geplagt, die immer bei Vollmond auftraten. In der Stille der Nacht rief sie jammervoll: »Evelyn, Evelyn.« Es war in der Mitte der Woche, aber jeder wusste, es wurde wieder Vollmond. Die guten Freundinnen von Panya versuchten, die Albträume zu verhindern, und organisierten einen Ausflug. Diesen Morgen stand Panya recht früh auf und lief durch den Wald, entlang an wilden Orchideen, Tulpenbäumen, Frangipani-Bäumen und Baobabs sowie den noch an ihren Ästen schlafenden, mit dem Kopf nach unten hängenden Seychellen-Flughunden. Farne benetzten den Boden zwischen verschiedenen Palmenarten. »Das Wetter wird heute schön«, dachte Panya den Himmel betrachtend. Helle Streifen verdrängten immer mehr die Finsternis und bald sah sie schon die ersten goldenen Strahlen einer sich formenden Kugel. Es waren nur dreißig Minuten Marsch, Ariane und Esmira wohnten in einer besseren Gegend. Ariane hatte einen Beamten geheiratet. Obwohl er Muslim war, hatte er nur eine Frau. »Seit 2008 wurde die Polygamie verboten, aber nicht jeder hielt sich dran«, hatte Cash mal erklärt. Trotz der unterschiedlichen sozialen Stellungen waren die drei vom Kindesalter an miteinander befreundet. Sie waren auch dabei, als die große politische Veränderung sie vor die Wahl gestellt hatte, unabhängig von Frankreich zu werden oder nicht. Ihre Mütter entschieden sich dafür, ein

Außenposten Europas zu werden. Sie spürten den Wind wechseln, obwohl sie noch Kinder waren. In Mayotte begann der Tag mit den hellen Grunzlauten der Makis in den Bambusstauden und Kokospalmen. Sie hüpften von Ast zu Ast und sprangen wie Akrobaten auf Panyas Schultern und Kopf, um eine Banane aus ihrer Hand zu fressen. Die Frauen trafen sich bei Esmira. »Die Kinder sind in der Koranschule und die Tante kümmert sich später um sie«, sagte Esmira erleichtert. »Raoul ist heute bei seiner zweiten Frau, ich bin sozusagen vogelfrei!«, sagte Ariane. Alle mussten lachen, als sie die Arme wie Flügel schlug und dabei einen Blumentopf auf dem Boden zerschellte. »Oh nein, meine Frangipani Pflanze.« Panya half ihr, sie aufzuheben. »Beruhige dich, es ist nichts passiert. Ariane, ist diese Hütte dein Eigentum?« »Ja, sicher. Der Hausbesitz wurde von meiner Mutter an mich weitergegeben, so ist es Brauch. Mein Ehemann ist nach der Hochzeit hierher gezogen, in ein gemachtes Nest, gegen einen symbolischen Betrag.« Esmira stolzierte umher und sagte: »Meine Mädchen helfen mir im Haushalt vor und nach der Koranschule, die um sechs Uhr morgens beginnt.« Während sie sich gegenseitig schminkten, redeten sie weiter: »Am Freitag kommt das Versorgungsschiff. Ich habe aus Praslin zwei Coco de Mer bestellt.« »Ach, Esmira, du Glückliche«, bestärkte Panya. Ariane war offensichtlich aufgeregt. »Ich freue mich sehr, dass unser lang ersehnter Halbtags-Ausflug aufs Meer klappt und das Wetter auch schön ist.« Obwohl die öffentlichen Gebäude, die Autos, die Supermärkte und die Bäckereien mit Baguettes und Croissants das französische Flair in der Hauptstadt ausstrahlten, war Mayotte eine afrikanische Insel. Auch hier gab es Armenviertel, selbst bei Tageslicht sind manche Gegenden sogar noch unheimlicher als bei Nacht. Dicke Frauen lehnten in weit geöffneten Fenstern auf Kissen und betrachteten den spärlichen Verkehr. Leute in Leinenhosen und weißen Unterhemden standen in Hauseingängen und beäugten zufällige Touristen misstrauisch. Schmuddelige Kinder spielten lärmend auf der Straße oder rannten den fahrenden Karren einige Schritte hinterher. Die Frauen trugen die Schiromani, den inseltypischen Wickelrock, und waren mit ockerfarbener Sandelholzpaste geschminkt. Die Männer trugen Burnus, weite Kapuzenmäntel, und Kofia, die bestickten Kopfbedeckungen der afrikanischen Muslime. Das ist das Straßenbild Mayottes. Zweimal in der Woche gab es diese Halbtags-Ausflüge aufs Meer. Die drei Damen mussten an dem Armenviertel vorbei. »Ich laufe nicht so gerne hier lang. Lasst uns unauffällig sein«, sagte Esmira. Hier und da grüßten sie die Leute mit einem strahlenden Lächeln. Endlich stiegen sie auf das Boot. Das erste Reiseziel war die Ilot de Sable Blanc, die weiße Sandinsel. Die Fahrt dauerte dreißig Minuten, dann folgte der Mangrovensumpf in der Bucht von Kani, zum Schnorcheln. Die drei Damen, zum Teil an die Reling gelehnt, genossen die Fahrt. Heute waren sie die einzigen Mitfahrenden. »Die Mangroven sind Skulpturen von Lebenskünstlern der Anpassung, die in salzigem Wasser unter der prallen Sonne wachsen. Einfach wunderschön«, staunte Panya. »Schau mal, ihre Stelzwurzeln bremsen die Gezeitenströmung. Das ist gut, fast die gesamte Küste Mayottes ist mit Mangroven gesäumt«, sagte Ariane. »Zum Schluss ging es zur Mini-Nebel-Insel Mbouini in Richtung Krokodilskopf-Felsformation«, kündigte der Reisebegleiter an. Es war später Nachmittag, als sie heimkehrten. Der Himmel begann langsam in allen Regenbogenfarben zu schimmern: Blau, rot, orange, violett, rosa, gelb und mit den Wolken am Horizont wirkte er sehr malerisch. Diese Nacht war Panya sehr erschöpft und schlummerte schnell ein. Trotz allem erhoben sich auch diese Nacht ihre flehende Rufe wie drohende Schatten in die Luft: »Evelyn, Evelyn«. Einstimmig entschieden sich die Damen, den Fall dem Schamanen zu übergeben. Der Schamane gehörte zur traditionellen Ur-Religion des Landes, welche nicht mit Voodoo zu verwechseln ist, obwohl auch sie die Synthese einer Idee und Philosophie eines Weltbildes darstellt. Diese Praktiken finden besonders unten den Kreolen große Zustimmung. Afrikaner können sich viel vorstellen, außer Atheismus. Die Ethik spricht für die philosophische Disziplin der Vernunft. Sie ist die Kultur, die an Geister glaubt und dass es das Gute wie das Böse gibt, welches das Leben beeinflusst und gut einstimmt, wenn man darum bittet.

Die Zeremonie vollzog sich am frühen Morgen, wenn die ersten Lichtrisse ihre langen Finger zum Mond streckten, um ihn festzuhalten. »Weh, wenn es gelingt«. So fingen immer die gruseligen Geschichten an. Vor der Zeremonie musste sich der Schamane geistig vorbereiten. Zu diesem Zweck brauchte er monotone Hintergrundmusik, welche mit dem Aufeinanderschlagen von Steinen in Begleitung von Trommeln und Rasseln die Konzentration steigerte und auf einen Punkt fokussierte. Dieses Ritual wurde an einem besonderen heiligen Ort durchgeführt, Ziara genannt. Erst als der Tanz und die Gesänge völlig in Ekstase gerieten, wurden die Zauberformeln zitiert, welche mit verschiedenen Utensilien verstärkt wurden. Die Werkzeuge waren ordentlich aufgereiht: ein Pendel, ein Edelstein, Hühnerfedern, Räucherwerk und verschiedene Flakons mit bunter Flüssigkeit. Panya lag in Trance auf einem Altar. Der Schamane bat um den Schutz der Geister, welche hier herrschten. Sie baten mithilfe verschiedener Rituale um Unterstützung durch Lobpreisung und Gebete.

Der Schamane war ein großer Mann mit einer geprägten spitzen Nase, die im Spiel von Nebel und Licht gruselig aussah. Sein Parco hatte besondere Muster. Zu diesem Anlass trug der Schamane auch einen Talisman bis zur Knotenstelle an der Brust. Diese Rituale werden von Musik und Tänzen begleitet, die ein wichtiges kulturelles Erbe von Mayotte darstellen. Milo, der ältere Sohn des Schamanen, war bei der Zeremonie dabei, um das Handwerk zu lernen. Er trug mit Vorliebe lange Zöpfe bis zu den Schultern und einen schwarzen Hut. Die Ähnlichkeit von Vater und Sohn war verblüffend. Der Edelstein, den der Schamane trug, war das »Tigerauge«. Dieser Stein sollte vor falschen Freunden schützen und den Blick schärfen. Bei dem Vorgang erhoben sich Wolken, die tummelnd ineinander zwirbelten und sich von Grau zu einem finsteren Schwarz färbten und die Gegend in tiefe Nebel verschlug. Panya lag seelenruhig da. In den Wirbeln von Sog und Strudel verbreiteten sich sagenhafte, undefinierbare Gerüche in der Luft. Delfine sprangen im kalten Wasser bei einer dreieckigen Sonne. Das Ergebnis: »Sie soll die Botschaft ernst nehmen und sich auf die Suche begeben, drei Unterstützungen für ein Ziel.« Obwohl Panya angeblich alles erfahren hatte, verfinsterte ein dunkler Schatten das Gesicht des sonst so freundlichen Schamanen.

Träumen

Ein stürmischer Wind wehte peitschend über die stark veränderten Granitfelsen der Berge. Fürwahr eine trostlose Gegend, umgeben von einer hohen Gebirgsformation, wo nichts zu leben schien. Dicker Nebel umarmte den Küstenbereich der kleinen Insel. Panya musste weiter klettern, ihr Wickelrock flatterte im Wind. Schnaufend lief sie einen Pfad entlang und schon sah sie die Brücke. Eine lange Hängebrücke schwankte über dem Abgrund. Sie musterte ihren Zustand und wog die Überquerung ab. Windböen peitschten die Brücke hin und her, der Wind heulte gespenstisch und pfiff mit schrillen Tönen über den Abgrund. Gerade hier schien der Wind Freude daran zu haben, die Brücke kräftiger zu schütteln, sodass sie hohe Schwingungen erreichte. Schritt für Schritt näherte sich Panya dem Ende der Brücke, bloß darauf bedacht, nicht in den Untergrund zu sehen. Die Luft war schwer, die Kälte unerträglich. Schweißperlen der Angst benetzten ihr Gesicht. Unter der Brücke löste sich allmählich der Nebel. Auf der anderen Seite angekommen, wusste sie, dass ab jetzt keine Brücke mehr zu finden sein würde. Der nächste Bergabschnitt war von einem Canyon getrennt. Panya suchte hoffnungsvoll eine Möglichkeit zum Abstieg. Der Anblick allein raubte ihr schon den Verstand und ihre Beine wurden schwach. Dort er-

kannte sie eine steile, treppenartige Felsformation. Sofort machte sie sich auf den Weg. Ein paar Meter noch und schon erspähte sie die Form eines Musters auf dem Boden des Canyons: ein Dreieck. Eine Ecke war gelb markiert, die nächste Ecke zeigte einen Kreis und die letzte ein Herz. Sie berührte die drei Markierungen und nur bei der gelben Spitze fuhr ein Beben durch ihr Herz. Zurück am Strand saß Panya zufrieden und erschöpft am Fels, da der Strandanteil sehr klein war, und starrte auf das Meer hinaus, wo die Gischt mit regelmäßigen Abständen aufbrauste und ihre eintönige Melodie surrte. Der späte Nachmittag warf schon tiefe Schatten und das Granitgestein, gefleckt von der Brandung, zeigte tiefe Risse, so gegenwärtig war die Macht der Natur, erschreckend und faszinierend zugleich. Wunderschön beruhigend war es, besonders das auf sich wirken zu lassen. Auf der anderen Seite explodierte selbst bei schwachem Seegang die Schaumkrone des Ozeans viele Meter hoch brausend über der Klippe. Dort bemerkte Panya die Anwesenheit von drei Fischern. Ein Fischer verlor gerade seinen Fang, weil er zu lange gewartet hatte. Der zweite Fischer war ein Flussfischer, er hielt seine Angel gerade dort, wo der Fluss ins Meer mündete und trotzdem war sein Korb voller Fische. Am Strand kam ein dritter Fischer mit einem Schnorchel aus dem Wasser. Er hatte auch einen dicken Fang gemacht. Erst jetzt sah Panya ein Boot. Es wackelte fürchterlich. An Bord war eine Frau und als das Boot kenterte, sprang Panya in die kalten Wogen. Egal wie sehr sie gegen die Strömung schwamm, die Wogen waren stärker und zeigten ihr bei jedem Einholen, dass sie keine Chance hatte, weiter zu kommen. Panya ließ sich nicht entmutigen. Plötzlich spürte sie, wie eine unsichtbare Kraft ihr zu Hilfe kam und die Strömung musste nachgeben. Schnaufend und schäumend, nicht bereit aufzugeben, brüllte das Meer und jaulte fürchterlich vor sich hin. Nur so gelang es ihr, die Frau zu retten. Sie war eine junge und sehr hübsche Frau, und trug einen vergoldeten Armreif mit zwei Delfinen, die sich an Kopf und Bauch berührten. Am felsigen Strand betrachteten die beiden erschöpft den Untergang der riesigen Sonne, während Delfine laut schnatternd und mit großem Getöse Turnübungen veranstalteten.

Auf der anderen Seite Madagaskars hinter der Baie de Tintingue, einem Kanal, ist die Insel Sainte Marie. Die Insel ist berühmt für ihren Piratenfriedhof, im Meer befindet sich auch ein Piratenschiffsfriedhof inmitten von einsamen, kleinen Buchten, umgeben von goldenen Sandstränden. Korallenriffe schützen vor Haien, was der Traum vom Tauchen und Schnorcheln vollkommen macht. Fischer mit traditionellen Pirogen zogen über die Lagune. Die vielen Wasserfälle aus dem Regenwald ergossen sich ins Meer. Das war malerisch schön, da vor allem die Regenbögen mit ihren Farbenspielen das Tor zum Märchenland zeigten. Zwischen Juli und September konnte man sich vor der Westküste tummelnde Buckelwale beobachten. Die imposanten Säugetiere mit ihren Wasserfontänen, welche von der Antarktis hierher zogen, fanden im Kanal zwischen Sainte Marie und Madagaskar hervorragende Bedingungen vor, um ihre Jungen großzuziehen. Charakteristisch war unter anderem ihr Tauchverhalten, bei dem sie einen Buckel beim Auftauchen bildeten. Dabei hoben sie sich vollständig heraus und vollzogen akrobatische Sprünge. Das Klatschen erzeugte Knallgeräusche mit gewaltigen Wasserwellen, genauso wie die Wasserfontänen, die ihre Präsenz sofort ankündigten. Das war auch die Zeit der Paarung, hier kam es auch zu aggressivem Verhalten der männlichen Tiere untereinander. Sie bedrohten sich mit geöffnetem Maul, rammten und drängten sich ab, und dabei verletzten sie sich nur oberflächlich. Es waren auch die männlichen Tiere, die bei der Paarungszeit mit ihrem Gesang die facettenreichsten Tierlaute unter Wasser produzierten. Auf einem mit einem Hydrophon ausgestatteten Boot könnte man ihren Gesängen lauschen. Das war die Heimat von Evelyn. Evelyns Traum:

Evelyn machte sich auf den Weg zur Fähre unten am Strand. Das Wetter war schön, eher zu warm. Drei Sonnen in Dreiecksformation erschienen unheimlich bei einem wolkenlosen, leicht rosa-orangenen Himmel. Sie wirkten so hell und majestätisch. Plötzlich wurde Evelyn von einem spiralförmigen Sog herumgewirbelt und landete sanft auf dem Boden. Schattenspendende Wälder und Kokosnuss-Plantagen schlängelten sich vom Dorf bis hinunter zum Strand, wo der Fährbetrieb bereit war für die Abfahrt. Eine Fahrt mit der Fähre war nicht billig und vor allem nicht sicher. Es waren schon viele auf See gekentert, dennoch hatte sich Evelyn dafür entschieden. Sie fuhr an tropischen Mangrovenwäldern vorbei, in denen es von exotischen Lebewesen und Pflanzen nur so wimmelte, zwischen verträumten und malerischen Buchten, wo sich kleine Wasserfälle romantischen Teichen näherten und Regenbögen in der Luft Kringel schlugen. Fluchtartig kündigte sich ein Wirbelsturm an, hohe Wellen schmetterten gegen die Fähre. Erst jetzt merkte Evelyn, dass sie allein war. Mit dem letzten klaren Verstand suchte sie einen Rettungsring oder eine Weste, aber nichts dergleichen war dort. Schließlich forderte die Brandung ihr Opfer, gerade da, wo schon viele Wracks lagen: Es war der Friedhof der Piratenschiff-Wracks. So plötzlich wie der Wirbelsturm kam, so zügig verschwand er auch. Evelyn schwamm zwischen den Wracks mit der Hoffnung, dass Schnorchelnde ihr helfen könnten, aber sie waren auch nicht da. Gesänge kündigten das Eintreffen der tummelnden Buckelwale mit ihren Jungtieren an, Wasserfontänen brausend und gigantisch so laut wie Donner zogen ihre ganze Aufmerksamkeit auf sich. Evelyn wusste: Wenn die Wale sich bedroht fühlen, werden sie unangenehm. Daher schwamm sie auf dem Rücken. Fast ohne Bewegung kreuzte sie unbemerkt die imposanten Säugetiere. Sie beäugten sie. Rasch hatte die Dämmerung ihren Umhang ausgebreitet. Starke Bauchschmerzen plagten sie, sodass sie kaum atmen, geschweige denn ihre Konzentration behalten konnte. Das verzweifelte Hämmern im Bauch war alles, was ihr noch die übernatürliche Kraft gab, den verzweifelten Hilferuf gen Himmel zu schleudern. Die Delfine turnten im warmen Wasser pfeifend und surrend umher. Eve-

lyn erkannte das Korallenriff an der kleinen Bucht mit dem goldenen Strand. Schon eilte eine Frau mit ihrem gelben Schiromani zu Hilfe. Kurz blitzte das Bild der drei Sonnen am Himmel und brannte sich in ihr Gedächtnis ein. »Seltsam«, dachte sie. Mit dem letzten Atemzug betrachtete sie den blutroten Mond, der noch schwach in Nebel gehüllt war. Da erspähte sie wie im Traum, wie sie ihr Baby liebkoste, ehe die Dunkelheit Überhand gewann.

Jeanne arbeitete in Moyenne, einem Nationalpark. Das Emblem ihrer Uniform zeigte ein Herz, das Zeichen von Moyenne, denn die Insel hatte die Form eines Herzens. Die Granitinsel war vulkanischen Ursprungs, wie alles hier, und so klein, dass in fünfundvierzig Minuten der Rundgang zu Ende war. Hier soll sich auch der Geist von Mary Best herumtreiben. Nachdem ihr Besitzer Brendon Grimsawn im Alter vom 87 Jahren im Jahr 2000 starb, war die Insel nun nicht mehr bewohnt. Da er mit seinem Adoptivsohn vergeblich nach dem Schatz von La Buse gesucht hatte, begannen sie die Pflanzung von 16.000 Bäumen, darunter 40 Arten Coco de Mer. Hier hat man ein Schatzinsel-Feeling mit wunderschönen Buchten, einigen pittoresken historischen Relikten, umgeben von Schildkröten am Land und im Wasser. Hier lebte Jeanne, die in dieser Nacht träumte:

Jeanne war fertig mit der Arbeit und machte am Strand eine Pause. Der relativ ruhige Wellengang schien schaumig und einzigartig zu leuchten, während der Himmel schon seinen Vorhang verdichtete. Drei Sterne blitzten schon auf, sie wurden immer größer. Jeannes Herz begann zu hämmern. »Vielleicht sind das Flugzeuge«, versuchte sie sich selbst zu beruhigen. Erstaunt und ungläubig musste sie zusehen, wie die Sterne sich zu einem Superstern vereinten, der schnurstracks in Richtung Mayotte raste. Von Neugier getrieben und schwer atmend, streckte Jeanne unbewusst die Arme aus wie die Vögel die Schwingen. Sie schwebte, leicht segelnd mit ausgestreckten Armen, die sich von Zeit zu Zeit hoben und senkten. Wie von Zauberhand getragen, glitt sie schnell und leise über den Ozean, dem Superstern entgegen nach Mayotte. Am Ufer sah sie zwei Frauen, eine Mutter mit Säugling und eine in einem gelben leuchtenden Schiromani.

Panya bekam einen leichten Job bei Cash in Petite Terre, bei der Fahrkartenausgabe für die Fähre. Sie war stets in dem gelben Schiromani gekleidet. Dort war der kleine Flughafen. Hiermit hatte sie die Möglichkeit, Fluggäste auf dem Weg zur Fähre zu beobachten. Sie war sich sicher, dass wenn sie hierher kämen, dann mit dem Flugzeug oder mit der Fähre. Damit wäre die Fahrt sicherer und günstiger.

Der Robin Hood Madagaskars

Amos stand sehr früh auf, als die ersten Vögel des Morgens ihn mit Gesang grüßten. Die Mutter hatte schon seine Portion Reis aufgewärmt und schweigsam genossen sie die karge Mahlzeit. Seit vielen Monden schon hatte es nicht geregnet, die Reisernte war schlecht ausgefallen, der Regen ließ auf sich warten. Zu allem Überfluss war das Ungeziefer gefräßiger geworden. Viele Setzlinge auf den Terrassenreisfeldern fielen ihm zum Opfer. Der trockene Boden ließ auch den kleinen Fischen und Krabben zwischen den Reispflanzen keinen Lebensraum mehr. Amos musste bald allein auf die Felder und auf die Suche nach einer Alternative, wie andere Kräuter zu sammeln. Daher dauerte es noch länger, bis er am Abend nach Hause kam. Der Vater war zu schwach geworden, die Mutter lag nur noch. Das war für Amos eine harte Zeit. Aber er ertrug das mit der Selbstverständlichkeit, die in Afrika seinesgleichen sucht, genauso wie die anderen Dorfbewohner. Das Karma meinte es nicht gut mit dem Jugendlichen. Eines Nachts hörte Amos ein Röcheln und sah nach der Mutter. Im schwachen Kerzenlicht sah er ihr blasses Gesicht, abgemagert und mit tiefen, schwarzen Säcken unter den Augen. Sie fand noch die Kraft, Amos über die Wangen zu streicheln, ehe sie dann leblos ihren Arm in Amos Hände sinken ließ. Den Rest der Nacht verbrachte Amos bei der toten Mutter. Es war eine schlaflose Nacht. »Früher haben mir meine Eltern erzählt, dass sie die Toten verspeist haben«, flüsterte der Vater mit rauer, schwacher Stimme, dem Tode nah. »Vielleicht rettet uns das noch, Amos.« Amos antwortete nicht. Kurz danach verließ er die Hütte. Am Fluss entlang, der schon halb ausgetrocknet war, fand er zwei kleine Fische, die er mit ein paar Beeren und etwas Unkraut stolz nach Hause trug. In der linken Hand hielt er den halb mit Schmutzwasser gefüllten Krug. Spät am Abend erlebte er noch, wie auch der Vater seinen letzten Atemzug aushauchte. Wehgeschrei stieg gespenstisch aus den anderen Hütten im Dorf auf. Noch diese Nacht verließ Amos sein Dorf. Den ganzen Tag brannte die Sonne unbarmherzig. Amos war stundenlang regungslos und apathisch, als wollte er auf den Tod warten. Ein wunderschöner Gecko starrte Amos schon eine ganze Weile an, ehe Amos es bemerkt hatte. Bald musste die Dämmerung eintreffen wie ein Dieb: schnell, gnadenlos und seinen dunklen Vorhang schwingend. Da traf er endlich seine Entscheidung. »Besseres als den Hungertod kannst du überall finden«, dachte er, als er von Weitem das Dorf sah und dem Gecko den Rücken zuwandte. Es schien, als wäre der Gecko auch zufrieden und das Schmunzeln in seinem Ausdruck strahlte. Das jammervolle Geschrei war längst abgeklungen, als er tief im Wald die ersten Mausmakis mit ihren leuchtenden Augen sah. Er fand einen Hauch von Erlösung und Frieden als er plötzlich einem Lemuren zu nahe trat. »Oh, entschuldige mich.« Der Lemur ließ vor Schreck die Mango fallen und gesellte sich mit Geheul und schrillen Rufen zu seinesgleichen. Amos aß gierig die Frucht, mit dem beruhigenden Gedanken: »Das Karma lässt mich nicht im Stich.« Dann schlief er schließlich auf einem Felsbrocken mit dem Blick aufs Meer ein. Amos merkte bald, dass sein Schicksal auch andere Dörfer getroffen hatte. Die Schamanen waren in großer Sorge. Man tanzte und sprach versöhnende Verse aus, um die Gunst des Regens zu fördern. Sehr schwach und entkräftet lag Amos nun noch am Strand. Eine kühle Brise hob sich allmählich. Amos erwachte wie in Trance, freudig darüber. »Endlich Regen«, dachte er. Tanzend und lächelnd wie beim Besuch alter Freunde starrte er in die Ferne. Dort in der Ferne braute sich ein Ungewitter zusammen. Eine Wolkenbank näherte sich bedrohlich schnell, Tausende von Blitzen machten die Wolkenbank sichtbar und bald schon vibrierte das ganze Himmelsgewölbe unter dem Donner. Zwischen den gewaltigen Blitzen erspähte Amos ein Schiff, eine Piroge war es auf keinen Fall. Nein, die Nussschale war riesig mit ihren aufgeblasenen Segeln. Zuerst dachte er an eine Täuschung der Sinne, wie üblich, wenn alles den Bach herunter geht. Plötzlich wusste er es wieder und Panik erfasste sein Wesen. »Die Zyklonsaison hat begonnen.« Amos war im Begriff den Strand zu verlassen, als gewaltige Wogen den Sand unter seinen Füßen wegspülten. Betäubend laut tobte der Zyklon mit immer größeren rotierenden Bewegungen und Windböen von Spitzengeschwindigkeit. Amos wurde voller Wucht in die Nähe einer Höhle geschleudert, die er noch nie zuvor gesehen hatte. Schutz suchend kroch er geschwind hinein. Drinnen waren selbst die grollenden, gaffenden, gemeinen Windböen wesentlich leiser. In völliger Dunkelheit und am Ende seiner Kräfte robbte er auf eine höhere Ebene. Zitternd vor Kälte schaute er zu, wie die Flut die Höhle überströmte und sich zurückzog. Drei Tage lang hatte sich der Zyklon ausgetobt. Amos erwachte mit großen Schmerzen, übersät von Fleischwunden. Seetang schwamm umher. Er aß davon, so viel er konnte, sein salzig-bitterer Geschmack, ein Schmaus für den Gaumen, schien seinen Appetit mächtig anzuregen, den Rest vom Seetang verstaute er dann in der Höhle. Von Durst geplagt musste er nun Wasser suchen. Da erblickte er ein an den Felsen zerschelltes Segelboot. Er hatte schon Segelboote gesehen, aber nicht von innen. Vorsichtig wagte er sich die paar Stufen hinunter. Zu seinem Glück waren die Eigentümer nicht dort. Amos war abenteuerlustig, er hatte schon ganz Madagaskar zu Fuß durchquert und wusste sich durchzuschlagen. Es dauerte nicht lange, bis er begriff, was für ein Glück ihm widerfahren war. Habgierig und unnachgiebig machte sich Amos daran, alles Brauchbare in Sicherheit zu bringen. Schon nach Einbruch der Dunkelheit wurde zu seinem Bedauern das Wrack in die Tiefe gezogen. Proviant und Wasser brachte er ins Dorf, wo er in heller Freude empfangen wurde. Zurück im Wald überlegte er sich, welche Vorteile er durch den Zyklon ziehen könnte. Da fiel ihm das Campinglager ein, wo einige Touristen ihr Quartier aufgeschlagen hatten. Als er den Wald betrat, lief ihm ein Schauer den Rücken hinunter. Seine Schritte wurden träge, sein Atem stockte. Zwischen den wenigen stehenden Bäumen gewann das Licht zunehmend den Boden, es war Windstille. Der Waldboden sah aus wie gestampft, die verworrenen Reste von Bäumen und Ästen versperrten den Weg. Zuerst war er allein und fing mit der Plünderung des Campingplatzes an. Dann kamen die anderen. Es waren viele. Die abgemagerten Silhouetten sahen aus wie Stängel mit Lumpen am Körper. Sie machten sich gierig und brutal, recht klagend, über alles her. Dazwischen waren noch Verletzte und Tote. Amos lief zum Versteck, verstaute das Diebesgut und verständigte die Behörde. Zurück auf dem Campingplatz begegnete er zwei Schulkollegen. »Hi, Assam, hast du schon Essbares gefunden? Wir können tauschen.« Die eingetroffenen Erwachsenen fingen an, den Kindern die Beute zu stehlen, und bald entbrannte eine Schlägerei. Schmerzen, Geschrei und wilde Wut verbreiteten sich in Windeseile, nur die Polizeisirenen waren laut genug, um endlich Ruhe zu bringen. Assam und Amos arbeiteten nun im Team. »Assam, du bettelst in dem Hotel da drüben, ich auf dem Marktplatz, dann tauschen wir.« Ihre Bettel- und Klau-Tour erregte die Aufmerksamkeit der Gang Bezirksinhaber, die mit ihren falschen Behinderten in jeder Ecke den Bezirk bewachten. Eines Abends, als Amos und Assam wieder ins Dorf gehen wollten, war es im Wald seltsam still. Selbst die Lemuren schwiegen. Da fing Assam an, einen Witz zu erzählen: »Amos, hast du die Geschichte von Ilario gehört? So was Blödes.« Natürlich kannte Amos die Geschichte, doch er wollte Assam den Spaß nicht nehmen. So erzählte Assam: »Ilario war schon lange bei dem Hotel und als es dunkel wurde, fragte er einen Touristen, wie spät es wäre. Ilario sah nach der Uhr in der Tasche und sagte ...« »Es ist acht Uhr abends«, sagten Assam und Amos lachend zusammen. Der Witz dabei war, dass Ilario bewiesen hatte, die Uhr des Touristen gestohlen zu haben. Von hinten hallte dunkel eine Stimme: »Dumm gelaufen, Jungs, das ist unser Revier.« Sie wurden überfallen. Sie sahen die Angreifer nicht genau, es war dunkel, die Schlägerei war heftig, sie waren nur zu zweit. Sie schrien nicht um Hilfe, sie wussten, dass sie sich nur auf sich selbst verlassen konnten. Mit blauen Blutergüssen und klaffenden Fleischwunden fanden sie sich beim Erwachen an einen Baum gefesselt. Ihre Beute war weg. Amos schrie von Panik ergriffen: »Lasst uns frei, wir werden eure Geschäfte nie wieder durchkreuzen!« Weit und breit war niemand in der Nähe, der sie hätte retten können. Die Sonne war dieser Tage unbarmherzig, genau wie die Fliegen, die in Scharen die Kinder quälten. Die Nacht war kühler, zu ihrem Glück streifte in diesen späten Stunden noch ein Jugendlicher durch den Wald, er befreite die beiden und blieb zusammen bis zum Morgengrauen. »Wie heißt du?«, fragte Amos beiläufig. »Ich bin Schascha« »Du, Schascha, ist wirklich klasse, dass du uns gerettet hast. Ich wüsste nicht, wie es sonst ausgegangen wäre. Hast du Lust, dich uns anzuschließen?« »Ja, gerne, wir sind eine große Familie, ich muss die ganze Geschwisterschar mit versorgen. Sie sind alle jünger.« »Gegen die Erwachsenen können wir nichts ausrichten, aber mit List hätten wir eine Chance.« Die Geschwister von Schascha schlossen sich der Gruppe an. Dank ihnen war Amos immer informiert, sie standen unauffällig überall Schmiere und beobachteten, wo es günstiger war, auf Bettel- und Klau-Tour zu gehen. Seine Taktik war, nie eine Person zwei Mal an den gleichen Ort zu schicken. Sie trafen sich im Wald, wo sie eine Notunterkunft aus gefallenen Bäumen zurechtgezimmert hatten. Die Polizeistreifen mit freiwilligen Erwachsenen durchkämmten besonders die Wälder auf der Suche nach Schulverweigerern und um die Jugendkriminalität in den Griff zu bekommen. Ständig auf der Flucht verteilten sie das Diebesgut sofort, um nicht damit erwischt zu werden. Amos gab fast alles für die Dorfbewohner aus, die sich allmählich erholten. »Mein Schatz«, verriet Amos einmal Derek, »ist, dass meine neue Familie ein ganzes Dorf ist.« Im Dorf war Amos hoch angesehen, überall war er willkommen. Er genoss die Gastfreundschaft. Keto, der Sohn des Dorfältesten, sah seinen Ruhm als persönliche Bedrohung an. Es kam zu einer erbitterten Feindschaft. Eines Abends lauerte Keto ihm im Wald auf. »Entweder gibst du mir deinen ganzen Gewinn jeden Abend, oder ich verpfeife dich bei den Bullen.« Amos sagte zuerst zu, lief dann aber eine andere Strecke und war fast unauffindbar. Einmal begegneten sie sich doch in einem Hinterhalt. Amos und Keto waren allein. Amos vermöbelte Keto so brutal, dass er lange nicht gesehen wurde. Die Fronten hatten sich verhärtet. Keto hatte nur ein Ziel: es ihm heimzuzahlen. Mit List, Strategie und wahnsinniger Ausdauer gelang es Keto Amos zu stellen, der inzwischen allein arbeitete, um die anderen nicht zu gefährden. Es war in einer Vollmondnacht. Im Mondschein war Amos nicht mehr verborgen und er war allein. Wie aus dem Nichts wurde er von einem Dutzend erregter, zorniger, wütender Jugendlicher umzingelt. Im Kreis eingeschlossen war jeder Fluchtversuch unmöglich. »Ich werde dir eine Lektion erteilen, die du nie vergessen wirst. Niemand hält mich zum Narren«, schrie Keto mit einem Knüppel bewaffnet. Amos versuchte, ihn zur Vernunft zu bringen. »Überlege dir gut, was du tust. Wenn wir uns verbünden, kann ich bei deinem Vater ein gutes Wort einlegen. Tust du mir was, wird es früher oder später die ganze Welt erfahren, so viele Zeuge sind hier.« »Die Vernunftpolitik ist vorbei, ich will Rache!« Keto näherte sich Amos und schwang wütend seinen Knüppel. Amos versuchte auszuweichen, die anderen im Kreis feuerten Keto noch an. »Los Keto, zermalme ihn zu Brei!« Dann alle zusammen: »Keto, Keto!« Der erste Schlag traf ihn auf Schulterhöhe, wodurch Amos das Gleichgewicht verlor und fiel. Keto sah die Chance zuzuschlagen, ohne zu tänzeln, aber vergeblich. Amos stand auf, und fest starrend versuchte er Keto auszuweichen. »Was willst du? Mich töten? Lass den Unsinn.« »Feigling, jetzt winselst du.« Ein Schlag traf das rechte Bein, man hörte Knochen klirren. Amos schrie, getroffen vor Schmerzen, unfähig aufzustehen. Im Hintergrund rief jemand: »Ist schon gut, Keto, er ist verletzt.« »Nein, er hat nicht genug.« Ein Schlag traf Amos am Kopf und die Finsternis wippte ihn in einen süßen Schlaf.

Die alte Filia war sehr früh am Morgen Kräuter sammeln, als sie Amos dort liegen sah. Sie war es, die Alarm schlug. Amos wurde ins Krankenhaus eingeliefert. Die Behörden setzten alles daran, Ruhe ins Land zu bringen. »Das schadet dem Bild Madagaskars, die Touristen sollen wissen, dass hier zivilisierte Leute leben«, sprach der Oberkommissar hoffnungsvoll bei einer Pressekonferenz, die in den Medien Schlagzeilen machte. Keto wurde abgeführt. Seine Vorwürfe gegen Amos wurden nicht bestätigt, da bei Amos keine Beute gefunden wurde. Amos Genesung dauerte sehr lange, ein Arm und ein Bein waren gebrochen, außerdem hatte er Rippenquetschungen und eine üble Kopfverletzung. Die Ältesten des Dorfes spielten schon mit dem Gedanken, Amos in ihren Kreis aufzunehmen, obwohl er vom Alter her zu jung war. Amos unerschrockener Einsatz für die Gemeinschaft hatte gezeigt, dass er trotz persönlicher Verluste Verantwortung übernahm, das war sehr lobenswert. Sein Versteck aber, die geheime Höhle, war der Ort, an dem sein Herz am meisten hing.

Die Kinder von Creuse

Mein Name ist Freja. Ich halte in diesem Tagebuch meine Erlebnisse auf La Réunion fest. Es ist Mitte Juli, meine Eltern und ich fliegen nach Réunion, zwischen Juli und August ist die Hauptreisezeit. Die Reisegesellschaft erzählte uns, dass hier heißes und regnerisches Tropenklima herrscht, zwischen November und April können sogar Wirbelstürme auftreten, was ich nicht gebrauchen kann. Hier ist der magische Urlaubsort, das kleine französische Übersee-Département im Indischen Ozean, für Abenteuerlustige und Wander-Begeisterte. Meine Familie gehört zur Gruppe der Bergwanderer, welche in gewissem Sinne etwas Privatsphäre von den Touristenmassen bietet. Das Essen im Restaurant bietet Variationen der kreolischen Küche, eine kunterbunte Welt von exotischen Düften. Zum Mittagessen gab es wieder Ärger. »Aber, Liebling, du musst etwas wählen. Wir sind im Urlaub, um Neues kennenzulernen, unseren Horizont zu erweitern.« »Alva, Freja ist noch ein Teenie, wir waren bestimmt auch so in dem Alter.« »Nils, du bist immer so nachgiebig.« »Aber Mom, ich hätte mehr Lust auf Köttbullar, Fleischbällchen mit Preiselbeeren, und Blaubeeren-Suppe als Dessert mit Kanelbullar, Zimtschnecken.« »Versuche mal Menü zwei, sieht passabel aus.« Pa schaute mich mit seinen liebevollen Augen an, denen ich nichts abschlagen konnte. Pa verstand mich besser als Mom. Im Radio aus der Küche lief ein Bericht.

»Kreolische Kinder verloren in der Creuse. 1966 wurden 300 Réuniones von ihrer Insel gerissen, um die Region Creuse in Frankreich neu zu beleben. 35 Jahre später findet Jean seine Familie in Saint André. 1966, im Alter von sechs Jahren, wurde Jean ...«. Plötzlich schaute mich Pa stirnrunzelnd an. »Freya, schmeckt es dir? Du bist so still.« »Ja, Pa«, sagte ich verärgert. Meine Eltern unterhielten sich dann leiser und ich lauschte aufmerksamer weiter. »... nach Creuse deportiert, wie er das bezeichnete. In Frankreich wurden sie aber im Département Creuse verteilt, um auf Bauernhöfen unter menschenunwürdigen Bedingungen zu arbeiten. Wie die Zeitungen berichteten, war es die moderne Sklaverei.« Ein blöder Zwiebelgeschmack belegte meine Zunge. »Was ist das? Das mag ich nicht.« »Ja, wenn man nicht sieht, was man isst, muss man mit Überraschungen rechnen«, sagte Mutter.

Später bei der Wanderung haben wir uns zur Gruppe gesellt. »Réunion nennt man auch Insel des Lichts. Sie bietet Sonnenlicht und Natur satt von Wasserfällen, grünen Tälern und Traumstränden«, erklärte uns der Bergsteiger, der unsere Gruppe begleitete, Kiah ist sein Name. Seine Grundzüge wiesen eine Mischung aus chinesischem mit Schlitzaugen, etwas afrikanischem mit einer breiten Nase und vollen Lippen, und dennoch indischen Zügen mit glatten Haaren. Ich dachte: »Irgendwie auch eine interessante und hübsche Kombination.« »Mein Name bedeutet: der Beginn des Sonnenaufgangs«, erklärte er mit Stolz. Beim Vulkantrekking wurde uns der noch aktive »Piton de la Fournaise« gezeigt, eine großartige Überraschung ist dieser unvergleichliche Eindruck des Erdinneren. Dort wurden wie auf Kommando Bildaufnahmen gemacht. Wäre es stockdunkel gewesen, würde ich mir vorstellen, dass plötzlich ein Blitz den Krater erhellt hätte. Ich hasse Massentourismus, aber manchmal fühlt man sich in der Masse aufgehoben. Weiter erklommen wir Bergspitzen und Vulkane mit Blick auf Talkessel, sanfte grüne Regenwälder und den tiefblauen Ozean. In der Zwischenzeit spielte Musik im Radio. Ich schloss mich mit anderen Jugendlichen zusammen und obwohl wir aus anderen Ländern kamen und sich alle in anderen Sprachen unterhielten, verständigten wir uns mit gebrochenem Englisch und Französisch. Im Radio sang Danyel Waro, der Star der Maloya-Musik. Als wir da saßen und einige tanzten, gesellte sich der Bergsteigerführer Kiah zu uns. »Die Maloya singt von Liebe, Problemen des Alltags und ›La di la fé‹, Klatschgeschichten. Das ist die Seele der Kreolen. Jahrhunderte war sie verboten. Erst in den 70ern wurde sie von der UNESCO zum immateriellen Kulturerbe erklärt.« Dabei glänzten seine Augen. Beiläufig wischte er eine Träne ab und sprach weiter. »Die Maloya hat tiefe Wurzeln in der Sklaverei, sie erinnert an die Menschen, die auf den Feldern der Insel hart arbeiten mussten.« Ernesto, ein Mexikaner, interessierte sich eher für die Technik: »Welche Instrumente werden hier benutzt?« »Die Instrumente sind beinahe die gleichen wie damals. Wir benutzen große Trommeln, roulér, Bogeninstrumente, bobre, Schlaginstrumente aus Holz und mit Hörnern gefüllt mit Zuckerrohren, Kayamb, Bambusrohr mit zwei Schlagstöcken, pikér. Die Lieder halten die Zeit der Sklaverei als Tradition am Leben. Wir haben aber auch einen anderen Musikstil, die Séga, für Feiern, Feste, Sinnlichkeit und Verführung.« Ich, mit meinem Sarkasmus, platzte in das Gespräch: »Ist es auch Tradition, dass Geschichten wie die der Kinder von Creuse noch aktuell sind?« Kiah wirkte plötzlich verärgert. »Später vielleicht, wir müssen weiter.« Erst am Lagerfeuer, am Tag des Abstiegs, erzählte Kiah: »Mein Vater war elf Jahre alt, als er nach Frankreich deportiert wurde. Im Flugzeug hatten alle den gleichen blauen Anzug und einen Koffer mit dem gleichen Inhalt. Sein Vater, mein Opa, tröstete ihn, das wäre eine einmalige Chance. Nach fünf Tagen Flug und vielen Zwischenlandungen kam er in das Heim in Guéret in Creuse, wo die Kinder auf die umliegenden Bauernhöfe verteilt wurden, um zu arbeiten wie Sklaven. Sie schliefen in Scheunen auf Stroh und wurden zusätzlich mit Namen wie ›Neger‹ oder ›kleiner Affe‹ erniedrigt. Die Adoptiveltern bekamen Subventionen für die Aufnahme von Waisen. Diese mussten Schafe hüten, Schweineställe ausmisten, das Vieh füttern und Holz hacken. Einige begingen Selbstmord und andere landeten in der Psychiatrie. ›Ich brauche einen Schwarzen, der schuftet, im Stroh schläft und nur eine Mahlzeit am Tag isst‹, sagte ein Bauer, der ein Kind abholte. Der Heimleiter Alix Hoair schrieb dem zuständigen Minister seine Empörung, als Folge verlor er seinen Job.« Als Kiah zu Ende gesprochen hatte, herrschte peinliche, eher schwermütige Ruhe. Er bemerkte das wohl, denn nachdem er eine Weile ins Feuer gestarrt hatte, vertröstete er uns: »Na ja, mein Vater hat uns auch lustige Geschichten erzählt. Es war kurz vor Weihnachten und die Schäfer-Familie hatte endlich etwas Zucker auftreiben können. Die Gastmutter hatte Kuchen gebacken. Es sollte eine Überraschung werden, und das bei Kerzenlicht. Die Gastmutter hatte den fertig gebackenen Kuchen in der Vorratskammer abgelegt. Am nächsten Morgen wollte sie ihn am Frühstückstisch präsentieren. Voller Entsetzen stellte sie fest, dass er nicht mehr da war. Es gab ein Riesentheater. Paul und Marie, die eigenen Kinder, waren natürlich unschuldig. Man muss wissen, dass diese Region Frankreichs damals fast menschenleer war. Die Menschen zogen in andere Regionen, wo es noch Hoffnung auf eine Zukunft gab. Creuse und die Umgebung waren eine wunderschöne Gegend für einsame Urlaube und Abenteurer, die Inspiration suchten. Obwohl wunderschöne Landschaften mit Wiesen, Flüssen und Bergen das Bild prägten, war die Bevölkerung isoliert vom Rest der Welt. Zu Weihnachten Zucker zu ergattern, war schon das höchste der Gefühle. Von Weitem schon schrie das Monster, dass selbst die Luft sich kräuselte: »Carver, hierher!« Laut wie der Donner, grotesk wie die ewige Finsternis, ließ mein Vater die Schafe allein und kehrte mit unsicheren Schritten zur Hütte zurück. Er versuchte sich nicht auszumalen, was als Nächstes geschehen würde. Er wünschte sich nur, dass er dabei sterben sollte. »Gestehe, dass du es gestohlen hast.« »Non, non! Je ne sais pas«, sagte er immer wieder und die Bestie schlug immer wieder zu. Blut quoll aus Schnittwunden, auch am Rücken, und die schlecht geheilten, älteren Wunden öffneten sich wieder. Vater weinte nicht, nicht mal einen Schrei ließ er los. Das bewahrte er für die Nacht, wenn er im Traum schrie und von Tränen überflutet wach wurde. Das war sein Geheimnis. Er stellte sich vor, er wäre ein tapferer Soldat, nie würde er Schwäche zeigen, und dachte stolz an die Heimkehr nach Réunion. Er würde es allen erzählen, das Monster bloß stellen. Aber jetzt musste er tapfer sein. Nach dem Martyrium kochte das Monster immer noch, weil kein Wort aus Vaters Mund kam. »Solange die Wahrheit nicht ans Licht kommt, bist du eingesperrt! Gestehe!«, dröhnte er wütend. Pa bekam seine Portion Prügel, das war nicht so schlimm, man gewöhnt sich daran, sagte er, und fügte hinzu: »Was nicht tötet, macht stark.« Deswegen schrie und weinte er schon lange nicht mehr. Der Schäfer sperrte ihn in den Geräteraum. Vater freute sich, endlich eine Ruhepause zu haben, und versuchte zu schlafen, die klaffende Wunde ließ ihn aber nicht in Ruhe. Zum Essen hätte er am Abend, wenn er Glück gehabt hätte, eine Scheibe Brot mit Schafskäse bekommen. Dieser Abend würde es nicht werden. Er konnte es nicht gewesen sein, da er nie ins Haus kam. An dem Tag stritt sich die Mutter mit dem Sohn. Es passierte zur gleichen Zeit, in der mein Vater ein Gespräch mit dem Schäfer führte und gestand, aus Habgier gegessen zu haben, weil er immer Hunger hatte. Der Sohn sagte zur Mutter im Streit: »Und von dem Kuchen hast du auch nichts, er war obendrein voller Eierschalen.« Natürlich entschuldigte sich keiner, der Schäfer hatte sein Geständnis, der Schuldige hatte es teuer bezahlt und die Welt war wieder in Ordnung. Ein bitterer Beigeschmack blieb jedoch, denn alle hatten sich auf den Kuchen gefreut. Die Luft hing schwer über unseren Köpfen. Kiah wollte etwas zur Aufmunterung erzählen, aber selbst die lustige Geschichte war schwer zu verdauen. Beiläufig trocknete Kiah seine Tränen. »Dieser Wind«, seufzte er fast ahnungslos. Kiah erklärte noch, dass in Réunion nicht viel los war, daher wurden immer wieder alte Lieder gesungen, wie dann ein paar Jahre später, als die Chikungunya sich auf den Seychellen ausbreitete. Dann war die Krankheit im Mittelpunkt und die Kinder von Creuse waren dann fast vergessen. Nun sprach die Welt über Madagaskar und für eine gewisse Zeit fanden die Kinder von Creuse ihren Frieden.

Evelyns Odyssee

Evelyn und ihr Mann machten sich auf den Weg nach Mayotte. Evelyns Eltern lebten dort mit zwei Geschwistern und deren Familien. Das schien den beiden eine gute Gelegenheit, um dort auch ihr erstes Kind auf die Welt zu bringen. Von Sainte Marie nach Mayotte mussten sie die Republik von Madagaskar überqueren, welche ihre politische Unabhängigkeit von Frankreich am 26 Juni 1960 erlangt hatte. Obwohl die Durchquerung des Landes nur 580 km benötigt, entschieden sich Evelyn und ihr Mann aufgrund fehlender Infrastrukturen und tropischen Regens für den großen Umweg. Anstatt quer durch das Land zu marschieren, zogen sie es vor, die spärlichen Verkehrsmittel zu benutzen. Geplant war, die Strecke von Saint Marie nach Ivongo direkt mit der Fähre zu erreichen, es kam aber anders. »Der Fährenbetrieb nach Ivongo ist außer Betrieb wegen Reparaturen«, summte der Bootsmann, der nur eine Piroge zur Verfügung hatte, mit afrikanischer Gelassenheit. Da mussten sie schon mit dem Bootsmann verhandeln. Nur er konnte entscheiden, welche Route heute gefahren wurde. Der Bootsmann verband alle Geschäfte miteinander. Während er die Gäste nach Madagaskar brachte, konnte man unterwegs noch einkaufen und verkaufen. Evelyn und ihr Mann waren noch in Sainte Marie. »Wir möchten nach Ivongo, da können wir die

Fähre nach Nosy Boraha und die Taxi-Brousse nach Mahajanga nehmen, warum geht das nicht?« Der Bootsmann war fest entschlossen: »Ich fahre heute nur nach Toamasina, da habe ich Geschäftliches zu erledigen. Außerdem sind es nach Ivongo nur acht Stunden Marsch. Wenn du Glück hast, erwischst du noch eine Taxi-Brousse«. Zwei neue Fahrgäste kamen hinzu. »Salame, fahren Sie nach Toamasina?« Salame war das typische Grußwort. »Aber ja, mit Wonne, die anderen zwei Gäste dort möchten auch mit.« Evelyn und ihr Mann schauten sich etwas grimmig an, der Mann spuckte auf den Boden und beobachtete dabei den Fährmann. »So ein Idiot.« »So ein Streber. Aber, Schatz, es ist in Ordnung. Hauptsache wir fahren. Denk an unser Kind, es soll in Mayotte geboren werden«, tröstete Evelyn. Die Piroge war ein Einbaum mit zwei Bootsmännern, die zum Steuern nur sehr lange Ruten benutzten. Dort in den Einbaum gequetscht saßen nun vier Leute. Sie fuhren vorbei an Mangroven und wuchernden Luftwurzeln mit Wasserpflanzen unter dampfenden Blätterdächern. Ein Luftzug war wegen der erhöhten Luftfeuchtigkeit nicht möglich, und der stinkende Dunst erschwerte die Durchfahrt. Ein farbenprächtiger Eisvogel saß auf einem tief hängenden Zweig und machte Jagd auf kleine Fische. Unterwegs trafen sie ein Transportboot mit Außenbordmotor in Richtung Mangrovengebiet. Das war ein rostiger Kahn! Nach stundenlanger Fahrt durch wilde Strömungen, die sie mit Leichtigkeit meisterten, erreichten sie endlich Toamasina, wo sie mit Enttäuschung erfuhren, dass der Kahn nach Ivongo wegen

Reparaturarbeiten ausgefallen war. Mit afrikanischer Gelassenheit machten sie sich auf die Suche nach dem Taxi-Brousse, der direkt nach Mahajanga fahren sollte. Einheimische, bunt gemischt wie der Ursprung der Bevölkerung, drängten sich zur Piroge und spähten nach Nachrichten oder Waren zum Tauschen, denn Geschäfte finden dort überall statt. Sie berichteten auch: »Die Route der Taxi-Brousse ist nicht zugängig, die letzten zwei Wochen hat es so viel geregnet, dass die Flüsse angeschwollen sind.« Es blieb ihnen nichts anderes übrig, als nach Ivongo zu marschieren. Bis zur Dämmerung mussten sie es schaffen. Man erzählte den Kindern auch, sobald es dunkel wird, treiben Waldgeister Schabernack im Wald. Bei einer Lichtung sahen sie ein kleines Dorf. In einem hotelähnlichen Gebäude fanden sie für ein paar Stunden Rast. Sie aßen Reis mit Fisch und etwas spinatähnliches Gemüse auf Bananenblättern. Zum Trinken gab es Reiswasser, was hier sehr beliebt war. Vor dem Einschlafen lauschten sie noch dem schmetternden Konzert der Zikaden und Grillen. Im Morgengrauen fuhr eine Fähre nach Diego Suarez, auch Antseranata genannt. Am späten Nachmittag erreichten sie ihr Ziel. Von dort mussten sie noch mit der Taxi-Brousse nach Mahajanga fahren. Die Taxi-Brousse brauchten ihre Zeit. Bevor sie die Stadt verlassen hatten, kutschierten sie erst stundenlang durch die Gegend, um weitere Fahrgäste zu finden, denn abgefahren wurde erst, wenn alles belegt war. Dabei war sie schon vollgeladen mit Säcken, Kisten, Kanistern, Koffern, Körben, und Matten. Die Dachgalerie hatte schon eine beträchtliche Höhe erreicht. Ganz oben waren noch Hühner und Enten festgebunden. Die Fahrt dauerte zwanzig bis dreißig Stunden, weil sie unterwegs Einkäufe und Verkäufe tätigen mussten. Unterwegs sah man Dörfer mit Hütten, die aus groben Holzplatten aneinandergefügt waren, das Dach war mit Stroh bedeckt. Ältere Menschen fütterten das Federvieh und Kinder arbeiteten an dröhnenden Mörsern mit gleichmäßigen dumpfen Schlägen. Die meisten Dörfer abseits der großen Städte bestanden aus Hütten, die aus Holz, Bambus und Palmenblättern errichtet waren. In der Umgebung der Stadt hingegen waren sie mit flach geklopften, verrosteten Blechfässern zusammengebaut und es gab Bambus- und Holzhütten, gebaut auf Pfählen. Der Fantasie waren keine Grenzen gesetzt. Der Weg führte steil aufwärts in die Region der Nebelwälder, wo Moosflechten an den Ästen hingen. Einige kauten an Blätterbüscheln, das beruhigte die Nerven und hielt wach. Am späten Nachmittag erreichten sie endlich die Endstation Mahajanga. Müde und zerknittert stiegen sie aus. Die Fährverbindung nach Mayotte richtete sich nach den Gezeiten. Mit anderen Fahrgästen warteten sie an der Mole, die bereits vollgestapelt war mit Gepäckstücken aller Art: Kisten, Ölkanister, Körbe mit Gemüse, Hühner und Enten, Matratzen, Stühle, Reife, flach geklopftes Autoblech sowie überquellende Taschen. Die Fähre legte an und die Ladeklappe öffnete sich und wurde zum Verbindungssteg zwischen Land und Wasser. Mit Auspuffwolken verließen einige Autos den Bauch der Fähre, danach drängten die Passagiere mit eigenen Lasten auf dem Kopf und unzähligen Paketen in den Händen hinaus. So schnell die Fähre sich geleert hatte, so schnell füllte sie sich wieder. Alle schubsten und stießen sich, um Sitzplätze zu ergattern. Andere gingen lieber zur Reling.

Zuerst kam sie an Mangrovensümpfen vorbei, dann, in Richtung Mayotte, an türkisblauem Wasser und von weiter Entfernung sah man schon den Vulkankegel der Insel Nosy Komba.

Die Tage vergingen und Panya dachte schon nicht mehr daran, denn die Arbeit hielt sie auf Trab. Eines Tages bestellte eine Frau eine Fahrkarte und streckte dabei die rechte Hand aus, um am Schalter zu bezahlen. Plötzlich blieb sie stehen. Ihre Worte kamen nur gebrochen heraus. Panya sah den Armreif, zwei Delfine, die sich an Kopf und Bauch berührten, eventuell vergoldet. Langsam versuchte sie den Kopf zu heben, ihre Sicht wurde von einem nebligen Schleier überzogen, während ein Kloß im Hals ihr den Atem abschnürte. »Ist ihr Name Evelyn, Madame?« Stotternd und unsicher entgegnet diese: »Ja, und?« Dann war peinliche Stille. Nach kurzem Seufzen: »Sie sind die Dame im gelben Schiromani.« Beide, die Tränen trocknend, schauten sich an. »Mein Name ist Panya, wir müssen reden. Hier ist meine Visitenkarte. Melden Sie sich, wenn Sie Zeit haben.« Die Fähre war schon startbereit, Evelyn beeilte sich. Cash sah kurz, wie Panya gegen die Tränen ankämpfte und doch verlor, dann blickte er die letzte Frau mit ihrem Ehemann an. Sie war hochschwanger und wusste es schon. »Langsam, Frau Evelyn, wir haben genug Zeit.« Evelyn wunderte sich auch nicht mehr darüber, dass auch der Fährmann von ihr wusste.

Jeanne verließ Moyenne mit dem Wasserflugzeug, um in Madagaskar Besorgungen für den Nationalpark zu erledigen. »Lyes, kannst du mich bei Mayotte absetzen und mich auf dem Rückweg wieder abholen?« Lyes schaute Jeanne vertrauensvoll an: »Immer noch dieser Traum?« Ihr Blick sprach Bände und Lyes musste aufgeben. »Ok, kläre das, ich wünsche dir viel Erfolg und dass du endlich Ruhe findest.« Mit einem breiten Lächeln entgegnete sie: »Danke, Kumpel, du wirst es nicht bereuen.« Vom Strand aus erstreckte sich ein Steg, welcher zum Ankern der Wasserflugzeuge und als Brücke für die Fluggäste diente. Die Propeller erhöhten mit steigenden Geräuschen allmählich die Geschwindigkeit und die Maschine surfte vom Strand in Richtung offenes Meer. Dann hob sie langsam ab und eroberte die Luft. Zwischen Moyenne und Mayotte waren unzählige kleine Inseln auf einer Strecke, die nur geradeaus führte. Das Wetter war schön, das Wasser schimmerte smaragdgrün unter dem dunkleren Himmelsgewölbe. Unterhalb der Wolken flog ein Schwarm großer und kleiner Vögel. Die Insel schrumpfte zu einer grünen Masse. Bei genauem Hinsehen fiel Jeanne auf, dass die Form eines Herzens deutlicher wurde. Mayottes Form ähnelte der eines auf dem Kopf stehenden Pferdes. Das war auch ihr Nationalsymbol. Sainte Marie sah wie ein Auge aus. Plötzlich musste sie an das Kryptogramm denken. »Wollt ihr den Schatz? Den könnt ihr haben, sucht ihn doch, irgendwo habe ich den größten Schatz der

Welt versteckt. Mein Schatz gehört demjenigen, der ihn versteht.« Ein kräftiger Stoß holte sie zurück in die Realität. »Ist alles ok? Du antwortest nicht.« Erschrocken sagte sie: »Oh, ich war gerade woanders.« Resolut sprach der Kapitän: »Diese paar Tage Urlaub werden dir guttun.« Jeanne war sehr überrascht: »Klasse, ich bekomme doch Urlaub, vielen Dank.« In Uniform – knielange Shorts und ein weißes Hemd mit dem Aufdruck des Nationalparks, einem Herzen – begab sie sich zum Schalter für die Fähre.

Die Offenbarung

Panya war am Telefon, sehr aufgeregt. »Grüß dich, Evelyn. Seit unserer Bekanntschaft sind über drei Jahre vergangen, wir haben viel Zeit miteinander verbracht, aber ein gemeinsamer Urlaub auf Mahé wäre die Krönung.« »Meine Tante Mayleen wohnt in der Nähe von *Le Jardin de Palmas*, Panya. Das ist ein kleines Hotel, wo sie beschäftigt ist, schräg gegenüber vom Mahé-Flughafen. Mahé ist die größte Insel der Seychellen, es wird euch gefallen. Wir können René bei ihr lassen und ein paar Tage nur unter uns am Strand verbringen. Auf der Insel sind viele weiße Sandstrände und Granitfelsen. Die Insel hat mit 28 Kilometern Länge und acht Kilometern Breite die Form eines Krokodils mit offenem Maul und vielen Schuppen.« »Ich kenne seine Geschichte«, unterbrach Panya. »Sie wurde erst durch die Franzosen im Jahr 1770 besiedelt. Victoria ist die Hauptstadt und ist für ihre Gebäude im kreolischen Stil und ihre farbenfrohe Markthalle bekannt, wo Obst, Fisch und Kleidung angeboten werden. Mahé selbst versorgt sich mit Fischfang, Gemüse und Gewürzen, sonst ist es auf den Import angewiesen. Die Einwohnerzahl hier macht 90 % der Gesamteinwohnerzahl der Seychellen aus.« »Panya, dein Wissensdurst ist bemerkenswert!«, lachte Evelyn fröhlich. »Weißt du, wenn die Kinder in die Schule gehen, müssen die Eltern mitlernen.«

»Panya, wir werden dich mit dem kleinen René und Tante Mayleen vom Flughafen abholen, da Jeanne schon vom Wasserflugzeug ihrer Crew aus Moyenne hier abgesetzt wird.« Am Flughafen bemerkte Panya ein bekanntes Gesicht unter den Passagieren. »Guten Tag, Milo, bist du auch hier?« Aber der junge Mann lief weiter, als hätte er sie nicht gehört. »Na ja, da habe ich mich geirrt, sorry.« Panya wurde mit Freude empfangen. Heute trug sie eine Jeans mit einem roten Hemd. Für René hatte sie auch etwas dabei. »Mach die Augen zu, René.« Aus der Tasche holte sie ein rundes Paket. »Und jetzt auf.« René schaute mit großen Augen: »Danke, Tante Panya, das ist ein Ball! Klasse!« Vom Flughafen zur Tante waren es nur dreißig Minuten Strecke. René war erschöpft: »Die Sonne ist schon ziemlich heiß und die Hitze ist unerträglich, Mama. Machen wir eine Pause?« Die kleine Gruppe fuhr zunächst zu einem günstigen Restaurant. Bei den zerklüfteten Felsen, am weißen Strand, unter dem Schatten der Palmen genossen sie mit Blick aufs Meer die Kühle bei kreolischer Küche und kalten Getränken. Panya: »Ich nehme Fischsuppe mit Chinakohl, Palmenwein und Gelee der Coco de Mer.« Jeanne: »Für mich einen Oktopus-Salat mit Tomaten. Als Dessert auch Gelee der Coco de Mer und eine Cola.« Evelyn: »Ich hätte lieber Flughundsuppe, aber die gibt es hier nicht.« Jeanne schaute erbost: »Evelyn, wir müssen die Arten erhalten.« Alle mussten lachen. »Gut, dann nehme ich das Thunfisch-Steak mit Ingwer und Knoblauch und Reis, eine Fleischtomate und eine Limonade.« Dabei schaute sie kurz die beiden an, schon halb lachend. »Ok, Fleischtomate ist nicht tierischer Herkunft, Thunfisch ist zugelassen«, sagte Jeanne scherzend und amüsierte sich köstlich dabei. René verstand nicht warum. »Ich nehme Gelee de Coco, zwei Portionen und eine Cola.« Evelyn sagte erbost: »Nein, René, zuerst sollst du etwas Richtiges essen.« Resigniert sagte er: »Dann lieber Gemüse mit Bratnudel, Cola und Gelee de Coco«, dabei verzog er das Gesicht. Evelyn blickte in den Himmel. »Kinder ...« Die Wipfel der Palmen wippten im warmen Wind, das Meer sah blau-silbern aus und die Wellen zischelten am Strand. Es wurde alles serviert mit Frangipani Blüten Ornamenten. Der kleine René grinste von einem Ohr zum anderen. Zum Schluss gab es umsonst Likör aus dem Fleisch der Coco de Mer. Die Kellnerin fragte höflich: »Hat es Ihnen geschmeckt?« Evelyn war neugierig: »Wieso ist das Gelee der Coco de Mer so beliebt?« »Das bekommen wir nicht sehr oft, die Pflanzen wachsen nur in Praslin. Es ist die größte Nuss der Welt. Sie kennen den Fluch?« Evelyn war erstaunt: »Nein, erzählen Sie doch.« »Also«, sprach sie weiter: »Wenn die Nächte so stürmisch sind, dass kein Mensch in den Wald geht, dann paaren sich die Nüsse. Wer dabei zusieht, muss sterben.« Der kleine René drückte sich an die Mutter, alle waren erst mal platt. An diesem Abend genossen alle den prächtigen Sonnenuntergang. Evelyn war noch nicht überzeugt. »Was hat die Nuss mit Paarung zu tun?« Panya flüstert: »Die männlichen Pflanzen haben Penisse wie Menschen und die weibliche Nuss hat eine eigenartige Form.« Der kleine René war etwas betrübt: »Tante, warum darf ich morgen nicht zum Nationalpark?« Die Tante streichelte Renés Kopf: »Schätzchen, wir können uns am Strand amüsieren. Du kannst nicht fünf Stunden lang marschieren, oder?« Evelyn versprach: »Wenn wir von der Tour zurück sind, fliegen wir mit Jeannes Crew nach Moyenne.« »Ja, das ist schön, dort sind Schildkröten.« Am nächsten Morgen, noch sehr früh, fuhren Evelyn, Panya und Jeanne mit dem Bus zum Nationalpark, zusammen mit vielen Touristen, jeder hatte einen Rucksack bei. Man hörte verschiedene Sprachen und die jungen Leute waren luftig angezogen. Sie waren der Halbtagsgruppe zugeteilt. »Der Nationalpark macht 20 % der Insel aus und breitet sich rund um die höchsten Berge der Seychellen aus. Die Pflanzenwelt hier ist einzigartig, sie reicht von idyllischen Mangrovenwäldern in den Küstenregionen bis zu dichtem Bergregenwald in den Hängen.« Die drei hörten gebannt zu. »Sehr interessant.« Der Fremdenführer sprach weiter: »Im dichtem Dschungel gibt es einheimische Pflanzen wie Zimtbäume, ursprünglich aus Sri Lanka, und Überreste der Vanille- und Zimtplantagen. Hier begegnet man Landschildkröten. Von den zwei Berggipfeln kann man einen spektakulären Ausblick genießen.« Am späten Nachmittag ließen sie sich erschöpft und müde am Strand *Belle Ombre* nieder. An einem einsamen Plätzchen wurde noch gemütlich der Marschproviant gegessen. »Wir haben noch Zeit, dann fahren wir mit dem Bus zurück, die Gruppe dort fährt mit«, sagte Panya.

Der Dreimaster segelte zur Küste, scheinbar auf

der Suche nach einer menschenleeren Bucht. Am weißen Strand sah man ein paar Sandkrabben und grün leuchtende Geckos dösten in der Sonne. Das Schiff war schon vor der Bucht.

»Versteckt euch Mädels, da kommt etwas«, flüsterte Evelyn in Panik. Instinktiv spielten sie mit, auch wenn Panya und Jeanne nicht verstanden, warum. Sie blickten sich verdutzt an, weil sie keine Gefahr wahrnahmen, und versteckten sich hinter dem Felsen flach im Sand.

Die Mannschaft zieht die flatternden Segel hoch, Freibeuter, eine Ankerkette rasselt ...

Evelyn keuchte, die anderen warteten in der Stille. *Ein Beiboot wird zu Wasser gelassen, einige der Besatzungsmitglieder kommen an Land. Das Boot schwankt zwischen Schiff und Strand, die Männer schleppen etwas Schwerfälliges unter die Palme.*

Jeanne sah den Sand zwischen den Fingern zerrinnen und plötzlich erschrak sie sich bei dem Anblick von glänzendem bunten Gestein. Nur Panya blieb von Visionen verschont. »Was ist mit euch?« An der Bushaltestelle sah Panya eine Silhouette mit schwarzem Hut und schulterlangen Zöpfen. »Milo?«, flüsterte Panya, langsam in Panik.

Mit dem Bus fuhren sie zurück zur Tante, wo der kleine René aufgeregt auf sie wartete. »Was dort auch passiert ist, kein Wort zu niemandem. Wir müssen es zuerst verstehen. Außerdem glaube ich, dass wir beobachtet werden. Ich habe Milo gesehen, den Sohn des Schamanen«, sagte Panya geheimnisvoll und sehr vorsichtig, obwohl auch sie noch aufgewühlt war.

Evelyn war schlechter dran. »Ich glaube, ich bin Opfer eines Sonnenstichs.«

An der Bushaltestelle schauten sich die Touristen die Bilder von dem Ausflug an. »Hier die Quallen-Bäume, sie wachsen nur hier in den Bergwäldern und kommen auch als Sträucher vor. Ihre metrischen Blüten sind fünfzählig, die geöffneten Kapselfrüchte sehen mit ihren Rippen wie Quallen aus.« »Schau mal her, ich habe die Kannenpflanze in zwei verschiedenen Ausführungen: hier als Halbsträucher und da als Liane. Hier kann man die Kanne sehen: Das ist eine passive Fallgrube, die mit Verdauungsflüssigkeit gefüllt ist.« Panya konnte an einem der Bilder Milos Silhouette erkennen. Vor Schreck musste sie die Hand auf ihren Mund drücken, um nicht zu schreien.

Verwicklung

Der Ausflug nach Mayotte war wunderschön. Man genoss die wunderschönen Buchten, die pittoresken Relikte und René hatte viele Wasserschildkröten gesehen. Unheimlicher wurde jedoch die Heimkehr. Schon an der Türschwelle sah man Zeichen der Zerstörung: Die Tür war gewaltsam aufgebrochen worden und Glasscherben lagen überall herum. Man traute sich nicht hineinzugehen. »Mama, ich habe Angst.« »Wir rufen lieber die Polizei, es könnte sein, dass sie noch da sind.« Panya traute sich langsam einzutreten. Es war still. Bis die Polizei kam, durften sie nichts berühren. Der Anblick war schrecklich, im Flur hatte man den Schuhschrank durchsucht und einige Schuhe lagen hier und da herum. In der Toilette wurde sogar der Wäschekorb umgeworfen, in der Küche lagen sämtliche Teller und Gläser zerschmettert auf dem Boden. Im Wohnzimmer sah es noch übler aus. Die Schatulle mit dem Geld war nicht angerührt worden, selbst die goldene Kette war noch an ihrem Platz. Wenn das kein Raubzug war, was hatten sie gesucht? Im Schlafzimmer war sogar die Matratze umgeworfen worden. Was auch gesucht worden war, hatten sie nicht gefunden, weil aus Wut noch der Ball von René zerstochen worden war. Bei diesem Anblick brach René in den Armen der verzweifelten Mutter in Tränen aus. Kurz danach war die Polizei da, sie füllten die Unterlagen aus. »Wir können keine Wunder versprechen, aber wir werden unser Bestes geben.« Panya erzählte von Milo, aber das blieb nur ein Verdacht. Spuren gab es zur Genüge, aber sie wurden von den Beamten nicht sonderlich beachtet. »Sie werden wiederkommen. Am besten kommen sie alle morgen zum Polizeirevier, wir benötigen eine Aufklärung.« Ratlos blieben die Frauen zurück. Es war Zeit, sich ausführlich zu unterhalten, am Strand, fern von neugierigen Gesellen. Am späten Nachmittag lagen sie alle am Strand: Panya, Evelyn und Jeanne. »Wir wollen die Tante und den Jungen nicht in Gefahr bringen. Je weniger sie wissen, desto besser sind sie geschützt«, fing Panya an. Evelyn war noch sichtbar berührt: »Ich verstehe die Zusammenhänge nicht. Unsere Begegnung, die ganzen Zeichen ... Was geht hier vor?« Beide schauten fragend Panya an, die allein die Ruhe bewahrte, als wüsste sie, worum es ging. »Ich habe lange gebraucht, um es zu verstehen. Schon bei der Zeremonie ...« Jeanne unterbrach sie: »Damals, als ich zu euch geflogen bin, fiel mir plötzlich auf, dass die Inseln die Formen haben, die im Kryptogramm von La Buse vorkamen. Geht es darum?« Evelyn und Panya sagten gleichzeitig: »Ja.« »Etwas will, dass wir die fehlenden Fundgruben von La Buse finden. Bei der Zeremonie hat der Schamane mehr gesehen, als er gesagt hat. Sein Sohn Milo beschattet uns.« Jeanne ergriff das Wort: »Die Witwe von Charles Savy fand im Jahr 1923 einen Teil des Schatzes. Es war bei Ebbe, Krabben und Schildkröten kamen aus einem Loch unter den Felsen und schleppten Glänzendes mit sich herum.« Panya dachte an den Traum: Das war der Fischer am Fluss, er hatte den Korb voll, obwohl er an der Mündung gefischt hatte. Jeanne sprach weiter: »Der Pirat Bernardin Najeon de L'Estang, der Neffe von La Buse, hatte siebzig Jahre nach La Buses Tod zugegeben, einen Teil des Schatzes gefunden zu haben.« »Der Tiefseefischer«, flüsterte Panya. Evelyn hörte ganz aufmerksam zu, Panya schien es schon gewusst zu haben. Jeanne sprach weiter: »Ein Kapitän, dem Tod nah, gab ein Dokument seinem Bruder, womit er einen Teil finden konnte. Die letzten zwei Teile der Schatzkarte sind bei Havarien unwiderruflich verloren gegangen.« »Genau«, sagte Panya. »Zwei Teile sind noch da, das goldene Kreuz ist darunter. Sie haben es aus Aberglauben nicht eingeschmolzen.« Jeanne fügte hinzu: »Wenn man Moyenne und Mahé mit Mayotte verbindet, und Mahé mit Sainte Marie, dann bekommt man das Zeichen A, Alpha, was auch im Kryptogramm vorkommt.« »Also ...«, fügte Evelyn hinzu: »Eines ist sicher, wir sind in Gefahr.« Panya flüsterte: »Wir müssen wieder in den Rachen des Krokodils, aber nicht allein. Evelyn, du hast die Gabe des Sehens. Habt ihr gewusst, dass der Strand am Rachen des Krokodils La Buses Eigentum war?«

Schatten wanderten zwischen die Palmen. Am späten Nachmittag war Pierre eingetroffen. »Er ist mein Freund«, stellte Jeanne vor. Denis, der Bruder von Evelyn, kam dazu. Gemeinsam wollten sie zum Rachen des Krokodils gehen. Schon bei der Ankunft war die Luft geladen. Die Nachbarn hatten sich verbarrikadiert und ließen sich nur selten blicken, und wenn doch, dann waren sie gerade auf dem Sprung. Hinter den Gardinen aber bemerkte man ein leichtes Flattern und neugierige Blicke. Pierre und Denis versuchten sich ruhig zu verhalten, obwohl es sie sehr kribbelig machte, beschattet zu werden. Denis hätte am liebsten das Schwein abserviert. Von den Schlafräumen konnte man mal hier und mal da Schatten beobachten. Man hatte oft das Gefühl, es wären mehrere. Die Tante wurde hysterisch und weinte oft. Evelyn versuchte sie zu trösten: »Wir werden dich und René zu deinem Bruder fahren, dort bist du in Sicherheit. Sie werden es nicht wagen, euch anzugreifen, seine Familie ist zu groß. Die Polizei hat uns ihr Wort gegeben, auf das Haus aufzupassen. Vielleicht sind die Beamten schon da draußen.« Während sie sich noch unterhielten, hörte man laute Geräusche von umgeworfenen Blumentöpfen, die auf die Eindringlinge aufmerksam machten. Wie der Blitz raste Denis raus und es kam zu Rangeleien, Pierre lief ihm nach. Das war eine kurze Aktion und der Eindringling war schon auf der Flucht, ehe Pierre mitmischen konnte. An der schwachen Beleuchtung der Straßenlaterne sah man Blutspuren im Gebüsch verschwinden. Denis kam mit zerrissenem Hemd zurück. »Bist du verrückt, mit dem Messer zu hantieren?«, brüllte Pierre. »Da, wo ich herkomme, ist das gang und gäbe. Außerdem weiß jetzt unser Freund auch, dass mit uns nicht zu spaßen ist.« Im Haus war die Tante wieder in Tränen ausgebrochen. Kurzerhand entschieden sie sich, sofort das Haus zu verlassen, sobald sie den Jeep beladen hatten. Es war

Prasilin
coco de mer
Mahé
Moyenne
Afrika
Mayotte
4
5
Luongo
3
Sainte Marie
1.
2.
Toamasina
Réunion
Madagaskar
4. Amtseranata
5. Mahajanga

eine kühle Nacht, wolkenlos und wunderschön mit Sternen bedeckt. Die Fahrt nach Anse Royale dauerte nur zwanzig Minuten. Vom Küchenfenster des Onkels konnte man den kleinen Garten bewundern und René hatte das seltene Glück, den Seychellen-Frosch unter einem großen Blatt zu entdecken. Trotz seiner Daumennagelgröße brachte der Frosch der ganzen Familie große Freude und René lachte wieder glücklich. »Morgen bei Sonnenuntergang schauen wir uns die brennenden Felsen an, aber jetzt brav ins Bett«, sagte der Onkel. Am nächsten Tag wurden alle später wach. Die meisten Bewohner des Hauses waren schon auf den Beinen, um ihren Alltag zu meistern. Es wurde die letzte Checkliste durchgegangen und sich von allen verabschiedet. Nur der kleine René konnte nicht genug Umarmungen bekommen, am liebsten wäre auch er mit der Mutter gegangen. Die Tante tröstete ihn: »René, wir werden trotzdem viel Spaß haben. Außerdem kommt Mama bald wieder.« Panya, Jeanne, Evelyn, Pierre und Denis fuhren die Küste entlang bis Port Glaud, dort wurde eine erste Pause eingelegt und der Tank gefüllt: »Schau mal, wenn das nicht Milo und sein Bruder sind«, bemerkte Evelyn. Die Ärmel umschlagend näherten sich Pierre und Denis dem schwarzen Auto. Plötzlich hatten die beiden Brüder es sehr eilig. »Hört zu, Leute, wenn wir euch nicht vom Hals bekommen, sollten wir vielleicht zusammenarbeiten. Wäre das ok?«

Die zwei Brüder schauten sich verdattert an, nicht in der Lage sich zu artikulieren. »Milo, mach deinen Mund zu, hier sind viele Fliegen. Wir fahren zu Bel

Ombre, andere Leute verfolgen uns. Bis dann!«, sagte Pierre, ohne auf eine Antwort zu warten. »Ihr habt was?«, schrie Evelyn hysterisch. »Sie sind unsere Feinde.« »Ja«, sagte Pierre. »Aber wir haben noch mehr davon, falls du es nicht bemerkt hast. Der Kreis vergrößert sich. Was auch passiert, es ist besser, wenn wir mehr Verbündete haben.«

Am Nationalpark entlangfahrend sahen sie die zwei Berge, die höchsten Erhebungen von Mahé. Das schwarze Auto fuhr hinterher, aber alle atmeten erleichtert auf. Der Küstenabschnitt zu Bel Ombre war übersät von kleinen und großen Hotels und ein paar Self Coferings, Kaffeeautomaten zur Selbstbedienung. Der Nebel lichtete sich und man hörte schon das Zischeln der Wellen am Strand. Die Sonne war noch eine bleiche Kontur am Horizont, die kein nennenswertes Licht spendete. »Heute wird es sehr warm. Ihr Mädels setzt lieber die Hüte auf«, sagte Denis mit schiefem Grinsen. Am Strand angekommen beschäftigten sich die Männer damit, Zelte aufzustellen, während Panya alle Hände voll zu tun hatte, Evelyn zu beruhigen. Ängste, Fernweh und René machten ihr zu schaffen. Jeanne fiel erschöpft im Schatten eines zerklüfteten Felsens in einen tiefen Schlaf.

Aus dem Herz sprang ein Pfeil zum Pferdekopf, Jeanne wurde mitgerissen, Wolken türmten sich zu einem Bild zusammen, das Gesicht von La Buse, es wurde immer deutlicher und klarer.

Jeanne wälzte sich im Traum, als wollte sie es verjagen, Schweißperlen füllten ihr Gesicht.

La Buse mit seinem Hut, seinem Schnurrbart und

seinen dunklen Augen schaute Jeanne an und fing laut zu lachen an. Es war ohrenbetäubend.

Sie schrie sehr laut und wachte dabei auf, neben ihr war Milo ganz still, nachdenklich. Bevor sie noch einen Schrecken bekam, beruhigte Milo sie: »Ich bin es, ich bin jetzt auch auf eurer Seite, ganz ruhig bleiben.« Den ganzen Traum wusste sie nicht mehr, aber die letzten Hinweise reichten Milo zur Deutung. Nun war die ganze Aufmerksamkeit auf Panya und Evelyn gerichtet. Den ganzen Tag schon spürte Panya ein seltsames Beben und alle erwarteten ihren Traum. Sie sträubte sich innerlich dagegen. Später am Abend sah sie die See, blau und silbern im Licht der sinkenden Sonne. Es war so beruhigend. »Schau mal, bald zischt es«, flüsterte Evelyn tröstend und stahl Panya somit das erste Lächeln des Tages. Die Felsen glühten in allen Rottönen, eine leichte Brise wehte von den Palmen herüber und brachte eine beruhigende Melodie. Die Augen von Panya wurden schwer und schließlich nahm die Natur ihren Lauf.

Es war ein wirrer Traum. Delfine knarrten und flogen in hohen Sprüngen. Clownfische schwammen in einer Art Kreis hinterher, als sei es die Sonne. Die See, die erst ruhig war, fing an, sich leicht zu kräuseln. Der Wind hatte etwas aufgefrischt, die grüne Vegetation um die Bucht verwandelte sich in fingerähnliche Gebilde aus Granit, die Richtung Osten deuteten. Der Himmel färbte sich dunkelblau und Nebel stieg langsam auf, als aus einem Fels kreischend das Bildnis von La Buse emporstieg. Sein Blick war auf Sainte Marie gerichtet. Aus den ausgehöhlten Augen leuch-

tete grelles Licht, das sich gebündelt wie ein Blitz geradeaus erstreckte.

Panya erwachte mit Atemnot und vor Schreck geweiteten Pupillen. Die Männer hielten abwechselnd Wache, auch auf dem Wasser war viel los. Mit schäumender Bugwelle brausten kleine Boote an ihnen vorbei, ein paar Mal blieben sie einfach da, gewogen von den Wellen, die an ihre Bordwand klatschten. Allmählich erwachte der Tag, es war ein prächtiger Sonnenaufgang. Evelyn unterhielt sich lange mit Milo, es wurde nun leise gesprochen, Schatten wurden wandernd in der Nacht gesehen. Die Spannung wuchs, die Offenbarung von Evelyn ließ auf sich warten, dennoch verließ sie ihre gute Laune nicht. »Schau mal Panya, die Muschel hat Ohren, vielleicht belauscht sie uns auch«, sagte sie flüsternd, beide mussten laut lachen. Am Lagerfeuer kurz vor Sonnenuntergang legte sich Evelyn hin.

Das Meer lauschte, der Wind gewann langsam an Stärke, Meter hohe Wellen wogen das Boot hin und her. Zurück konnte sie nicht mehr, ihr Herz pochte so sehr. Plötzlich erschienen vor ihr Nebelschleier. Zwei sich küssende, ein Pfeil, oder ein Blitz? Es traf die beiden dort, wo die Lippen sich berührten, der Nebel verdichtete sich, eine ohrenbetäubende Stimme sagte: »Mit dem, was ich hier versteckt habe, könnte ich die ganze Insel kaufen.«

Windend, schreiend und schweißgebadet erwachte Evelyn, alle waren noch im Kreis, außer Tommy, der Bruder von Milo, der Wache hielt.

Komplikationen

»Die Insel, von der die Rede ist, ist eindeutig La Reúnion. Sie liegt unterhalb Sainte Maries und bildet mit Mayotte eine gerade Linie, welche von Mayotte aus einen Winkel von neunzig Grad bildet. Die Verbindung von Moyenne bis Mahé ist auch eine gerade Linie, zusammen ergeben sie ein fast perfektes Dreieck, wie im Kryptogramm auch angegeben«, sagte Milo und betrachtete die Karte, die in der Mitte des Tisches ausgebreitet war. Denis grübelte vor sich hin: »Die Insel hat die Form von zwei sich Küssenden. Auf Schulterhöhe der beiden erstreckt sich die Mitte des Gebirges. Im Herz des Gebirges, schwer zugänglich, ist ein sehr dunkler Fleck in der Form eines Pferdeschädels, wie es im Kryptogramm von La Buse erwähnt wird.« Panya ergriff das Wort: »Nach dem Prozess in Sainte Denis, der Hauptstadt, soll La Buse beim Überschreiten der Brücke gegenüber seinen Bewachern erwähnt haben: ›Mit dem, was ich hier versteckt habe, könnte ich die ganze Insel kaufen.‹« Alle hörten gebannt zu. »Eigentlich stecken wir in einer hoffnungslosen Situation, wir können nicht allein suchen. Wir haben bereits beim Einbruch in das Haus von Evelyns Tante der Polizei gestanden, dass wir einer Spur folgen, die zum Schatz führt«, stellte Pierre fest. Panya bestätigte: »Genau, und seither werden die Leute, die uns verfolgen, immer mehr. Kann es sein, dass unser Polizeischutz doch auch da draußen ist?« Pierre vorwurfsvoll: »Wenn sie auch dabei sind, warum sagen sie uns nicht Bescheid. Wir würden uns sicher besser fühlen.« Evelyn erwiderte: »Dann wäre es logisch, risikofrei zusammenzuarbeiten. Wenn es tatsächlich um den Schatz von La Buse geht, wer ist jetzt der Eigentümer? Selbst wenn wir den Schatz finden, wäre es sehr schwer, das für uns zu behalten, da so viele schon genau wissen, was hier vorgeht. Wo wir auch hingehen, die Leute flüstern.« Milo selbstsicher: »Dann liegt die Lösung auf der Hand. Lassen wir die Schatzsuche veröffentlichen, dann können sich alle beteiligen. Besonders die Schatzjäger in unseren Gewässern und weiter noch, sie könnten uns zur Seite stehen.« Tommy gab zu bedenken: »Leute, vergesst nicht, dass wir ein gewaltiges Theater mit Fernsehteams auch aus dem Ausland in Kauf nehmen müssen. Diese Paparazzi versalzen einem immer die Suppe.« Evelyn meinte: »Finden wir den Schatz nicht, dann werden sich die Medien über uns lustig machen. Finden wir den Schatz, so werden sich die Politiker die Köpfe einschlagen, was daraus wird. Egal was passiert, das alles ist für uns eine Nummer zu groß. Wir müssen einfach sehen, dass wir unbeschadet davonkommen.« Jeanne: »Ich denke auch, dass, egal wie es ausgeht, wir immer noch etwas zu gewinnen haben.« Panya: »Wie meinst du das?« Jeanne erklärte: »Finden wir den Schatz nicht, dann haben wir ein tolles Abenteuer erlebt und uns gefunden. Finden wir den Schatz, so steht uns ein Finderlohn zu.« Es wurde lange diskutiert, am Horizont verabschiedete sich die Sonne und sogleich brannten die Felsen am Strand.

Noch vor der Abfahrt von Mahé fanden die ersten Gespräche mit der zuständigen Behörde statt. Die Gruppe bekam auch Begleitschutz. Ihre Ankunft in La Réunion war schon ihre erste öffentliche Bekanntmachung. Diese wurde mit einer Parade und den ersten Interviews feierlich gestaltet. Man konnte an den Gesichtern sehen, dass die Gruppe es zuerst unangenehm fand. Zum Schluss grüßte Evelyn ihr Zuhause. Es war eine Spannung in der Luft, es wurden schon Wetten abgeschlossen. »Sind es Spinner oder nicht?« Das war die Frage. Die erste Übertragung begann ein paar Tage später mit dem Treffen der Schatzsucher-Experten und den Gelehrten mit dem Studium des Kryptogramms. Schon in Frankreich hatten sich viele Universitäten mit dem Thema auseinandergesetzt. Über Nacht wurden sie alle Stars. Für die Medien gab es endlich etwas Neues. Die jahrzehntelangen Gespräche über die Kinder wurden noch kurz im Radio kommentiert, fanden aber keine große Beachtung. »Die Verschleppung der Kinder von Creuse war die Idee von Michel Debré. Er war von 1959 bis 1962 Premierminister unter Präsident Charles de Gaulle. Im Jahr 1963 wurde er zum Abgeordneten von La Réunion gewählt. Die Insel war arm und überbevölkert, so entschied er sich, aus der Not eine Tugend zu machen. Zentralfrankreich litt unter chronischer Landflucht, so durften einige zehntausend Erwachsene und 1630 Kinder aus ärmlichen Verhältnissen sowie Vollwaisen das Problem beheben. Die Einwanderungsbehörden versprachen den Kindern eine bessere Zukunft, mit Schulbesuch und einem anständigen Beruf sowie jährlich einen Urlaub zu Hause zu verbringen.« Plötzlich raubte die Chikungunya-Epidemie den Medien große Aufmerksamkeit. Zwischen dem 28. März 2005 und dem 12. Februar 2006 tobte die Epidemie auf den tropischen Inseln der Seychellen im Indischen Ozean. Jeder fünfte erkrankte und es gab 77 Tote. Die Krankheit wurde durch die starke Vermehrung der Chikungunya-Mücke wegen starker Regenfälle mit abgestandenen Wasseransammlungen ausgelöst.

Nun war die Schatzjagd wohl eine willkommene Abwechslung. Besonders in Geschäften waren die Radionachrichten laut eingestellt. »La Reúnion war bis zum Jahr 1750 noch unbewohnt. In der Zeit von La Buse trug sie nach Napoleon Bonaparte den Namen Bourbon (bis zum Jahr 1858). Dann wurde sie La Reúnion und damit auch ein Übersee-Département Frankreichs, folglich gehört sie auch zur Europäischen Union. Auf einer Fläche von 2.500 km leben rund 850.717 Einwohner. Die Insel war der Treffpunkt von Piraten und Freibeutern. Hier ist auch das Symbolische von La Buses Grab und von Sitarane, einem Banditen. Man munkelt, dass noch bei Sonnenuntergang auf ihren Gräbern in Saint Paul und Saint Pierre Rituale abgehalten und Opfergaben erbracht werden …«

Besonders die französischen Sender waren damit beschäftigt, ständig zu berichten. Die Unmengen dunkler Gestalten, die sie verfolgten, verschwanden allmählich und die Gebliebenen entpuppten sich als Polizeibeamte und Sonderbeauftragte zum Schutz der Beteiligten. In den Talkshows war die Diskussion heiß entbrannt: »Wenn der Schatz tatsächlich gefunden wird, wem wird er dann zugesprochen? Frankreich würde damit dann mehr in die Infrastruktur der Insel investieren, besonders in den Straßenbau.« Auf sämtlichen Sendern lief die Biografie von La Buse, immer von einem etwas anderen Winkel betrachtet. T-Shirts mit La Buse kamen in Umlauf, Massen von Touristen überfluteten die Seychellen, Madagaskar und vor allem La Reúnion. Bei einer Talkshow kam als Überraschungsgast der kleine René mit seiner Tante. Es wurde sehr rührend und es flossen Tränen der Freude. Milos Wunden wurden ärztlich versorgt. Die Frauen wurden von Kopf bis Fuß untersucht. Die Wissenschaftler beschäftigte die Frage: »Was verbindet die drei Frauen? Und was ist die Kraft hinter dem Mysterium der Botschaft?« Gehirnströmungen wurden gemessen, es wurde viel diskutiert.

Gespräch mit Dr. Dr. Noxy Plitt

Am Samstagabend lief eine Sendung im Fernsehen, die eine hohe Einschaltquote erreichte. Dort interviewte der Reporter Alexander Rug den Professor Dr. Dr. Noxy Plitt aus New Jersey, USA.

Reporter: Guten Tag, Herr Dr. Dr. Noxy Plitt. Wir möchten mehr erfahren über paranormale Aktivitäten. Sie sind Experte in dem Gebiet. Zuerst möchten die Zuschauer wissen, wie sie zu dieser Feldforschung gekommen sind.

Dr. Plitt: Guten Tag, liebe Zuschauer und Herr Alexander Rug. Ich habe in meiner Kindheit oft, besonders in den Sommerferien, meine Tante besucht und meine Ferien dort verbracht. Das war die aufregendste Zeit des Jahres. Was war so außergewöhnlich? Meine Tante lebte in einem Dorf, das noch im Schlummer des Mittelalters schlief. Es schien mir immer, als würde ich eine Reise in die Vergangenheit machen, wo das einfache Leben mit Zufriedenheit, Genügsamkeit und wiederum vielen Tücke der menschlichen Facetten zur Schau stand. Gleich beim ersten Besuch war mir das alte Schloss aufgefallen. Sie müssen wissen, dass es fünfhundert Jahre alt war.

Reporter: Was ist da geschehen?

Dr. Plitt: Da bin ich Zeuge von paranormalen Aktivitäten geworden. Wenn die Tante schlief, ging ich dort mit meinem Vetter hin. Bewaffnet mit einer Taschenlampe, war es zuerst nur eine Mutprobe, dann aber wurde es interessanter. Mein Vetter belegte später das Fach Psychologie in der Uni, ich interessierte mich für Physik. Ein anderer Student schloss sich unseren Gesprächen an und erzählte von paranormalen Aktivitäten, Esoterik, Telepathie und übernatürlichen Verbindungen.

Reporter: Dann ist ein Gespräch entbrannt, dass Sie animiert hat, die Feldforschung für paranormale Aktivitäten voranzutreiben. Sie sind neben ihrem Beruf eine Art Ghostbuster, Berater und Sachverständiger in Sachen paranormale Aktivitäten. Was hat sie dennoch dazu animiert?

Dr. Plitt: Ich habe neben meinem Studium der Physik nach Verbindungen und Ähnlichem gesucht, auch in anderen Gebieten.

Reporter: Also geht es bei dieser Aktivität darum, den Horizont zu erweitern. Was genau machen Sie da?

Dr. Plitt: Ich erforsche die Zusammenhänge. Wissen Sie, Millionen von Leuten haben paranormale Erlebnisse, aber nur wenige wagen es, darüber zu reden, vor allem aus Furcht, nicht ernst genommen zu werden.

Reporter: Was sind diese Aktivitäten?

Dr. Plitt: Man sieht die Silhouetten der Verstorbenen, man empfindet plötzlich Kälteschauer und fühlt sich beobachtet und dann erfährt man, dass jemand gestorben ist, der einem nahegestanden hat. Was aber, wenn diese Menschen in ihrem Leben bösartig waren? Dann werden solche Erscheinungen zur Qual. Gerade das ist nicht so einfach zu verarbeiten. Ich stehe für solche Fälle mit Ratschlägen zur Verfügung. Diese Leute brauchen vor allem viele Gespräche.

Reporter: Sie wollen indirekt sagen, dass es etwas Reales ist, das man beweisen und messen kann. Wie ernst schätzen Sie die Geisterjäger ein? Und was ist unter Parapsychologie zu verstehen?

Dr. Plitt: Ich sehe die Geisterjäger nur als Showmeister. Es geht nicht darum, etwas zur Schau zu stellen, sondern die Ursache zu beheben, das Problem zu verstehen und zu lösen. Diese Erscheinungen manifestieren sich, weil es sich um einen Hilferuf handelt. Dieser Hilferufe kommt aus einer Paralleldimension. Mit Parapsychologie verbindet man oft Wörter wie Fantasie, sich wichtigmachen, okkulte Erscheinungen und Lebenskraft. In der Tat gibt es Phänomene, die keinen magischen Sprüchen entsprungen sind, sie sind geistige Erscheinungen in unserer Welt.

Reporter: Was ist der Kern ihrer Aktivität?

Dr. Plitt: Ich versuche, die Kernaussage zu fokussieren und die Leute zu stärken, da mangelndes Vertrauen herrscht. Dieses Vertrauen ist das fehlende Glied für die Kommunikation. Als mein Opa starb, erschien er mir drei Mal mit einer von Schmerzen geprägten Grimasse. Das dritte Mal verstand ich, dass er sich verabschieden wollte, und sagte: »Lebewohl, Opa.« Dann kam er nie wieder. Ich war noch jung, meine Mutter sagte dann: »Opa ist tot«, und sie staunte, als sie die Bestätigung bekam.

Reporter: Sie geben zu, dass etwas in unserer Wirklichkeit ist, dass Sie auf keinen Fall leugnen möchten und uns nur angepasst, sozusagen vertraut machen möchten. Dann würden Sie zustimmen, dass es Menschen gibt, die besondere Fähigkeiten haben?

Dr. Plitt: Ja, es gibt eine parallele Dimension. Das Übersinnliche kann man nicht trainieren, es kommt wie ein kleines Wetterleuchten und geht wieder, daher kann man das Phänomen nicht missbrauchen wie zum Beispiel beim Glücksspiel. Es gibt Menschen, die Vorahnungen oder starke Gefühle haben oder die von Träumen heimgesucht werden, welche eine Führung bieten. Diese Träume sind aber nur ein Beistand zur Bewältigung des eigenen Alltags, nicht viel mehr. Diese Menschen sind Empfänger von Signalen, die sie als solche mit Diskretion verwerten können. Diese Erlebnisse sind nicht jedermanns Sache. Sie treffen das Individuum, das gerade in Not ist, sei es körperlich, geistig oder mit den wirkenden Kräften anderer Magnetfelder oder Menschen.

Reporter: Sie möchten sagen, dass die Gespenster in alten Häuser keine Erscheinungen sind. Sie sind Realität und tatsächlich Seelen, die Erlösung suchen. Solche, die etwas vergessen oder nicht abgeschlossen haben oder gequält wurden. Was würden Sie Menschen raten, die gequälte Geister in der Wohnung erleben und damit nicht zurechtkommen?

Dr. Plitt: Ja, Sie haben das gut erfasst. Diesen Leuten würde ich raten, entweder eine gemeinsame Lösung zu finden oder, wenn es zu grausam ist, umzuziehen. Es gibt in der Welt genügend Beispiele von Häusern, die unbewohnbar sind. Es gab das Beispiel von einer

Nonne, die im Konvent eingesperrt war und lebendig eingemauert wurde. Sie spukte so lange, bis ihre Gebeine begraben wurden. Wir müssen nicht alles erklären, nur akzeptieren und mit einander umgehen.

Reporter: Kann man das Phänomen genauer betrachten?

Dr. Plitt: Wir sprechen von drei Möglichkeiten: dem Spontanen, der Veranlagung und dem Zufall.

Reporter: Können Sie das erläutern?

Dr. Plitt: Das Spontane ist nicht gewollt und trifft in Krisensituationen ein. Wenn ich von Veranlagung spreche, meine ich auch vererbte Eigenschaften, Signale zu empfangen. Oft trifft das auf eine ganze Sippe zu. Zum Beispiel der Fall, in dem jemand den Tod mit der Sense am Fuß des Bettes eines Schwerkranken sieht und diese Person anschließend stirbt. Das ist oft eine Weitergabe von Generation zu Generation.

Reporter: Kann man das ablegen, wenn man diese Gabe nicht möchte?

Dr. Plitt: Ja und nein. Man kann das ignorieren, manche beten dafür, weil es als Satans Werk angesehen wird. Im Grunde bleibt es aber eine Gabe. Nimmt man sie in Anspruch, so wird sie wieder zur Verfügung stehen, anderweitig bleibt sie unterdrückt.

Reporter: Welche Technik sollte man bei Träumen anwenden, die einen erschüttern?

Dr. Plitt: Gute und schlechte Träume sind Teile einer anderen Kategorie, die die Bildersprache verwendet. Der Trick dabei ist, wie beim Geschichtenlesen zu entziffern, ob man zusätzlich den unterschwelligen Sinn noch deuten kann. Zum Beispiel die Geschichte vom

Hässlichen Entlein. Die Symbolsprache deutet auf den Begriff Schönheit. Der Begriff Schönheit ist das Urteil des Betrachters, weil es keine endgültige Aussage für den Begriff gibt. Jemand träumt, dass er einen Job gefunden hat. Entweder wird dieser jemand einen Job bekommen oder er drückt nur seine Wunschvorstellung aus. Ganz klar ist, dass man damit beschäftigt ist. Auf jeden Fall gilt: Auch wenn jemand sich nicht mit der Jobsuche auseinandergesetzt hat, so drückt der Traum die Aufforderung aus, endlich einen Job zu suchen. Manchmal versteht man den Inhalt, wenn man sich davon distanziert hat. Solche Träume haben keine feste Zeitangabe; Vergangenheit, Gegenwart und Zukunft vermischen sich in der Zeitlosigkeit, das heißt, alles ist möglich. Die Verschmelzung von Zeit und Raum wird in der Physik von verschiedenen Ebenen betrachtet. Heute sprechen wir von Quantenphysik.

Reporter: Wie meinen Sie das?

Dr. Plitt: Naturerscheinungen sind Interferenzen zwischen zwei Ebenen der Existenz.

Reporter: Gehören zu diesen Erscheinungen auch die Fälle, wenn Elektrogeräte im Haushalt spinnen?

Dr. Plitt: Nein, in einer Welt, wo die Technik ihre Grenze überschreitet, ereignen sich kontroverse Vorgänge, die in Verbindung mit Elektrosmog und Funksignalen zu Fehlfunktionen führen.

Reporter: Ab wann spricht man von einer Psychose beziehungsweise einer krankhaften Besessenheit?

Dr. Plitt: Der gesunde Menschenverstand soll die paranormale Erfahrung als ein kurzes Eintauchen in eine Wunderwelt betrachten, was nicht immer leicht ist, besonders bei traumatischen Erlebnissen. Bei einer Psychose, sprich einem krankhaften Verharren, hat Kreativität keinen Raum. Wie mit einer Scheuklappe vor den Augen läuft man nur in eine Richtung. Dieser Zwang erzeugt Angst.

Reporter: Sind alle Psychosen krankhaft?

Dr. Plitt: Nicht immer. Manchmal sind andere Faktoren im Spiel, die nicht sofort in Erscheinung treten. Die Faustregel ist immer, gut zuzuhören und dabei auch kritische Beobachtungen zu machen sowie die Körpersprache zu deuten und den Sachverhalt zu untersuchen. Hierbei denke ich an die Frau, die unter der Auswirkung starker Medikamente litt. Sie hatte oft Halluzinationen und sollte deswegen in die Psychiatrie eingeliefert werden. Am Ende stellte sich heraus, dass der Sohn die Mutter bewusst zugedröhnt hatte, um sie aus dem Haus zu bekommen.

Reporter: Wie würden Sie die übernatürliche Verbindung von Panya, Evelyn und Jeanne bewerten? Sie kommen aus verschiedenen Orten, haben kein gemeinsames Umfeld und empfangen trotzdem alle Signale von La Buse. Was könnte dahinterstecken? Es ist eindeutig, dass alle von La Buse träumen und auch am Tag Erscheinungen haben. Bei den Erscheinungen kann man sagen, dass es sich um Spuk handelt, der in Verbindung mit psychischen Zusammenhängen eine Reaktion hervorruft.

Dr. Plitt: Es handelt sich um eine Störung zwischen den Personen und ihrem Umfeld, bei dem die Quanten in unserem magnetischen Feld die Wirklichkeit interferieren.

Reporter: Wie soll man sich die Quanten in unserer Realität vorstellen?

Dr. Plitt: Ich denke an den Begriff parallele Wirklichkeit. Viel mehr zu sagen wäre verwirrend und gehört wohl zu einem anderen Gespräch mit physikalischen Erklärungen. Tatsache ist, dass die Beziehung Menschen-Kosmos noch nicht erforscht ist.

Reporter: Was ist Telepathie?

Dr. Plitt: In einfachen Worten ist Telepathie die Resonanz miteinander. Man nennt das auch Wellenlänge. Das bestätigt sich auch in der Körpersprache. Das ist der Fall von Panya, Jeanne und Evelyn, sie sind auf eine besondere Art miteinander verbunden. Die Träume, die sie zusammengebracht haben, deuten mit ihren Symbolen und der Beharrlichkeit auf eine effektive Interferenz unserer Realität hin.

Reporter: Kann man diese Botschaft zu direkter Kommunikation stimulieren?

Dr. Plitt: Die Verschränkung der Realität ist eine Ebene, die wir nicht umspannen können. Es ist sinnvoll, das zuerst zu verstehen und damit umzugehen.

Reporter: Unsere Zeit ist nun zu Ende, Dr. Noxy Plitt. Für diejenigen, die das Ganze nicht ganz fassen können, noch mein Kommentar: Man muss es stets positiv sehen. Das paranormale Phänomen ist eine von der Natur gewollte Beziehung, da wir ein Teil des Ganzen sind. Wir müssen uns vergegenwärtigen, dass das geschieht, um unser Leben besser zu bewältigen. Man kann Profit ziehen und im geistigen Sinne wachsen.

La Buses Vermächtnis

Aus der ganzen Umgebung kamen um die hundert Schatzsucher-Teams zur Unterstützung, ausgestattet mit den modernsten Suchgeräten. Auch Satelliten-Aufnahme wurden ausgewertet. Besonders drei der Teams machten sich vor der Kamera Konkurrenz mit dem neuesten Know-how.

Ein Team aus Deutschland, das schon lange in dieser Gegend auf der Suche war, zeigte den »Gepard GPR«. Das war eine Art Tablett mit langem Stiel zum Festhalten, geeignet als Bodenradar zur Ortung von Anomalien. Weiterhin hatten sie den »Visualizer 3«, einen Metalldetektor mit Software zur Visualisierung von geologischen Messdaten wie der Position und Tiefe des gefundenen Objekts.

Das Team aus Australien sah aus wie eine Bande von Nichtsnutzen und Barbaren mit Macho-Auftreten. Sie präsentierten den »Black Hawk«, perfekt für Schatz- und Goldsuche mit Prospektion. Es war eine viereckige Kiste mit einem Display und war mit einem Radar verbunden wie bei einem Spinnennetz. Zusätzlich hatten sie den »Bionic X4« in petto, der mit dem Smartphone kombiniert werden konnte. Sie waren auch diejenigen, die an der Küste von Madagaskar auf einem noch nicht geplünderten Schiff fündig wurden. Das sah aus wie ein an eine Antenne angeschlossenes Tablett. Auf den »EXP 4500« waren sie besonders stolz. Das Gerät sah aus wie ein großer Taschenrechner mit beweglichem Display. Damit hatten sie schon in Australien Gold und Silber in großen Tiefen lokalisiert.

Das dritte Team kam aus Boston und war in der Karibik schon aktiv gewesen, lange bevor ein Schwarm Nachahmer die Gegend überflutete. Der Chef war ein Mann mit vielen Titeln. Sie präsentierten den »Rover C4«. Dieser Metalldetektor konnte verborgene Gegenstände wie Münzen, Gold, Schmuck und Silber aus Tunneln und Hohlräumen visualisieren. Er sah aus wie ein Game Boy, an den eine Antenne angeschlossen war. Sie waren auch die, die in einem deutschen Wald einen unterirdischen Bunker fanden. Sie rühmten sich aber mit dem Fund einer historischen Stadt in der Wüste der Sahara. Sie zählten aber auf den »EXP 6000«, ein 3-D-Metalldetektor und Bodenscanner zur Ortung von historischen Fundstücken und Artefakten.

Die Fans, die sonst an den Gräbern Rituale vollzogen, deklarierten eine neue Sekte, die Paneveje-Sekte.

Von Goa, einer Stadt in Süd-West-Indien, kam ein Bescheid: *»Sollten Sie bei dem Schatz das Kreuz von Goa finden, so sind Sie per Gerichtsbeschluss verpflichtet, es den Eigentümern zurückzugeben, denn auch nach 300 Jahren gibt es keine Verjährung auf das Recht der Rückgabe.«*

Im Fernsehen lief wieder eine Sendung.

»Im Jahr 1720, am 26. April, erreichten Olivier Le Vasseur, genannt La Buse, der Bussard, und Tayler Saint Denis. Tayler hatte auf der ›Fantasy‹, seinem

Schiff, 280 Seeleute und 38 Kanonen, während La Buse an Bord der ›Victory‹ 200 Seeleute und 36 Kanonen beherbergte. In der Bucht von Saint Denis war ein Schiff in Reparatur, die ›Nossa Senhora do Cabo e Sao Pedro‹ mit 800 Tonnen Gewicht und 72 Kanonen. Es war auf einer Überfahrt von Indien nach Portugal. Unter den Passagieren befanden sich der Vizekönig von Portugiesisch-Indien und Graf von Ericeira, Louis Carlos Inácio Xavier de Meneses, und der Erzbischof von Goa, Don Sebastiao de Andrade Passanha. Sie hatten eine große Ladung an Diamanten, Schmuck, Gold- und Silberbarren wie auch Perlen, edlen Stoffen, Gewürzen, Möbeln und Edelsteinen mit einem heutigen geschätzten Wert von fünf Milliarden Euro. Auch religiöse Artikel aus der Kathedrale von Goa sollen dabei gewesen sein, wie auch das goldene Kreuz von Goa, das mehr als hundert Kilo schwer war. Es waren drei Männer notwendig, um es umzuladen.«

Trotz aller Technik war kein Team in der Lage, irgendetwas zu finden, da ohnehin schon viel geplündert wurde. Sie blieben erst ein paar Tage in Saint Denis. Der erste Eindruck der Stadt war entsetzlich. Sie sahen heruntergekommene Gebäude und Verkehrsstaus und zwischen den Häusern war die Luft von stickigen Abgasen verseucht. In dem administrativen Zentrum gab es hübsche Stadtvillen, einen großen Stadtpark, Museen, Straßenmärkte und Einkaufsmeilen. In einem Souvenir-Shop schaute ein Kunde skeptisch eine Verpackung an. »Ja, echte Haare von La Buse«, versicherte der Verkäufer. »Warum steht da hinten ›Made in China‹?« Ein anderer Kunde schaute finster um sich herum. »Oh, je. Diese Zöpfe sehen aus wie die verfilzten Haare meines Esels.« Zwei weitere Kunden gesellten sich dazu. »Du sagst es!«

Auf der Küstenpromenade waren viele Stände. Einer davon bot frischgebackene Bällchen an. »Hey, Peddy. Drinnen ist der Teig noch flüssig«, schimpfte jemand. »Pech gehabt, ich habe zu viel Kundschaft, es muss schneller gehen.« »Oh man, da habe ich aber ein schlechtes Gewissen«, sagte Panya. »Warum?«, wollte Evelyn wissen. »Unsere Ankunft hat hier für Stress gesorgt, findest du nicht?« Das öffentliche Schwimmbad war ein beliebter Treffpunkt, auch für die Einheimischen, insbesondere zur Stunde der glutroten Sonnenuntergänge. Auch Riesenspinnen am Straßenrand genossen das tropische Flair, während Geckos Insekten und Fliegen den Spinnen streitig machten. Panya und die Gruppe bewunderten die Metropole Saint Denis besonders am Abend, da strahlte die Stadt mit ihrer malerischen Roland-Garros-Statue am Café sowie der Kathedrale aus der neo-klassischen Ära und dem kleinen Kreisverkehr mit dem Monument aux morts, der Gedenksäule für die Gefallenen des Ersten Weltkriegs. Sehr beeindruckend war vor allem die Pagode Guan Di und Thiaw Law Tong gerade neben dem Kalikambal, einem Hindutempel. Etwas außerhalb der Stadt war ein indisches Stadtviertel, dessen Einwohner aus Java abstammten, einer Insel in Indonesien. Die älteren Menschen trugen lange weiße Kleider und liefen barfuß. Obwohl sie arm waren, waren sie sauber gekleidet. Die Bars waren voll besetzt, indische Spezialitäten standen auch zur Auswahl, es duftete einladend und überall spielte laute indische Musik. Tommy und Milo kamen mit ihrer Begleitung nach einer langen Wanderung quer durch die Stadt zufällig vorbei. Einige Wohnwagen außerhalb der Stadt markierten das Quartier der Zigeuner. Jeanne, Panya und Evelyn beobachteten eine Szene sehr intensiv. Jo hatte nicht genug Geld, um seine Zukunft lesen zu lassen, und versuchte, Eindruck zu hinterlassen. Er schaute verstohlen die Wahrsagerin an und beäugte sie lieblich. Die Tür war offen, man konnte alles von draußen beobachten. Dabei stolperte Jo über den Teppich im Wohnwagen und fiel die paar Stufen hinunter. »Schlechtes Karma, Jo. Ohne Geld keine Vorhersage«, sagte die Zigeunerin belustigt. »Und wetten, dass es auch geht?«, fauchte Jo untröstlich. »Alle guten Rutschen sind zwei!«, schrie die Zigeunerin hinterher. »Wie, was?« Datly, der kleine Bruder der Zigeunerin, spielte mit der Ölkanne zufällig in der Nähe, als er auch zufällig ein Eurostück sah. Sofort ließ er die Kanne stehen, die unglücklicherweise umkippte und eine Pfütze aus Öl bildete. Jo, der ganz verärgert war, schaute noch immer vorwurfsvoll die Zigeunerin an, und zwar so, dass die verengten Augen zu kleinen Linien geworden waren. Mit dem Fuß geriet er schnurstracks in die Ölpfütze hinein. »Kabesch. Autsch!«, rief Jo. Jeanne, von Mitleid bewegt, gab Jo fünf Euro. Mit frischem Mut, aufgeblasen und mit der Entschlossenheit, seine Zukunft endlich zu erfahren, klopfte Jo bestürzt an der Tür des Wohnwagens. »Hi, Joena, ich habe jetzt viel Geld.« Stolzierend zeigte Jo seine Brusttasche, angeschwollen und mit einem Fünfeuroschein im Vordergrund. »Lasst uns weitergehen«, bat Milo. »Von wegen«, raunten Evelyn, Jeanne und Panya. »Gerade jetzt wird es spannend.« Und sie huschten leichtfüßig ans Fenster des Wohnwagens, um zu lauschen. Tommy und Milo waren verzweifelt. »Diese Frauen! Bald bekommen wir Ärger!« Joena war verärgert und hatte es eilig. »Du wirst bald die Liebe deines Herzens treffen.« Dabei war die Karte anders. »Sie ist reich, erfolgreich und hübsch.« »Wie hübsch? Nicht blond, oder?« Genervt und fast brüllend schaute Joena Jo mit glühenden Augen an. »Brünette mit int-« »Intensive!«, platzte Jo herein. »Nein, interessant.« Joena war einem glühenden Kessel ähnlich, bereit, bald zu zerspringen. Die drei Damen draußen konnten sich vor Lachen nicht mehr halten. »Aber kein Pinocchio.« »Wie kommen Sie darauf?« »Jo, lass mich sprechen. Eine hübsche Dame, reich, attraktiv und brünett.« »Das gefällt mir schon besser.« »Du wirst Rinder haben.« »Wozu?« »Nein, Kinder mit ihr.« Keuchend und nach Luft schnappend war Joena kurz vor dem Zusammenbruch. »Ah, ok«, schrie Jo, der nun aufdringlicher und aufmerksamer Joena anglotzte. Joena konnte sich nicht mehr konzentrieren. »Ja, Zwitter, zwei Köpfe, lass die Kaffeekanne in Ruhe.« Nach einem kurzen Schnaufen: »Die Kordiller...« »Korri... was? Terroristin?« »Ruhe, Jo, ich muss mich konzentrieren!« Jo versuchte mit Schwung noch die Kaffeemaschine zu fangen, bevor sie am Boden zerschellte, da wurde der Inhalt seiner Brusttasche sichtbar. Taschentücher und fünf Euro ganz vorn. Joena stieß sich beim Aufstehen an der Tischkante und die aufgestellte Kartenordnung kippte um. So ein Pech. Zu Liebe, Erfolg und Schönheit kam die Schlampe-Karte dazu. Aus zwei Kindern wurden fünf, die Zahl hatte sich verdreht, und bei Karriere mit dem Pfeil nach oben kippte der Pfeil nach unten. Während Joena dabei war, ihn hinaus zu zwingen, schrie Jo: »Nein, nein, Joena, die Rinder!« »Raus, raus hier!« So ein Pech, beim Aufstehen hatte sich Joenas langer Rock an der Tischkante verhakt, nun nahm das Unheil seinen Lauf. Joena fiel die Stufen hinunter, der Rock zerriss und Joena war entblößt. Jo suchte das Weite, aber, oh je, an der Fettpfütze rutschte er wieder aus. »Autsch!« Die drei Damen rannten lachend davon, während Joena in Tränen ausbrach. »Da, Joena, deine Karten, ich habe sie mir kurz geliehen«, flüsterte Datly mit Schuldgefühl. »Na ja, selbst Esel fallen nur einmal in eine Grube«, sagte Jeanne belustigt.

Unterwegs hatten sie Chamäleons gesehen. Sie bemerkten auch, wie die Leute einen besonderen Mann verehrten. Voller Ehrfurcht und demütig gaben sie einem Mann mit Tunika sogar das wenige, das sie hatten. Tommy und Milo schauten sich stillschweigend und wutentbrannt an. In einem reichen Viertel blühten in den Gärten üppige hängende Blütenstände. »Das sind Schnabel-Heliconien und diese hier sind Pfeifenblumen«, sagte ein Beamter, in eine andere Ecke zeigend. Dort wuchsen hängende tropische Kletterpflanzen mit herzförmigen Blättern und pfeifenförmigen roten Blüten, eine Attraktion, denn ihr Duft war betörend. Der Beamte erklärte: »Am 20. Dezember ist unser höchster Feiertag, da gedenken wir der Abschaffung der Sklaverei. Beim Bußfest, der Cavadee, genauso. Da tragen die Männer auf ausgedehnten Prozessionen schwere Holzaltäre und durchstecken ihre Haut mit unzähligen Nadeln, an denen Zitronen hängen.« »Da, der Mann wieder!«, unterbrach Tommy. An den schönen Villen trieb sich der Mann mit der weißen Tunika herum. Er nahm einen runden, weißen Stein aus seiner Tunika, kniete auf der ersten Stufe vor einem Haus nieder und während er den Stein einige Minuten auf der Stufe hin und her rollte, sang er. Eine indische Frau im Sari kam heraus und gab ihm ohne Worte etwas. Er tat das immer wieder, auch bei anderen Häusern. »Was macht der da?«, fragte Tommy verwirrt. »Das ist ein Hexer«, sagte der Beamte. Nach einer Weile fühlte sich der Mann beobachtet und plötzlich stand er vor Milo und seinem Gefolge, noch mit der Beute in der Hand. Darunter waren Stücke aus Gold wie Kettenteile, einzelne Ohrringe, Halbmedaillons und Goldmünzen. Bedrohend und arrogant ergriff er das Wort: »Was gibt es hier zu schauen, ich gehe meinem Beruf nach. Gibt es ein Problem?« »Nein, wir gehen nur zufällig hier vorbei. Was du machst, ist aber nicht in Ordnung!«, sagte Milo verärgert. »Das könnt ihr nicht beurteilen, das ist eine alte Sitte bei uns auf Java. Ich rufe die Geister herbei, damit sie das Haus beschützen, zum Dank bekomme ich ein Stückchen Gold.« Milo spielte nervös mit Hühnerknochen vor sich hin: »Wunderbar, ich nenne das Erpressung. Wenn die Leute dir nichts geben, dann verwünschst du sie mit Tod und Unglück.« »Du wagst es, mich einen Betrüger zu nennen?« Dann wurde seine Stimme lauter und bedrohlich verbittert: »Ich verwünsche dich bei deiner Schatzsuche! Du wirst ihn nicht finden!«, schrie der Hexer und trat gefährlich nah heran. Tommy schubste ihn eilig, sodass er auf den Boden fiel. Der Hexer fiel so unglücklich, dass er sich die rechte Hand am Felsbrocken verletzte und eine blutige Schürfwunde davontrug. Der Beamte nahm Tommy beiseite: »Es reicht, wir wollen kein Unglück beschwören.« Zu dem Hexer sagte er dann: »Ich entschuldige mich auch für die beiden, sie kennen unsere Sitten nicht.« Der Hexer war aber offensichtlich noch erbost und schaute Milo tief in die Augen. Wenn Blicke töten könnten, dann täte es dieser. Milo schauderte so sehr, dass er für eine lange Zeit nicht ansprechbar war. In jener Nacht war Milo nicht wohl. Die Hitze war unerträglich und obwohl ein Schwarm von Moskitos sich am Teich vergnügte, saß Milo im Garten. Die Luft roch nach Zitronen und Rosen, die Zikaden surrten im Rhythmus der Brandung. Eigentlich war die See in dieser Nacht ruhig. Milo fand aber keinen Frieden, etwas störte seine Meditation. Ein Beamter, der in der Ecke einen Kontrollgang machte, fragte neugierig: »Ist alles in Ordnung?« »Ich denke schon, aber riechen Sie was? Da ist etwas faul.« Die beiden fingen an, schnüffelnd die Gegend zu erkunden. Der Geruch wurde stechender und vor dem Schlafzimmerfenster sahen sie den Übeltäter. Es war ein Fladen, im Urin von Kühen und gemischt mit Kräutern. Milo wusste, dass es eine Opfergabe an bestimmte Götter war, sie wurde dort mit bestimmten Beschwörungsformeln abgelegt. Milo behielt das für sich und meditierte öfter, nicht nur bei Tag.

Evelyn war eine Naschkatze. Eines nachmittags, als

alle weg waren, fand sie auf dem Tisch im Wohnzimmer eine kleine Schachtel mit indischen Süßigkeiten. Da waren gelbe Kugeln und weiße Rechtecke mit Nuss-Stückchen, sie rochen köstlich nach Honig, Zucker und Butter mit einer exotischen Note. Milo kam gerade vom Einkaufen zurück, als er Evelyn auf dem Boden fand, sich windend vor Bauchschmerzen. Nachdem ihr im Krankenhaus der Magen leer gepumpt worden war, ging es Evelyn allmählich besser. Es blieb die Frage offen, wer die Schachtel ins Wohnzimmer gestellt haben konnte, ohne gesehen zu werden. Und wie war der Urin getränkte Fladen vor das Schlafzimmer von Milo gekommen? Ein paar der Beamten indischer Abstammung waren dort, um für ihre Sicherheit zu sorgen, nach diesem Vorfall wurden sie jedoch getauscht. Man würde meinen, es käme Ruhe hinein, aber nein. Ein paar Nächte später wurde Milo in seiner Meditation gestört. Es war ein Zischen, ein schriller Rhythmus von Insektengesang. Er konnte die Vibrationen der Luft stärker wahrnehmen und zitterte am ganzen Körper. Die feinen Töne kamen aus Panyas Schlafraum. Dort angekommen weckte er sie vorsichtig: »Steh auf, Panya, stell keine Fragen, wir verlassen diesen Raum gemeinsam, sofort.« Kaum hatten sie es geschafft, den Raum zu verlassen, sahen sie beim Tätigen des Lichtschalters nicht weniger als fünfzehn Skorpionen vom Gitterfenster gleiten, ein paar hatten bereits die Bettkante erreicht. Die Beamten sahen einen Schatten im hohen Gras verschwinden. »Zum Glück sind wir morgen woanders, vielleicht sind dort unsere Beschützer nicht korrupt«, sagte

Jeanne, sehr in Sorge. In dieser Nacht war der Himmel voller Sterne, ein silberner Strahl wackelte an der leichten Strömung, kleine Fische sprangen umher und die Gischt versprühte einen beruhigenden salzigen Geruch. »Weißt du«, sagte Milo und beobachtete dabei den neuen Mond. »Vielleicht sind wir jetzt nur hier draußen in Sicherheit.« Panya war immer noch neugierig: »Woher konntest du wissen, dass sich Insekten in meinem Schlafzimmer breitmachten, Milo?« Da antwortete Tommy und seine Stimme klang wehmütig, denn Milo war diese Erinnerung noch zu schmerzhaft. »Wir waren auf Kräutersuche, es ist nicht all zu lange her. Milo hatte an einer Böschung welche gesehen, ich dagegen sammelte gerade eine Art Kraut, das wir mit der Wurzel brauchten. Ich hörte ein Geschrei und Milo war in einen ausgetrockneten Brunnen gefallen. Zum Glück hatte sich Milo nur leichte Schürfwunden geholt und einen verstauten Fuß. Die Rettungsaktion dauerte zu unserem Bedauern ein paar Stunden. In der Zeit kamen die Brunnenbewohner, die Skorpione, zum Vorschein und verlangten die Räumung.« Dabei sprach Tommy geheimnisvoll leise. »Obwohl Milo sich ruhig verhielt, wurde er trotzdem gestochen. Diese Stiche waren übel, er hatte Taubheitsgefühle und große Schmerzen.« Vor Scham und Ohnmacht starrte Milo in die Schaumkrone, wie sie beruhigend über den Strand hinweg spülte. Bei Morgenrot war der Jeep geladen, Milo schaute noch müde aus mit schwarzen Ringen unter den Augen. »Da, es wird heute Schlechtwetter geben«, sagte Evelyn. Milo war wieder wie in Trance und nach einer Weile waren plötzlich alle still. »Stimmt etwas nicht, Milo?«, fragte Tommy vorsichtig. Jeanne startete den Motor und war schon bereit. »Nein, warte!«, schrie Milo. Darauf wurden die Beamten aufmerksam und durchsuchten das Auto gründlich. Jemand hatte sich an der Hydraulik der Bremsen zu schaffen gemacht, einige Tropfen Öl lagen dort schon dunkel und bedrohlich. Sie fuhren doch mit einem anderen Fahrzeug und waren froh, diesen Ort zu verlassen, sie schauten nicht mehr zurück. Im Auto schliefen sie rasch und in besinnlichem Frieden ein. In einem Dorf am Fuß des Berges wohnten sie ein paar Tage, bis die Vorkehrung zur Besteigung des Berges abgeschlossen war. Die Gelehrten fanden die Ereignisse erstaunlich und waren begierig zu erfahren, welches Geheimnis die drei Frauen verband. Evelyn, Panya und Jeanne wurden an EEG (Elektroenzephalografie) zur Messung der Gehirnströmungen angeschlossen, die Ergebnisse ergaben eine Nacht lang ähnliche Kurven mit gleicher Intensität. Alle drei gaben zu, in jener Nacht von La Buse geträumt zu haben. »Für solche Phänomene hat die Wissenschaft keine Erklärung, lediglich Vermutungen. Dennoch sind solche Ereignisse für die Parapsychologie interessant.« Versuchte ein Professor Milo zu erklären, der aber darauf bestand, die Frauen in Ruhe zu lassen, um die Suche fortzusetzen. Sie flogen zuerst nach Grand-Ilet, um zwischen den Bergen La Roche Ecrite und La Fenetre den Einstieg zu finden, wo der Schädel eines toten Pferds im dunklen Gebirge sein Geheimnis hütete. Dieser Abschnitt war schwer zugänglich, da die Felsenformation stark verwitterte und das Klettern sich als extrem rutschig erwies. Die anderen Teams hatten schon Hilfe angeboten, was alles sehr vereinfachte, und das bei einer Liveübertragung. In der Bergnase war eine Öffnung. Sie war nicht sehr breit, aber bei starker Beleuchtung sah man eine riesige Höhle. Sie war überall übersät mit Lieblingsmotiven von La Buse. Doch wo musste man suchen? Voodoo-Zauber-Zeremonien hatten dort offenkundig stattgefunden, denn überall lagen Hühnerknochen, einige noch in Büschen versteckt. Beim Graben um den Eingang herum fand man auch ältere und tiefer liegende Knochenreste von Hühnern. Die drei Frauen wussten, dass man nach drei Lichtern zu einer Sonne suchen musste, und siehe dort, hier war die Sonne fast ungesehen allein. Aber die erfahrenen Schatzgräber, unbeeindruckt von der Voodoo-Macht, machten sich ans Werk. Egal wie, sie wurden zuerst nicht fündig, abgesehen von einigen Münzen. »Lasst endlich die Frauen suchen«, forderte Milo auf. »So kommen wir nicht weiter.« Es wurde diskutiert und dann blieben die Schatzsucher stehen und gingen nach draußen, wo noch heftiger diskutiert wurde. Ihre Lautstärke hallte zwischen den Bergen wider. Nur die Kameras in der Livesendung waren aktiv. Panya, Evelyn, und Jeanne saßen im Lotussitz, ihre rechten Hände berührten einander, es war sehr still. Eine Aura umgab sie, es war wie eine Befreiung von der Last der Schwerkraft und den gierigen Gedanken von tausenden von Menschen, die schon dort gewesen waren. Plötzlich wussten sie, wo sie suchen mussten: An einer unscheinbaren Stelle war eine kleine Sonne allein zu sehen. Dort machten sich die Schatzgräber ans Werk. Zuerst kamen Münzen zum Vorschein, ihr goldener Schimmer war die Belohnung ihrer Bemühungen und der Antrieb ihres Eifers. Dann erschienen die ersten Diamanten. Je mehr sie gruben, desto mehr erschienen auf der Bildfläche, schmutzig mit der Erde vermischt. Die Begeisterung war groß, Münzen aus verschiedenen Ländern in Gold und Kupfer waren zahlreich. Erst als sie das Grab zugemacht hatten, weil nichts mehr da lag, brach die umliegende Mauer unter den Dauererschütterungen der Schatzgräber zusammen. Eine Höhle öffnete ihren Schlund, eine neblige Staubwolke verdunkelte den Raum, woraufhin alle hustend frische Luft suchten. Es rumpelte gewaltig, man befürchtete schon, dass die ganze Höhle verschüttet sei. Gestützt von Balken wurde die Höhle stabilisiert, sodass sie ein paar Tage später als sicher eingeschätzt wurde und betreten werden durften. Als sie endlich dort waren, wurden sie sehr überrascht. Tatsächlich schlug der Nadeldetektor ganz tief unter einem Haufen Steine, von einer brüchigen Felswand verborgen, heftig an und gab akustische Signale ab. Erstaunlicherweise wurden die Gräber in Anbetracht der Lage leichtfüßig und vorbedacht feinfühlig. Tatsächlich war darunter etwas schwereres, metallisch klingendes begraben, das sich als riesiger Felsbrocken erwies, der fast unmöglich zu bewegen war. Wieder mussten die Teams miteinander Konferenz halten, die Gefahr eines Einsturzes war unmittelbar. Aber an der Stelle waren sie richtig. Die Bilderauswertung zeigte etwas Großes, Kompaktes, das auf 300 Kilogramm geschätzt werden konnte, und darunter war noch viel mehr. In dieser Nacht schlief keiner, selbst die Sterne am Himmelszelt vermochten es nicht, die unruhigen Seelen zu beruhigen. Dann kam Evelyn eine Geschichte in den Sinn, die sie oft ihrem Sohn vorgelesen hatte. »Die Insel war ein kugelförmiger Felsbrocken, und dort lebten gefährliche Schafe.« Alle hörten zu und es schien sich auf sie auszuwirken, denn danach legten sich alle hin und wenn sie auch nicht schliefen, so konnten sie gelassen nachdenken. »In der Ruhe liegt die Kraft.« Das war die Moral der Geschichte der gefährlichen Schafe aus Evelyns Erzählung.

Das Morgengrauen kündigte sich allzu schnell an und eine leichte rote Furche malte einen Schimmer Hoffnung in den Himmel. Die Ingenieure ließen weitere Balkenstützen anbringen, erst dann konnten die Schatzsucher ans Werk. Sieben Mann waren tätig, als sie den Felsbrocken von einem Kreuz hoben und ans Licht brachten. Staubig und hellgrau lächelte das Kreuz von Goa nach dreihundert Jahren die Welt an. Sie wussten, dass die Piraten nie versucht hätten, das Kreuz zu schmelzen. Das hätte Unglück gebracht. Piraten hielten sich auch an einen Kodex. Blank poliert zeigte das Kreuz von Goa seine Pracht. Kaum aus dem ersten Erstaunen heraus, schallten aus der Höhle schon helle Aufrufe. Eine Unmenge an Gold, Perlen und Edelsteinen, wundersamen Gegenständen und Schmuck sammelte sich zu einem enormen Haufen. Die Lautstärke von kunterbunten Sprachen wuchs mit der Menge der Edelsteine, die zum Vorschein kamen. Der Fund war eine Sensation. Es gab Edelsteine in verschiedensten Farben, von Blau bis Violett, in schwarz, farblos, weiß, grün, mehrfarbig, rote bis edel-farbige, sogar gelbe bis bräunliche. Die Formen waren auch vielfältig: oval, viereckig, rund, oder länglich wie eine Träne. Es waren auch ungeschliffene dabei sowie Süßwasserperlen und schwarze Tahiti-Perlen. Spanische Dublonen in Gold und Silber füllten Kisten und Fässer, daneben lagen stapelweise Barren aus Gold und Silber. »Da, diese Dublonen waren damals die Währung der Welt!« »Schlampig verarbeitet, findest du nicht? Sind nicht mal richtig rund«, unterhielten sich zwei aus einem Team. »Schau mal! Die Bergkristalle, sie schützen vor Kopfschmerzen und dunkler Energie.« »Hier, Tommy«, fügte Milo hinzu. »Der Aquamarin für Selbstbewusstsein und Wachstum. Der Bernstein und Saphir für die Lebensfreude, der Diamant ...« Andere sahen dabei etwas anderes, Reichtum und unendlichen Ruhm. Man fragte sich wieder, wer bekommt das?

Die Stadt Goa bekam ihr Kreuz. Im Gegenzug wurde eine Statue zum Gedenken an diese Ereignisse errichtet. Eine Frau mit drei Köpfen. »Drei Blickfelder, ein Ziel.« Der DNA-Test ergab Verwandtschaftsmerkmale und die Erkenntnis, dass die Frauen La Buses Nachfahren waren. Alle Beteiligten bekamen einen saftigen Finderlohn, die Frauen wurden zusätzlich belohnt mit der Gewissheit, dass sie Verwandte waren. Milo hatte dem Vater bewiesen, dass er ein würdiger Nachfolger war. Der Schleier fiel über den letzten Teil des Schatzes. Wird La Buse ihn jemals freigeben? Sie genehmigten sich ein paar Tage Freizeit, um Ausflüge zu machen. An den Westküsten fanden sie Savanne und Heilkraut-Steppen vor. Das Hochland dagegen überraschte sie mit nebligem Bergregenwald und tosenden Wasserfällen. Zwischen Palmen und Akazien wuchsen Moos und Flechten, ihre umgestürzten Bäume erzeugten eine märchenhafte Stimmung in den Nebelschwaden. Im Nordosten, wo die Luftfeuchtigkeit höher war, wuchsen meterhohe Farne mit farbenfrohen Orchideen. An der Westküste der Insel konnte man gut surfen. Dort stellten sich alle drei nebeneinander auf einen Felsen bei Sonnenuntergang, als die Felsen brannten, ließen sie sich ablichten. Das wurde ein schönes Bild.

Es war Februar und Panya, Evelyn, Jeanne und ein paar Beamte machten einen Spaziergang in der Grünerhebung der Küstenregion. Es war die Zeit, in der Flammen-Bäume mit ihren leuchtend roten Blütenständen die Umgebung in ein Flammenmeer verwandelten. »Das ist Fackelingwer. In Asien wird er zur Desinfektion von Wunden benutzt, und auch als Zutat für Suppen mit Curry verwendet«, erklärte ein Beamter, während sie Büsche mit blass-orangenen bis roten Blüten betrachteten. Weber-Vögel bauten eifrig kugelförmige Nester an den Bäumen, dort machte die Gruppe Rast und ließ den Zauber der Sonne, der leuchtenden Farben und der Gerüche in der Luft auf sich wirken. Es roch nach köstlichen Blumen, Gewürzen und vor allem nach dem Salz der Brandung. Ein Borstenigel, ein Igel, der sich nicht rollen kann, raubte kurz die Aufmerksamkeit der Anwesenden.

Auf dem Gras liegend beobachteten sie die Wolken, die sich am Himmel hier und da versammelten und doch schnell wieder das Weite suchten. »Da!«, sagte Evelyn. »Das sieht aus wie eine Schildkröte.« »Das da wie eine Schlange«, bemerkte Panya. »Oh, nein! Die Schlange frisst die Schildkröte, aber jetzt kommt ein Hund. Wunderschön!«, sagte Evelyn erlöst. »Oh ja, nun ist die Schildkröte frei.« Dunkle Wolken sammelten sich eilig in dem blauen Himmel und verdunkelten die Sonne. Das bärtige Gesicht von La Buse war klar und deutlich zu sehen. Selbstbewusst mit erhobenem Haupt betrachtete er die Damen mit Stolz, lächelte sie an und verschwand kurz danach wieder. Silberne Sonnenstrahlen schlängelten sich zwischen die Nebelbank, die rasch das Weite suchte, und überzogen alles mit einem silbernen Schleier. Panya, Evelyn und Jeanne lächelten einander glücklich an. »Wisst ihr eigentlich, dafür dass wir Verwandte sind, schauen wir so unterschiedlich aus. Du, Jeanne, bist zu hell, und du Evelyn zu dunkel. Nur ich bin richtig.« Panya wurde von beiden Seiten geschubst. »Was ist schon richtig?«, sagte Jeanne. In der Urlauber-Hochsaison, ein paar Tage vor dem Rückflug, hielten sie sich in der Hauptstadt Saint Denis auf, gerade zur Neujahrsfeier, wo die chinesische Bevölkerung das neue Jahr mit Drachenumzügen begrüßte. Löwentänze fanden zu Ehren der heiligen Guan Di statt, es wurde viel zu Musik getanzt, alles war geschmückt mit roten Fähnchen, roten Laternen und roten Girlanden. Die Kinder freuten sich auf die roten Umschläge mit Geldgeschenken und Gutscheinen. Es gab köstliche Speisen und Aufführungen. Jeder grüßte jeden in der Reihenfolge der Tradition. Später in dieser Nacht erhellten tausende von Feuerwerken den Himmel mit Farben und Mustern. Es war traumhaft anzusehen, die verrauchte Luft vibrierte heftig in der Bahn des Lichtfestes.

Quellen

Seychellen.Info.de
Die Kaperung der Nossa Senhora do Cabo. Wiki
Der Schatz von La Buse.Wiki
Le Cryptogramme.Wiki
Tours.ch/Madagaskar
Lexikon der Traumdeutung
Kriptogramm la Buse
Sainte Marie Madagaskar
Sainte Marie.Wiki
Tripadvisor.de
Moyenne Island
Vogelarten in den Seychellen
Vogelarten in Mosambik
Ontheworldmap.com
Mahé.wiki
Mahé Seychellen map
Mahé Legende
Franks-travelbox.com
Seychellen Legende
Tagesspiegel.de
Pflanzen.Wiki
Seychellen-Zeitreisen.de
Ferne Insel Madagaskar von Christine Cerny
Schatzsuchgeräte Sondelpowershop

Kurzer Inhalt

Auf Mayotte, zwischen Madagaskar und Mosambik, lebt Panya. Sie wird plötzlich von Albträumen gequält. Als es auffällig wird, soll ein Schamane ihr helfen. Bei der Offenbarung Zeremonie erfährt sie, dass sie sich Gefährten suchen soll. Ihre Träume leiten sie weiterhin zur Jagd nach ihnen. Es verstreicht viel Zeit, eines Tages erscheinen zwei Frauen, die auch auf die gleiche Suche sind, Evelyn und Jeanne. Sie werden nicht nur gute Freundinnen, sondern auch Forscher. Es gelingt ihnen, die Botschaft zu verstehen, aber sie sind nicht allein. Ihre Umwelt weiß davon und folglich auch ihre Bekannten. Als die Wohnung der Tante verwüstet wird, entscheiden sie sich, Verstärkung zu holen. Trotz der Begleitung von Pierre und Denis wird die Lage kritischer und die verdeckten Beobachter mehr. Auf dem Weg zum Rachen des Krokodils entscheiden sie sich kurzerhand, zwei Feinde auf ihre Seite zu ziehen, was auch geistigen Beistand sichert. Als sie aber von der Größe des Auftrages um »La Buse« erfahren, entscheiden sie sich, alles öffentlich zu machen, da sie schon von der Behörde im Mahé im Stich gelassen wurden. Nachdem die Welt eingeweiht wurde und Schatzsuche-Teams sich umsonst ausgetobt hatten, bat Milo nun, die Frauen suchen zu lassen. Die Höhle war voller Zeichen von La Buse, nur die Frauen kannten den Schlüssel.

WERNSING
FOOD-SERVICE

Der Lieferant für Imbiß – Fast Food – Gastronomie – Großküche

Wernsing Food-Service GmbH
49628 Addrup-Essen • Postfach 12 65
☎ (0 54 38) 51-3 10 • Telefax (0 54 38) 51-3 20

048 606352666

Achats Vermächtnis

Die Konferenz

Ein Höhlenforscher befand sich in Südostasien an den Grenzen von Kachin, Myanmar zu China. Die höchste Erhebung dieses Gebirges ist der Berg Hkakabo Razi. An diesem Morgen, noch im Nachtschleier, ragte neben einer pechschwarzen Bergspitze der Berg Hkakabo Razi stolz in den Himmel auf. Dieser Berg thronte über einem Meer von dichtem Nebel, noch bläulich wie in Kältestarre. Kurz vor dem Ausgang bemerkte der Forscher einen Lichtspalt, der durch einen zweiten Höhlenausgang schien, welcher die Höhle wie bei Tageslicht erhellte. Es war überwältigend. Der Forscher befand sich an einem Ort mit hohen, regenbogenfarbenen Gewölben aus roten, gelben, weißen und hellblauen Gesteinen, die miteinander harmonierten und ein warmes, sattes Farbenspiel erzeugten. Hier und da tropfte es und bildete eine Säule mit einem Muster. Die fallenden Tropfen sangen bisweilen ein altes Lied von Liebe und Hass, von Leben und Tod, aber vor allem von Frieden und Ruhe. Beim genaueren Betrachten war dieses Muster ein Engel mit gefalteten Händen, der die Höhle in Augenschein nahm. Wie ein Stück Paradies auf Erden strahlte dieser Ort Gefühle der Ekstase aus. Der Engelsblick war auf zwei Schneckenhäuser gerichtet, die auf einem Felsvorsprung lagen. Das Muster der ersten Schnecke war braun gestreift, die zweite Schnecke war weiß, beide waren schon stark verwittert. Darunter lag ein Tagebuch und die Höhle wurde nie wiedergefunden.

Sein Name war Achat Mirrowyu. Achat ist die Bezeichnung einer Variante des Quarzsteins mit besonders schönen auffallenden Streifen. Gott sah die Zerstörung der Erde durch die Menschen mit ihrem unvernünftigen Handeln, also berief er eine Konferenz ein. Vorgeladen waren Mutter Natur, Vater Zeit, jeweils ein Vertreter der Menschen und einer der Tiere. Die Konferenz fand im Himmel statt, im Reich Gottes. Dort verbringen glückliche Seelen ihr Dasein, umgeben von sanften Melodien, die das Herz frohlocken lassen. Die kleine Seele aber mochte Achat am liebsten. Sie liebkosten einander und erfuhren Geborgenheit und Zuversicht. Alle saßen an einem großen ovalen Tisch beisammen. Achat sah ihre ernsten Gesichter und las den Groll in ihren Seelen. Gott sprach: »In all den Jahrtausenden der Erdgeschichte sind Wesen gekommen und gegangen. Alle Erneuerungen wurden von Mutter Natur und Vater Zeit wiederhergestellt«. Mutter Natur und Vater Zeit flüsterten miteinander. Gott sprach weiter: »Die Ära der Menschen ist sehr schlecht. Weder Mutter Natur noch Vater Zeit sind imstande, noch schneller zu handeln.«

Während sie sprachen, erschienen wie durch einen Nebel Bilder in der Mitte des Tisches und man konnte erkennen, um was es sich handelte. Es waren schreckliche Bilder. Wolkenfronten stießen aufeinander und ließen gewaltige Blitze hervorspringen, gefolgt von ohrenbetäubendem Donnergroll und dann …

Einst, in der Blütezeit der Mongolen in Indien, wanderte eine Handelskarawane die Seidenstraße entlang. Da es zu dieser Jahreszeit zu viel geregnet hatte, wurden die Pesterreger, die bislang unter der Erde geschlummert hatten, nach oben geschwemmt. Die Karawane war immun, aber ihr Begleiter, die Pest, auch der Schwarze Tod genannt, wich nicht von ihrer Seite. An allen Orten, wo sie sich aufhielt, brach unmittelbar die Pest aus. Sie war grausam, unbarmherzig und brachte circa einem Drittel der Betroffenen den Tod. Zwischen 1346 und 1353 kostete die Pest circa 25 Millionen Europäern das Leben. Herzzerreißende Bilder und verzerrte Fratzen waren zu sehen. Verwaiste Höfe, brennende Dörfer. Wie eine Flut ergoss sich die Pest über Europa, unaufhaltsam, gierig und allmächtig.

Alles verflüchtigte sich, kurzfristig war der Himmel klar, alle konnten kurz aufatmen und dann … Wieder formierten sich die Wolken: auf der einen Seite hell und flauschig, auf der anderen Seite aber pechschwarz, scheußlich und bedrohlich. Es kam zum Zusammenprall und dieses Mal vibrierte die Luft im Raum selbst, als der Donner jeglichen Atemzug einfror. Bei Ain Jalut, im heutigen Palästina, trafen in Jahr 1260 Mongolen und Mamluken aufeinander. Die Mongolen kamen, 400.000 an der Zahl, zu Pferd und brachten ihr ganzes Volk mit. Dazu gehörten riesige Herden von Rindern, Ponys und Schafen. Sie errichteten riesige Zeltstädte (Dschingis Khan). Das gesamte Volk war vertreten, von den Adligen bis zu den Bauern, Soldaten und Sklaven. Sie hielten sich solange an einem Ort auf, bis sie alles aufgebraucht und zerstört hatten. Sie löschten ganze Städte aus, ihre Grausamkeit kannte keine Grenzen, denn: »Die Mongolen waren von Anfang an in den eroberten Gebieten zahlenmäßig unterlegen. Die Dezimierung der Völker diente dazu, das demografische Ungleichgewicht auszugleichen.«

Der Himmel über dem Tisch erhellte sich genauso wie die Gesichter der Anwesenden, die sich beim Betrachten der grausamen Bilder zu Grimassen verzogen hatten. Und schon wurden aus kleinen Schäfchenwolken riesenhafte Wolken, die unaufhaltsam neue Gewitterwolken zeugten, welche einen gewaltigen Sturm mit Windhosen brachten, die eigene Blitze erzeugten.

Arabische und muslimische Sklavenhändler begannen im Jahr 652, als der General und Emir Abdallah ben Said dem nubischen König Khalidurat einen Vertrag aufgezwungen hatte, auch Sklaven auszuliefern. Ganze Dörfer brannten, Leichen lagen verstreut und viele Menschen wurden in Ketten abgeführt und quer über den Kontinent geschleppt. Die Sklaven liefen mit gesenkten Köpfen und waren am Ende ihrer Kräfte. Wer hinfiel, blieb liegen. Sie wurden gnadenlos weitergetrieben auf einer Reise ohne Wiederkehr, fern von der Heimat. Ganze Stämme wurden vernichtet. Frauen und Kinder waren auch dabei, für die meisten kleineren Kinder war die Reise früher zu Ende.

Die Runde schaute sich fragend an. »Was nun?«, fragte Gott. Der Vertreter der Menschen ergriff das

Wort: »Herr, wir haben große Achtung vor der Schöpfung und alles ist wunderbar. Wir haben Freude am Leben und genießen es in vollen Zügen.« Dann wurde er verschämt und sagte leise: »Wir haben Bedürfnisse, und kämpfen ums Überleben.« Nun ergriff der Vertreter der Tiere das Wort: »Das ist ja alles wunderbar, aber wie oft werden wir sinnlos getötet? Einfach nur so zum Spaß und unsere Überreste verwesen im Sonnenlicht. Unsere Kinder verenden jämmerlich, weil wir nicht zu ihnen zurückkehren.« Vater Zeit fühlte sich angesprochen: »Ich meinerseits habe Regeln zu befolgen, nichts ist der Willkür überlassen. Eine Frucht reift, wenn die Zeit dafür gekommen ist. Vorher müssen ein Schmetterling, ein paar Bienen und das Flüstern des Windes ihre Aufgaben erledigen.« Während er das sagte, wurde alles sichtbar, sogar der Wind summte dabei. Mutter Natur schloss sich Gevatter Zeit an: »In der Tat, die kosmischen Einflüsse, das Drehen der Erde, die physikalischen Gesetze, mit denen Gevatter Zeit arbeitet, sind sehr wichtig.«

Bilder wie Wolken und Nebelschleier tummelten sich auf dem Tisch.

»Ein Erdbeben ist nicht nur zerstörerisch, sondern bringt auch neues Leben hervor. Die Brände durch Hitze oder Blitze bringen die Wälder zum Erblühen. Nicht alle Samen gehen einfach so auf, einige brauchen Feuer. Epidemien brechen immer aus, wenn das Gleichgewicht gestört ist. Zum Beispiel bei Überbevölkerung, wenn nicht genug Nahrung für alle da ist.« Achat schnappte Wörter wie Vernunft und Verantwortung auf. Sie kamen zu keinem gemeinsamen Ergebnis. Jeder sah sich als Opfer. Achat, die Schnecke, die sich bis zu diesem Zeitpunkt im Verborgenen hielt, da sie nicht eingeladen war, hatte einen Vorschlag. Zum jetzigen Zeitpunkt war sie noch ein Geistwesen: »Ich biete mich an, das Herz der Menschen zu berühren. Wenn sie erfahren, was Liebe und Abhängigkeit ist, begreifen sie vielleicht, was Verantwortung ist.«

An jenem Tag war Gott dabei, neue Schnecken mit und ohne Gehäuse sowie zahlreiche wirbellose Tiere zu erschaffen. Achat war sehr traurig, hatte feuchte Augen und sagte kein Wort. »Was ist mein Sohn, hast du keine Freude am Leben?«, fragte Gott warmherzig. »Doch, Vater«, erwiderte die Schnecke ein wenig zögernd. Dennoch wollte Achat nicht undankbar sein. »Ich hätte noch einen Wunsch.« »Nur zu, mein Sohn.« Stotternd sagte Achat: »Ich möchte größer werden.« Nach einer Weile wies Gott stirnrunzelnd daraufhin: »Ich erfülle dir diesen Wunsch, aber denk daran, sollte dein Vorhaben nicht gelingen, wird es Konsequenzen geben. Du sollst nicht denken, dass du versagt hast. Die Menschen sind eine besondere Gattung. Nimm dich in Acht vor den Wolfsschnecken.« Gott wollte noch etwas hinzufügen und drehte sich nur kurz um. Da war Achat schon weit weg, er war nur noch als ein winziger Punkt am Horizont zu erkennen. »Warte doch, ich bin noch nicht fertig!«, rief Gott. »Ah«, erwiderte Achat noch von Weitem: »Das schaffe ich schon, Danke.« Gott flüsterte etwas bekümmert: »Immer in Eile, wenn das bloß gut geht.« Darum bekamen die Riesenschnecken kein bestimmtes Geschlecht und wurden zu Zwittern. »Und sei vorsichtig mit deinem schleimigen Verhalten. Gegen den Strom der Zeit kannst du nichts ausrichten, Achat. Bleibe standhaft!«, fügte Gott hinzu. Achat vernahm das nur sehr schwach und vergaß es gleich wieder.

Madagaskar

Zwei Giraffenhalskäfer unterhielten sich: »Das da sieht so aus, als wäre es die junge Schnecke Achat. Von der Art gibt es gestreifte, gefleckte, dunkelbraune, fast schwarze und noch sieben weitere Variationen. Mit einer Körperlänge von dreißig Zentimetern sind die afrikanischen Riesenschnecken die größten Schnecken der Welt.« »Was du nicht alles weißt, meine Liebe. Du siehst heute sehr hübsch aus«, bemerkte der andere.

Afrika ist die Wiege der Menschheit, mit unterschiedlichen Klimazonen. Es gibt viele Völker mit unterschiedlichen Bräuchen und Traditionen, Sprachen und Religionen, geprägt durch ständige Kriege. Madagaskar aber unterscheidet sich vom Rest Afrikas. Es war bereits im Jahr 1500, bevor die Europäer dort landeten, austronesisch geprägt. Die Völker kamen aus Südostasien und ihre Kultur war etwas moderner. Das war auch die Zeit von Vasco da Gama, einem Portugiesen, der ausgewählt wurde, eine Reise nach Indien als Oberbefehlshaber zu leiten. Das Ziel seiner Expedition war es, einen neuen Zweig der Gewürzroute nach Indien zu erschließen. Dieser sollte den arabischen, persischen, türkischen und venezianischen Zwischenhandel ausschalten, um das Monopol des Gewürzhandels zu kontrollieren. Die Portugiesen kamen mit schönen Geschenken und sie wurden in den Steinhäusern der Häuptlinge empfangen und mit großer Gastfreundschaft bewirtet. Der Glanz der goldenen Stadt Kilma an der Ostküste Madagaskars musste sie sehr überrascht haben. Die weichen, stilvollen Teppiche aus Isfahan, der opulente Wandschmuck, die kostbaren Felle, die Perlenketten mit Korallen ... Ihre Gedanken waren nun von Gier beherrscht, als sie in jener Nacht in seidigen Betten ruhten, umgeben von unschätzbaren Kostbarkeiten und umringt von der Brandung des Indischen Ozeans. Die ersten Kolonisatoren waren demzufolge die Vazimba, ein hellhäutiges Zwergenvolk.

Es war kein Wunder, denn gerade hier in Madagaskar kam Achat zur Welt. Es war zuerst nur das Aufleuchten eines schwachen Blitzes und der erste Gedanke, der ihm in den Sinn kam, war: »Ich denke, also bin ich.« Und Achat öffnete die Augen noch vor dem Schlüpfen. »Es muss vor Kurzem geschlüpft sein, ich habe das hier vorher nie gesehen.« Noch zart und winzig war Achat damals, in seinem hellbraunen gestreiften Gehäuse und mit dem dunklen Fuß, noch fast durchsichtig und weich. Vor ihm waren zwei Möchtegern-Käfer mit Geweih, da lächelte er vergnügt: »Ein Willkommenskomitee, wunderbar!«, dachte er. »Das ist wirklich ein guter Tag, um auf die Welt zu kommen! Ausgerechnet am Leichenwende-Tag, das ist ein großes Fest. Alle paar Jahre öffnen die Madagassen die Gräber ihrer Vorfahren, reinigen die Knochen, um diese dann frisch in Leinentüchern zu verkleiden und nach dem Fest wieder zu bestatten, damit sie im Winter nicht frieren. Wir freuen uns vor allem auf die

Reste, die überall herumliegen«, sagte der erste Giraffenhalskäfer. »Die ganze Familie kommt zusammen, die Lebenden und die Toten«, fügte der andere Giraffenhalskäfer dazu. »Verstehe, und wie oft passiert das?«, fragte Achat neugierig. »Die Toten melden sich. Sie erscheinen im Traum und frieren.«

Das feuchtheiße Klima war für Achat wunderbar, daher wuchs er schnell, und die ganze Welt war ein Abenteuerspielplatz. Achat saß schmatzend und mit Sicherheitsabstand unter einem Blatt und genoss das Fest. Die Menschen feierten an den festlich geschmückten Gräbern, versorgt mit Essen und Trinken. Es wurde getanzt, geweint und gelacht, während andere Leute Musik spielten. Es waren einfache Musikinstrumente aus Bambus, Muscheln und gespannten Fellen, aber wirksam und voller Zauber. Hier leben verschiedene Arten von Lemuren. Die niedlichen Waldgeister sind Halbaffen und Allesfresser. Die Lemuren verdanken ihren Namen den Römern wegen ihrer Nachtaktivität und den großen Augen. Ein Lemur auf Nahrungssuche kam Achat immer näher. Achat kletterte vorsichtig auf den Baum, um die Lage besser im Auge behalten zu können. Mit der Nacht zogen Dunstschwaden auf und mit ihnen eine frostige Kälte in die Ebene. Achat zog sich in sein Gehäuse zurück und schlief ein.

Die Sonne war schon eine Weile aufgegangen und wärmte die Luft, als Achat aufwachte. Er sah eine Mango an der Spitze des Astes. Traumhaft reif, so weit weg und doch in greifbarer Nähe. Langsam näherte sich Achat der Mango. Ihr Duft war köstlich, aber der Ast wurde immer dünner. Er musste seine ganze Kraft im Fuß aufwenden, um sich an den Ast klammern zu können. Der Lemur aber hatte ihn und die Mango im Visier. Achat versteckte sich im Gehäuse. Er war immer noch an den dünnen Ast festgeklammert und der Lemur konnte seinen Blick nicht abwenden. »War da noch etwas außer der Frucht oder nicht?« Still hing Achat da. Es bestand die Gefahr, dass der Ast brechen könnte. Der Lemur überlegte: »Ich will nicht aufgeben, aber, hallo, da blitzt frech ein Auge hervor von der linken Seite.« Der Lemur sprang auf. »Also doch, oder nicht.« Beim nochmaligen Hinschauen war das Auge weg. »Was zum Kuckuck sehe ich da? Von wem werde ich so geärgert? Es ist nichts zu sehen.« Als er wieder gehen wollte, weckte ein Schmatzen seine Aufmerksamkeit. »Da ist ja wieder ein Auge, dieses Mal auf der rechten Seite.« Der Lemur machte große Augen, größer denn je. Achat auch, allerdings hatte dieser vier Augen. »Das Ärgere-dich-nicht-Spiel«, dachte Achat. Jetzt wussten sie voneinander, was nun? Auge um Auge. Der Lemur begriff, dass es zu gefährlich war, die Mango zu holen. »Sie schmecken sowieso nicht«, sagte der Lemur selbstgefällig und ging.

Der tropische Regenwald umgab Achat. Die riesigen Bäume dienten als Dach und darunter wuchsen in mehreren Ebenen unzählige Arten, welche auch mit weniger Licht gut gedeihen konnten. Die konstante Feuchtigkeit sorgte für ein vielfältiges Wachstum der Insektenwelt, auch höhere Lebensformen breiteten sich dort aus. Das gewaltige Wurzelwerk einiger

Baumarten verzweigte sich über dem Boden der roten Erde Madagaskars. Die dünne Humusschicht an der Wurzel bot Farnen, Flechten und Moosen ideale Bedingungen, wo viele Tiere eine Behausung fanden. Viele Vogelarten wie auch die Kolibris nisteten auf dem Boden zwischen Wurzelwerk und Stelzwurzeln. Achat folgte dem feuchten und modrigen Geruch. Achat sah liebliche, schöne, exotische, bizarre und einfarbige Blumen. Mit Erstaunen bemerkte er viele ähnliche, die sich aber unterschieden. Zwei Wanzen, mit einem Panzer in der Farbe von Eiszapfen, beobachteten Achat leise. »Was seid ihr?«, fragte Achat. Auf weiteren Ästen waren noch mehr davon zu sehen, da bekam Achat es mit der Angst zu tun und suchte das Weite. Aber seine Neugier war zu groß, so wagte er ein Gespräch. »Was für Blumen sind das? Und warum sind sie so vielfältig?« »Das sind Orchideen, sie gehören zur größten Familie der Pflanzen auf der Erde, ein Wunder der Evolution. Sie sind Meister der Tricks und Täuschung und in der Manipulation ihrer Umwelt.« Eine andere Wanze ergänzte: »Sie benötigen zur Bestäubung keinen Nektar. Sie senden Duftstoffe aus, die den Insekten den Nektar vortäuscht, daran erkennen die Insekten, ob sie als Nahrung oder Brutstätte dienen können. Bei unliebsamen, gefräßigen Schmetterlingslarven verteidigen sie sich mit Gasbildung, giftigen Stoffen, Veränderungen der Formen und Farben.« Eine andere Wanze, verhöhnend: »Leider lassen sich die Schmetterlinge nicht alles gefallen. Sie verändern sich auch, so gibt es so eine große Vielfalt an Schmetterlingen. Auch sie passen sich den Orchideen an.« Nachmittags regnete es oft und am Abend bildeten sich heftige Gewitter. Erst bei Morgendämmerung brachte sich Achat in Sicherheit. Der frostige Nebel beherrschte das Sumpfgebiet und die Sonne war noch unsichtbar am Horizont. Als die ersten Lichtstrahlen die Gegend erhellten und stickige, feuchte Luft emporstieg, behaupteten die neonfarbenen Frösche ihr Revier, während Chamäleons und Geckos mit ihren langen Zungen ihnen die nahrhaften Insekten streitig machten. Ein wunderschöner Schmetterling segelte vorbei. Wellenförmige Kreise in bunten Farben und zwei lange Spitzen am Ende, wie bei Vogelfedern, zierten seine Flügel. »Du bist wunderschön«, sagte Achat. Der Schmetterling entgegnete etwas eitel: »Nicht wahr? Ich bin gerade mit der Sonne geboren worden.« So wenig Bescheidenheit war Achat zuwider und er setzte seinen Weg fort. Es war ein Summen und Sirren über den ganzen Tag hinweg. Die Frösche stimmten den Bass an, während die Zikaden und Grillen die hellen Töne übernahmen, komplementiert von dem Geschrei der Lemuren im Hintergrund. Egal wo Achat hinschaute, die Vielfalt war verblüffend schön. Achat entdeckte ein braunes Erdchamäleon, das kleinste Reptil der Welt. Es passte auf einen Streichholzkopf. In diesem Teil der Welt schien die Natur an Neonfarben und bizarren Mustern nicht gespart zu haben. Weiße Reiher schlummerten in dunkelgrünen Büschen vor sich hin, als sich plötzlich ein Krokodil näherte. Unerwartet schlugen die Lemuren Alarm und die ganze Kolonie hob ab. »Das ist Freundschaft!«, rief Achat voller Erstaunen.

»Gutes Lemuren-Mädchen.« »Ach, Quatsch, ich bin doch ein Lemuren-Männchen. Ich bin schwarz, die Weibchen sind fuchsrot.« Der Lemur ließ ein Stück Mango fallen. »Hab vielen Dank«, sagte Achat erfreut und machte sich über die Frucht her. Allmählich wurde es heller, Achat erspähte eine Menschensiedlung. »Dort wohnt ein Stamm der Merida. Reizende Menschen, eigentlich ganz gemütlich«, sagte ein Kolibri, der in diesem Moment vorbeiflitzte. Achat fühlte sich von allen Seiten beobachtet. Genau vor seiner Nase erwachte ein Grashalm zum Leben, eine Blattnasennatter. Die Nase dieser Schlangen hatte ein auffälliges Ende aus verlängerten Schuppen. Die Männchen haben eher eine spitze Nase. Der steile Weg, der auf aufgeweichtem, rotbraunem Boden über die Böschung führte, war glatt wie Schmierseife, und trotzdem schaffte es ein Bootsmann, dessen Piroge dort vor Anker lag, anmutig hinunterzugleiten. Prächtige Eisvögel thronten auf tief hängenden Zweigen und spähten nach kleinen Fischen. »Sie sind so verschieden und so schön«, seufzte Achat bei dem Anblick. Während Achat sich an der Piroge festsaugte, pflückte der Mann noch Litschis und Mangos von den angrenzenden Bäumen und fuhr los. Trotz der Strömung war der Bootsmann sehr geschickt und führte die Piroge selbstbewusst und mit Eleganz und lenkte sie durch die wild wuchernden Luftwurzeln und Wasserpflanzen. Am anderen Ufer sah Achat ein Dorf mit viereckigen Holzhütten auf Pfählen, die aus Bambus errichtet wurden. »Salome!«, grüßte der Mann, glücklich darüber, zu Hause zu sein. Seine

Großfamilie erwartete ihn bereits. Starke exotische Düfte von Vanille und Pfeffer strömten ihm entgegen. Bunte Schmetterlinge tanzten umher. »Verscheuche sie nicht, das da ist die Seele unserer Ahnen«, sagte die Frau lächelnd. Sein mitgebrachter Fisch und die Mangos wurden sofort gekocht und im Schneidersitz auf der Matte gegessen. Es gab Reis mit Gemüse und Mango, dazu Fisch. Als der Reis im Topf etwas angebraten war, fügte die Frau etwas Wasser dazu und kochte daraus Reiswasser, ein beliebtes Getränk. Die junge Frau betrachtete ihren dicken Bauch. »Also mit Nummer zehn kann man schon sagen, dass wir keine Egoisten sind«, meinte sie stolz, und alle stimmten zu. Das Volk der Merida bestand aus hellhäutigen, etwas kleineren Menschen. Achat blieb dort eine Weile. Die täglichen Aufgaben wie Wasser holen, Holz sammeln, sauber machen, Reis im Holzmörser stampfen, Reispflanzen pflegen und ernten wurden gemeinsam gemeistert. Die älteren Menschen waren auch mit dem Füttern der Tiere und dem Betreuen der Kleinkinder beschäftigt. Alles im Dorf war geprägt von der Reiskultur, da der Reis das Grundnahrungsmittel darstellte. Sie produzierten den Reis über Nass-Reis-Anbau, welcher den Vorteil hatte, dass kein Unkraut dazwischen wuchs. Sie pflanzten auch Zuckerrohr, Mais, anderes Gemüse und Kräuter an. Die Reisernte war oft bis zu dreimal im Jahr möglich. Die Reispflanzen wurden per Hand am trockenen Boden gepflanzt und die Bewässerung war nur in der Wachstumsphase und in der Reifezeit nötig. Es musste ständig auf den Wasserspiegel geachtet werden, der besonders in der

Regenzeit sehr anstieg. Kleine Fische und Krustentiere fanden dort ihren Lebensraum, was für die Bauern eine zusätzliche Proteinzufuhr bedeutete. Das Leben der Dorfgemeinschaft war geprägt vom Pflügen der Reisfelder mithilfe von Wasserbüffeln, dem Ernten mit den Handsicheln, dem Bündeln der Pflanzen für den Abtransport und dem gemeinsamen Dreschen im Dorf bei lautem Gesang. Die junge schwangere Frau bemühte sich, die Kinder im Schatten zu halten, da die Mittagssonne unbarmherzig niederbrannte. Nur Lova, der älteste Sohn, musste ausgerechnet an dem Nachmittag, während der Ruhezeit, noch Wasser holen gehen. Unterwegs begegnete Lova einer Hundskopfboa, während Inri, eine große Lemurenart, und andere Lemuren mit ihrem schrillen Geschrei auf sich aufmerksam machten und von Baum zu Baum schwangen. Dort boten Becherpflanzen ihre Kelche an. Wunderschöne bunte Motten tänzelten an ihnen vorbei. Die Mutter hatte an der Veranda alle Kinder für ein Nickerchen versammelt. »Nachmittags, wenn die Sonnenstrahlen das Land verglühen, schlafen die guten Geister, dann treiben sich nur die bösen herum«, sagte sie nachdenklich und dachte an Lova. »So ein Dickkopf.«

Achat saß in Gesellschaft eines Riesentausendfüßlers neben einer kühlenden Pfütze und lauschte gespannt den Gesprächen. Die Großmutter erzählte die Geschichte von Gott und dem edlen Herz.

Das letzte von sieben Kindern verlor die Mutter bei der Geburt, der Vater starb vier Monate davor. Die böse Schwester Rose setze Todosidy aus. Die Erb-

schaft von zwei Weibern und zwei Töpfen war zu wenig, um noch ein Kind durchzufüttern. Der Junge wurde ein Straßenkind, das an Rachitis litt. Auf sich selbst gestellt, machte er sich auf den Weg, um Gott um Hilfe zu bitten. Er lief über Berge und Täler und eines Tages begegnete er einem Trinker. Dieser war in der ganzen Region bekannt, weil er selten nüchtern war. Er hätte ein Mann mit einem edlen und großzügigen Herzen sein können, wäre er nicht ständig betrunken. Wenn er nüchtern war, sprach er von Gott, und es war eine Freude, ihm zuzuhören. Als Todosidy sich verabschiedete, bat der Mann ihn, Gott zu fragen, welches Schicksal ihm nach dem Tod beschert sei.

Nach einer Weile musste der Knabe einen Teich voller Kaimane überqueren. Als er hinüber wollte, sagten die Kaimane: »Sei vorsichtig, wir sind gefräßig.« »Macht nichts, ich gehe zu Gott, um ihn um Hilfe zu bitten.« »Wenn das so ist, frag ihn, was wir falsch machen, da wir auch Menschen fressen.«

Unterwegs begegnete er einem Gläubigen, der nach strengen Regeln lebte und er lernte viel dazu. Gott sorgte für ihn mit einer Mahlzeit pro Tag, plus einer Matte zum Schlafen in der Nacht. Aber der Gläubige würdigte das nicht. Das Essen teilte er mit den Tieren und in der Nacht lag er nicht auf der Matte, sondern meditierte. Beim Abschied empfahl sich der Gastgeber mit der Bitte, sein Schicksal zu erfragen. Als alle Hoffnung zu schwinden begann, trat ein alter Mann mit einem langen, weißen Bart hervor. Er war Gott. Sie verbrachten viel Zeit miteinander, zum Ab-

schied bekam der Junge ein Paket, das er in der Heimat unter dem Baum neben seiner Hütte begraben sollte, dazu noch die Antworten für seine Wohltäter. Der Gläubige hatte ein böses Herz, also würde er in der Hölle schmoren. Die Kaimane durften keine Menschen fressen, aber da die Menschen Jagd auf sie machten, war es gerechtfertigt. Der Trinker würde in den Himmel kommen, da er ein reines Herz hatte. Im Dorf angekommen, vergrub Todosidy das Paket. Am nächsten Tag fand er dort hunderte Krüge voller Geld, kaufte sich damit die Gunst der Familie zurück und unterstützte damit alle Dorfbewohner. Er selbst wurde gesund und alles war gut.«

Ein Kind bemerkte die Anwesenheit von Achat und wie ein Lauffeuer verbreitete sich die Nachricht der neuen Entdeckung. Achat war eben süß und anschmiegsam und immer dann, wenn er glücklich war, legte er zweihundert bis dreihundert Eier in die Erde, die schnell schlüpften. Die Witterung verschlechterte sich, der Himmel verdunkelte sich zusehends, bis es vollständig dunkel war. Lova suchte sofort einen Unterschlupf, er ahnte nichts Gutes. Es war, als hätte sich der Niederschlag eines ganzen Jahres angestaut und würde jetzt fallen. Kurz danach kam atemlos ein junges Mädchen in den Unterschlupf dazu, auch ein Teenager in seinem Alter. Sie hieß Kintana, was »Stern« bedeutet. Es war streng verboten, Leute aus diesem Clan überhaupt zu treffen, genauso wie es verboten war, Arbeit in der Nachmittagshitze zu verrichten. Der Regen prasselte gnadenlos nieder und zwang die beiden, mehrere Stunden in dem Unterschlupf auszuhalten. Kintana gehörte einem verfeindeten Nachbarstaat an. Es war tabu, mit ihnen zusammen zu sein. Als Lova und Kintana endlich das Versteck verlassen konnten, war es bereits dunkel. »Sobald es dunkel wird, treiben Waldgeister Schabernack im Wald«, sagten beide wie aus einem Mund. Bei Kokosnuss- und Mangobäumen sahen sie die Aye, einen nachtaktiven Waldtroll, Lemuren mit glühend gelben Augen, vorstehenden Zähnen, extrem langen Mittelfingern und einem grauen, spröden Fell. Sie sollen jedem Unglück bringen, der sie zu Gesicht bekommt. Die beiden verabschiedeten sich mit gemischten Gefühlen. Sie hatten auch bemerkt, dass sie im Grunde gar nicht so verschieden waren. Am späten Nachmittag kletterte Achat auf einen Baum. Doch kaum hatte er damit begonnen, segelte ein Blatt an ihm vorbei. Achat wartete einen Augenblick und sah, dass es ein Kolibri war. »Warum fliegst du so komisch, ich habe dich für ein Blatt gehalten«, rief Achat überrascht. »Das ist bei uns so üblich, nur so kann ich das Nest verlassen, ohne seinen Standort zu verraten.« Und schwirrte vorbei. Achat genoss die zarten Blätter, da hörte er plötzlich ein Donnern, obwohl es nicht regnete. Erst als er höher kletterte, konnte er über den Baumwipfel zum Meer gucken und erblickte grelle Lichter. »Wie schön, sie feiern«, sagte er laut. Der Kolibri war auch sehr neugierig, und bot an, sich die Sache mal näher anzuschauen. »Ich schwirre kurz rüber, dann kann ich dir berichten.« Es dauerte nicht lange, da kam er zurück und erzählte traurig: »Ein Dreimaster schießt mit Gewehren auf Fischerboote. Die armen Teufel haben keine Chance.« Achat war ganz entsetzt. Die Menschen mochten die Achat-Schnecken, sie war verführerisch und beruhigend zugleich. Die Schnecke genoss es, wenn man sie unter dem Fuß streichelte. Die Erwachsenen hatten sie zum Fressen gern. Bald wurden die Schnecken gebraten, geröstet, in der Suppe gekocht und sogar zu den Mahlzeiten gereicht. Einige fingen an, sie zu sammeln, und machten Geschäfte daraus. Aus den kleineren Schneckenhäuschen bastelten sie Halsketten und andere Schmuckwaren. Achat empfand das als eine Zumutung und entschloss sich, weiterzuziehen. Der Fluss war bis zum Ufer gestiegen und Achat ließ sich einfach auf einem Ast treiben. Irgendwann verfing sich der Ast am Ufer und Achat stieg ab, hungrig, müde und am Ende seiner Kräfte. Unter einer Papaya wollte er Rast machen, denn der Weg führte nun steil aufwärts in die Region der Nebelwälder. Moosflechten hingen an den Ästen, von allen Seiten fühlte sich Achat verstohlen beäugt. Es dauerte nicht lange, und schon kamen viele Ratten und machten sich über Achat her. Achats letzte Rettung war sein schriller Schrei, den nur feine Ohren wahrnehmen konnten. Wie ein Blitz war ein Seeadler da und fing einige Ratten, die anderen hatte Achat in Panik losgelassen. Die ganze Nacht lauschte Achat dem Konzert der Zikaden und Grillen, genauso wie er den Anblick der flatternden, bunten Motten genoss. Der nächste Tag versprach, sehr heiß zu werden. Es waren Hacken-Nasennattern und Blattnasen-Nattern unterwegs. Die Hundskopfboa beachtete ihn nicht, es gab Besseres zu essen als eine alte Schnecke. »Außerdem«, dachte Achat »Ist die sowieso nicht giftig.« Feuchte Gräser streiften an sein Gehäuse und Achat atmete tief den herben Duft ein, der von einigen Blättern ausströmte. Da sah er wieder die Teenager Lova und Kintana, nebeneinander ausgestreckt im Gras. Sie sprachen leise miteinander und kicherten dabei. »Bist du sicher, dass uns niemand sieht?« »Ganz sicher«, sagte Lova. »Wer soll hier in der Mittagszeit rauskommen?« Nicht weit von hier war ein Dorf, die Heimat von Kintana. Dort standen Hütten aus Holz, Bambus und Palmenblättern. Die Mörser fuhren gleichmäßig unter den dumpfen Schlägen der Mädchen im Gleichtakt auf und ab. An einem Nachmittag jedoch ging eine alte Frau Heilkräuter sammeln und sah die beiden zusammen. Die Kinder im Dorf waren noch dabei Reis zu verlesen, die Krevetten und den Fisch zu säubern, sowie Eier von den frei laufenden Hühnern zu sammeln, als die Frau Alarm schlug. Drei kräftige Männer stürzten sich wie von Sinnen herbei, um Lova zu erwischen, aber da war nur Kintana, die Holz sammelte. Die Clans waren schon seit Langem miteinander verfeindet. Am nächsten Tag nahm das Unheil seinen Lauf: Die Männer unterhielten sich lebhaft am Lagerfeuer, die Frauen flochten die Palmenfaser-Matten und hörten ihnen zu. Die Mädchen gingen ihrer Lieblingsbeschäftigung nach und flochten sich mithilfe von Fett gegenseitig die Haare. Eine Mutter suchte die Haare nach Läusen ab. Die Unruhe war aber überall spürbar. Die Mittagspause wurde nicht eingehalten, die Jungs spielten wilde Schlachtszenen nach und übten das Kriegshandwerk. Als die ersten

Fälle von Durchfall und Übelkeit auftraten, sagten sie: »Sie haben uns verhext.« Da verließen die Frauen mit den Kindern das Dorf, die Männer riefen Verstärkung aus der Umgebung herbei. Das Dorf von Lova brannte vollständig ab, Lova und Kintana waren verschwunden.

Achat ruhte sich unter Bananenstauden noch etwas aus, bis er das Grasgebiet hinter sich brachte. Er wollte vor dem Krieg fliehen, außerdem rückte die Regenzeit immer näher. Er dachte an Lova und Kintana und an die Kinder aus Lovas Dorf. »Ob sie sich wohl in Sicherheit gebracht haben?« Ein Gecko folge ihm treuherzig und war froh, dem Zirkus entkommen zu sein. In der Ferne konnte man die riesigen Affenbrotbäume erkennen. Der Kolibri nahm Abschied von Achat und flüsterte ihm noch zu: »Lova und Kintana sind in den Tritriva See gestürzt.« Der Tritriva See lag bei Antsirabe im Hochland, war vulkanischen Ursprungs, 160 Meter tief und sein hoher Anteil an Schwefel im Wasser war sehr gefährlich, doch nur so konnten die beiden gemeinsam fliehen und in Frieden zusammenleben. Die smaragdgrüne Farbe des Sees verfärbt sich rot, wenn das Wasser sonderliche Wege läuft, wo es besondere Steine berührt. Auf diese Weise diente der See auch als Orakel. Beim Aufstieg in das Reich des Immergrünen Regenwaldes kämpfte sich Achat durch ein dichtes und verstricktes Pflanzengewirr. Auf einer kleinen Anhöhe bot sich ihm ein herrlicher Ausblick. Wie ein grünes Meer erstreckten sich tief da unten Hügel und Täler, die im Wind wie saftige, üppige Gräser sanft hin und her wogen mit

Wellengang so herrlich beruhigend. Es fröstelte Achat sehr, da ein kühler Wind stark blies. Hier begegnete Achat Lemuren, Flughunden und unerwartet auch Erdchamäleons, die so klein waren, dass sie auf die Spitze eines Streichholzes passen würden. Außerdem sah Achat bunte Vögel wie die Bienenfresser, auch Sakalavaweber genannt, sowie den kleinen Paradiesschnäppern mit ihren langen weißen Schwanzfedern. Vor allem begegnete man hier auch den Mausmakis, der kleinsten Lemurenart der Welt.

Achat war sehr müde, doch bevor er in einen tiefen Schlaf fiel, dachte er an die beiden Jugendlichen und wie glücklich sie waren. Achat erinnerte sich an Kintanas hübsch geflochtenes Haar, an ihre mit Stroh bedeckte Veranda. Dort spielten drei Jungen auf selbst gezimmerten Saiteninstrumenten, daneben saß die junge Mutter auf einer Matte und wiegte ihr Baby im Arm. Mit ihrer hellen Stimme ergänzte sie die monotonen Klänge der Instrumente perfekt, und Achat, im Schatten auf einer Decke sitzend, genoss es, ihnen zuzuhören. Diese Erinnerung war süß und schmerzhaft zugleich. Achat betrauerte das böse Ende sehr.

Eines Tages schien die Nacht nicht enden zu wollen. Das Licht kämpfte verzweifelt darum, die Finsternis zu durchbrechen, aber vergebens. Schon den ganzen Morgen über wehte ein leichter, aber konstanter Wind. Als ob sie sich miteinander verschworen hätten, sammelten sich unzählige Wolken und die Nacht senkte sich über die Berge und Täler. Gegen Mittag aber gönnte sich der Wind eine Pause, wenn auch eine trügerische, denn mit den ersten Sonnenstrahlen wurden doch die Windhosen sichtbar, mit pilzförmigen, gigantischen Wirbeln. Die Zeit der Windhosen und Wirbelstürme war gekommen und das Land erstarrte unter der Gewissheit einer großen Katastrophe. Der Wind erhob sich, heulte und rüttelte, sodass selbst die stärksten Bäume nicht in der Lage waren, Widerstand zu leisten. Zwar waren die Windhosen zu Beginn kleiner, nahmen aber sowohl an Umfang als auch an Geschwindigkeit zu und teilten sich schließlich in mehrere auf, die nebeneinander durchs Land zogen. Der starke Wind pfiff, brüllte und heulte die ganze Zeit, das Bersten der Bäume war bisweilen lauter als das Krachen der Wellen, die sich an der Küste brachen. Nur an den Baobabs biss sich der Sturm die Zähne aus. Diese Bäume waren so widerstandsfähig wie eh und je, sie hielten den Windhosen auch schon seit sehr langer Zeit stand. Die Windhose versuchte mit ganzer Kraft, unnachgiebig und mit mächtigen Böen die Baobabs niederzureißen. »Ich kriege dich, das weißt du doch. Genauso wie ich auch die anderen Bäume zerstört habe!«, brüllte die Windhose wütend und fegte unaufhaltsam über die Baobabs hinweg, die ihre Ruhe bewahrten und unerschrocken ins Zentrum der Windhose blickten. Nur dort, im Inneren der Windhose, herrschte Ruhe und Frieden. Nun war die Schwäche der Windhose entblößt und sie zog sich verschämt zurück. »Das nächste Mal«, fauchte sie noch und nun erhellte sich wieder das Land. Die stickige Hitze im tropischen Regenwald nahm zu und Achat wachte inmitten von Gehölz und Tierkadavern auf. Trotz der großen Zerstörung bedeckten die Riesenbäume den Wald immer noch mit ihren Dachblättern und Achat konnte die Sonnenstrahlen nur an den Rändern der Blätter erahnen. Wunderschön war der Anblick der Lichtkegel, die diese durchdrangen, sodass im Reich der Schatten die unwirkliche Schönheit von Farben, Pflanzen und Blumen offenbart wurde. Die feuchte Wärme ballte sich am frühen Vormittag zu dichteren Wolken zusammen, aber es regnete erst am Nachmittag oder am Abend, als sich heftige Gewitter bildeten. Achat genoss die Regenzeiten, die im Frühjahr und im Herbst heftiger ausfielen. Einige Baumarten erstreckten sich mit ihrem gewaltigen Wurzelwerk über den ganzen Boden, der mit der roten Erde Madagaskars bedeckt war. In der dünnen Humusschicht über dem Wurzelwerk der Pflanzen entdeckte Achat eine große Vielfalt an Insekten, die in den Krautschichten, Moosen und Farnpflanzen lebten. An der Küste von Mosambik roch Achat die salzhaltige Brise und erblickte an einer Lichtung eine Menschensiedlung. Es handelte sich um eine andere Gemeinschaft. Sie hausten auch in viereckigen Lehmhütten, mit winzigen Fenstern und Strohdächern. Die Hütten waren nebeneinander gebaut, getrennt nur durch enge Gassen. Im Zentrum des Dorfes stand eine Moschee. Achat hatte so etwas noch nie gesehen und sein Staunen war groß. Zwei Minarett ragten imposant über das Dorf mit ihren schmalen Türmchen und prächtigen Verzierungen. Die Kuppel des Gebetshauses war mit hübschen Zeichen und Ornamenten geschmückt, welche an die Allgegenwärtigkeit Gottes erinnern sollten. Vor einigen Haustüren saßen Frauen mit aufwendigen Kopfbedeckungen. Die kleinen Kinder scheuchten auf einer steinigen Straße, die zum Meer führte, frei laufende Hühner umher. Dort schaukelten rhythmisch die Boote der Seeleute, die mit allerlei handelten, hauptsächlich aber mit Sklaven. Dieser Ort war eine Zwischenstation der Sklavenhändler aus Sansibar und Achat blieb nicht besonders lange hier. Die Stelzwurzeln mancher Bäume boten auffälligen bunten Vögeln und auch Kolibris Platz, ihre Nester zu bauen. Geckos und Mausmakis veranstalteten ihr buntes Treiben zwischen farbenprächtigen Orchideen. Im Gewirr ertönten die Laute der Lemuren. »Wo sind denn hier die Menschen?«, fragte Achat ein Chamäleon. »Dort, immer geradeaus bei der großen Lichtung.« Achat hatte schon welche gesehen, sie kamen in den Wald um Früchte, Kräuter, allerlei Wurzeln und Blumen zu sammeln und zu pflücken. Das Chamäleon begleitete Achat bis zum Ende des Regenwaldes. Dort wurde es plötzlich hell und außer der roten Erde und etwas Gestrüpp war vom Wald nichts mehr zu sehen. »Da, Achat, das ist die Savanne! Ich darf mich den Menschen nicht nähern, weil sie abergläubisch sind.« Achat wollte mehr darüber erfahren, aber das Chamäleon war schon verschwunden. Die Savanne war die Folge von Rodung und Waldbränden, die von Bauern gelegt worden waren. Hier lebten jetzt die Menschen eines Volkes, das vom nächstgelegenen Kontinent stammte. Achat blieb an der Grenze stehen, allein schon wegen der vielen Rinder, Schafe und Ziegen, die dort grasten. Ein Kolibri berichtete ihm alles, was dort geschah. Die Behausung der Menschen bestand aus einem runden Grundgerüst, die Wände waren aus aneinandergereihten Schösslingen und mit Palmblättern bedeckt. Die Hütten bildeten einen Kreis und in der Mitte war eine große Feuerstelle angelegt, die am Abend brannte und die Dorfbewohner zum gesellschaftlichen Beisammensein einlud. Zum Schutz des Dorfes wurden rundherum Pfosten in die Erde geschlagen, um ungebetene Gäste fernzuhalten, dazu zählte die Fanaloka, ein der Hauskatze ähnelndes Tier mit der Schnauze und dem Schwanz eines Fuchses. Diese Tiere waren nachtaktiv. Tagsüber hielten sie sich in Höhlen, Bäumen oder in Felsspalten auf. Sie ernährten sich von Krebstierchen, Würmern, Insekten, Fröschen und Kleinsäugern wie Tenreks. Zu ihrem Jagdgebiet zählten somit auch die Gemüsegärten der Menschen. Die Tenreks sehen aus wie eine Mischung aus Spitzmaus, Otter-Vertreter und Igel. Die Frauen kümmerten sich um den Anbau von Getreide, Mais und Gemüse. Zusätzlich produzierten sowohl Frauen als auch Männer Gebrauchsgüter aus Flechten, die mit selbst hergestellten Töpfen und weiteren Waren in anderen Dörfern gegen Geld und diverse Gebrauchsgüter getauscht wurden. Die Männer waren Viehzüchter und sorgten für den Fleischbedarf und für Ziegenmilch. Ein Mann konnte so viele Frauen haben, wie er mit seinem Viehbestand ernähren konnte. Jeden Morgen gingen die jungen Männer Wasser holen. Der Brunnen war sehr tief, sodass ein paar von ihnen hineinsteigen mussten. Sie reichten einander die Gefäße, die anschließend mit Wasser gefüllt nach oben zu befördern waren. Dabei wurde laut gesungen. Der Kolibri erzählte Achat von dem singenden Brunnen und Achat träumte von einer anderen Achat-Schnecke, die im Brunnen saß und sang. Am Abend saßen die Dorfbewohner zusammen und machten Musik mit einer Bambusharfe, einer Valiha und einer Trommel, die mit Tierfellen bespannt war und zudem aus Seemuschel- und Rinderhörnern bestand. Sie tanzten im Rhythmus der Musik. Die Frauen trugen Kopfschmuck, die Männern Lanzen und kleine Schilde. Sie sprangen wild umher, um ihre Stärke zur Schau zu stellen. Eines Abends unterhielten sich die Männer aufgeregt und besorgt. »Es ist schon lange kein Regen mehr gefallen, das ist ein schlechtes Omen. Die Tiere haben schon lange nicht mehr ausreichend zu trinken und die Gemüsegärten leiden auch darunter.« Sie saßen um das Feuer, tranken selbst gebrautes Bier und rauchten dabei genüsslich. »Meine Frau«, flüsterte ein anderer »hat dienstags am Gemüsefeld schon öfters ein Chamäleon gesehen.« Der Häuptling war erzürnt »Dann erkläre ich hiermit, dass es am Dienstag verboten ist, am Gemüsegarten zu arbeiten.« Und alle nahmen den Entschluss freudig auf. »Meine Tochter hat im Wald die Blüten der Madagaskar-Palme gesammelt und für ihre Freundin und sich selbst Tee gekocht. Daran sind beide erkrankt.« Der Medizinmann bestätigte die Aussage. »In der Tat, die Mädchen haben Durchfall sowie eine Blasen- und Nieren-Reizung mit Fieber. Bei einem Mädchen tritt zusätzlich Atemnot auf. Wie konnten sie das nur tun?« »Meine Tochter meinte, dass wenn die Frauen mit dem Mark der Madagaskarpalme Gesichtspflege herstellen, dann müsste sein Tee auch gut sein.« »Kinder!«, bekräftigten ein paar der Männer. »Gleich morgen früh mache ich mich auf den Weg in den Wald, um Heilkräuter zu suchen«, kündigte der Medizinmann an. »Vielleicht soll sich meine Frau auf dem Markt umsehen. Sie werden morgen auch auf den Markt im nächsten Dorf gehen. Was für Kräuter brauchst du denn?« »Wir brauchen die Blüten der Catharanthus roseus, einer tropischen immergrünen Pflanze. Die Fünfkelchblätter sind zusammengewachsen und variieren in ihrer Farbe von Weiß bis Rosa und Violett.« Plötzlich platzte es aus einem der Männer heraus: »Ein fremdes Wesen, ein Monster, wurde in der Nähe des Dorfes gesehen.« Verzweifelt sprach der alte Häuptling zu dem Hohepriester: »Die Götter sind erzürnt über die Zerstörung des Regenwaldes. Du musst das in Ordnung bringen.« Den ganzen Tag über blieb der Hohepriester im Wald. Er war auf der Suche nach der höchsten Stelle, um Gott näher zu sein, denn er musste um Vergebung bitten. So kletterte der Hohepriester bis in die Krone des höchsten Baumes hinauf und blieb dort sehr lange. Er führte an diesem Abend eine Opferzeremonie durch, die mit der Schlachtung der Opfergabe, einem Schaf, eröffnet wurde. Dies sollte die Ahnen besänftigen. So sprach der Hohepriester: »Dieses Land ist das Land unserer Ahnen, die uns gegeben haben, was wir unseren Kindern weitergeben werden. Wir wollen das Bündnis mit Gott und der Natur erneuern und erhalten. Mögest du, unser Gott, dich besänftigen, uns

Regen spenden und die Kinder heilen. Das Universum war immer im Einklang mit der Natur, so wollen wir mit Respekt und Harmonie unser Bündnis erneuern. Wir verehren die Toten und gedenken ihrer Vermächtnisse, denn sie sind unter uns.« Er erwähnte die Häuptlinge und die heldenhaften Krieger, die nie in Vergessenheit geraten sollten. Die tänzelnden Schatten streckten sich am Schein des Feuers, der einzigen Lichtquelle der Gegend, die diese ruhige Nacht so hell erleuchtete. Am Morgen herrschte immer noch Dunkelheit, eine Ansammlung von dicken Wolken zog über das Dorf. Allgemeine Euphorie breitete sich aus, bis der erste Blitz alles erleuchtete und der Donner unmittelbar danach mit ohrenbetäubendem Getöse den ersehnten Regen brachte. Alle traten mit erhobenen Händen hervor, sagten Dank und ihre Freudentränen vermischten sich mit dem Regen.

Afrika

Achat wusste nicht, wie und wann, aber er fand sich gemeinsam mit vielen anderen Schnecken in einem Sack wieder. Erst als die jungen Leute den Sack stehen ließen, schlich sich Achat mit den anderen Schnecken und einer Spinne, deren Äußeres einer Motte ähnelte, hinaus. Die Spinne hatte hinten zwei kleine Stacheln und eine Art Stoßzähne, die wie Schwerter links und rechts aus dem Rücken ragten.

Einige Jahre später, im Jahr 1505, kam der Portugiese Francisco de Almeida in Begleitung einer ganzen Flotte von acht Schiffen und 4000 Einwohnern in Kilma an. Sie überfielen die Stadt mit größter Brutalität und als das Werk vollendet war, ging Francisco de Almeida mit mehreren Franziskanermönchen an Land. In der Dämmerung zog die Prozession den Weg hinauf zum Palast. Sie trugen Kreuze und sangen feierlich. Die Stadt wurde geplündert und zwei Tage später in Brand gesetzt. Kilma ähnelte nun einem Friedhof. Schließlich gründeten die Portugiesen dort ein Fort, dass mit circa 80 Soldaten besetzt wurde. Im August erreichte Francisco de Almeida mit circa 10.000 Männern, darunter auch einige seiner Verbündeten, den Sultan von Melinde. Die Stadt Mombasa wurde nach heftigen Kämpfen mit den Truppen des arabischen Scheichs erobert und niedergebrannt. Im Jahr 1509, bei der Seeschlacht von Diu, vernichtete Francisco de Almeida die gesamte ägyptische, arabische und indische Flotte. Hiermit rächte er auch seinen Sohn und sicherte die portugiesische Herrschaft im Indischen Ozean, bis sie im 7. Jahrhundert von den Niederländern und den Engländern verdrängt wurde.

Nachmittags war die riesige heiße Sonne am Horizont zu sehen, die die Ebene mit sattem weißem Licht überflutete, während die Luft von der großen Hitze flimmerte. Unter dem Schatten eines Baumes brieten die Burschen am offenen Feuer Kochbananen mit Ingwer, Pfeffer und Salz, und waren so vertieft in ihre Arbeit, dass sie nicht auf ihre Umgebung achteten. Achat nutzte die Chance und kroch aus dem Sack. Als er sich im Busch versteckte, begegnete Achat einem Erdhörnchen, das am Boden grünes Zeug suchte. »Grüß dich, ich bin verschleppt worden, wo bin ich?« Schmatzend entgegnete das Erdhörnchen: »Du bist in Mosambik, gegenüber von Madagaskar.«

Nichts ist angenehmer als der Schlaf nach einer üppigen Mahlzeit. Die Männer waren eingenickt und Achat hielt es für klüger, weiterzuziehen. Unterwegs begegnete er Riesenschaben, Motten und Käfern mit wunderschönen Mustern. »Ihr habt es gut. Man hat euch bestimmt nicht zum Fressen gern. Diese grellen bunten Farben zeigen, dass ihr giftig seid.« Ein schallendes Lachen drang an seine Ohren. »Du musst ein Fremder sein. Hier essen die Menschen so gut wie alles, was sich bewegt.«

Bei einem Affenbrotbaum machte er Rast, immer noch in Begleitung des Erdhörnchens. »Sag mal, was bedeutet Mosambik?« »Im Jahr 1498 traf Vasco da Gama auf der Insel Mosambik den Scheich Moussa Ben Mbikl. Dieser war als Herrscher und Sklavenhändler eine sehr wichtige Persönlichkeit. Er gab der Inselhauptstadt ihren Namen.« Daraufhin verschwand das Erdhörnchen. Erst jetzt bemerkte Achat, wie einsam er war, und empfand große Traurigkeit und eine tiefe unerfüllte Sehnsucht. Nicht, dass er allein auf der Welt wäre, aber Achat fühlte, dass er den richtigen Partner noch nicht getroffen hatte. Von einige Tieren hatte er auch erfahren, dass man nur einmal im Leben richtig verliebt sein kann. Achat sah ein Dhaus, ein traditionelles Einmaster-Segelboot, das die Küste entlangsegelte. Es transportierte Waren zur gegenüberliegenden Insel, die dort nicht produziert werden konnten. Die Fischer segelten entweder aufs Meer hinaus oder fuhren die Mangrovenhänge entlang, um im smaragdgrünen Wasser auf Fisch- und Krabbenfang zu gehen. Die riesige Sonne Afrikas war noch von Nebelschleiern umhüllt. Vogelrufe schallten über die Brandung, deren schaumige Gischt im regelmäßigen Rhythmus Algen am Strand hinterließ.

Seit Menschengedenken ist die ostafrikanische Küste eine ozeanische Autobahn. Die ersten Benutzer dieser Fernstraße vor unserer Zeit waren Händler aus Kleinasien, Persien, Indien und China. Sie brachten Porzellan, Seide und Gewürze, und kehrten mit aromatischen Ölen, Elfenbein, Gold und Edelsteinen im Gepäck wieder nach Hause zurück.

Es kam zu Wanderungsbewegungen entlang der Küste, die meisten Menschen flüchteten, weil sie aus religiösen Gründen verfolgt wurden. Hinter den Dünen waren mehrere Hütten, bestehend aus Lehm und Korallensteinen und Palmblätter-Dächern, zu sehen. Dort blieb Achat eine Weile. Nachdem er sich irgendwo niedergelassen hatte, folgte immer die Gründung einer Achat-Schnecken-Kolonie, in allen möglichen wunderschönen Farben, da Achat sich gelegentlich auch mit anderen Achat-Schnecken gepaart hatte. Achat genoss die Gesellschaft seiner Kinder, aber das Pflichtbewusstsein seiner Aufgabe gegenüber zwang ihn, wieder weiterzuwandern. Zeitweise gesellten sich zu Achat auch Reisegenossen, aber diese waren nie von Dauer. Die Gärten waren bestellt, zerzauste Hühner liefen umher, der Pfad war schon ganz ausgetreten. In der Mitte des Dorfes saßen einige alte Männer, die im Schatten ihrer Häuser ihrer Leidenschaft für das Brettspiel »Bao« frönten. Das Fischen war die einzige Einnahmequelle des Dorfes, die Frauen bestellten ihre Felder und beteten zu Allah und den Ahnen, sie mögen ihre Männer zurückbringen. Die lästigen Moskitos waren überall. In der Mittagshitze dösten die Kinder im Schatten und eine alte Frau erzählte die Geschichte der Fischprinzessin »Chichinguane«:

Chichinguane war die älteste Tochter der Lieblingsfrau des Dorfhäuptlings. Die anderen Familienmitglieder waren eifersüchtig und brachten sie in Gefahr. Sie sollte am Fluss Wasser holen, gerade dort, wo die Böschung rutschig war. Sie fiel ins Wasser und wurde von einem großen Fisch verschluckt. In dessen Inneren lebte sie zufrieden mit den anderen

Menschen, die ebenso wie sie in wunderschöne Fische verwandelt wurden.

Es war bekannt, dass in den Gewässern ein großer Fisch lebte, der den Menschen gut gesinnt war. Eines Tages gingen zwei ihrer Schwestern zum Wasser. Die Ältere befahl der Jüngeren, den Krug zu schleppen, und lief zurück. Der Krug war schwer und das Mädchen war noch klein und hatte weniger Kraft. Chichinguane offenbarte sich und half ihr, den Krug auf den Kopf zu laden. Damit lieferte sie den Beweis, dass auch sie von dem großen Fisch gerettet wurde. Die Mutter war außer sich vor Freude, suchte den großen Fisch auf und überzeugte die Tochter, nach Hause zu kommen. Schritt für Schritt verlor sie auf dem Weg nach Hause die goldenen Schuppen und nahm ihre menschliche Gestalt wieder an. Es dauerte nicht lange und sie spürte die Feindseligkeit der anderen erneut, sowie die eigene Sehnsucht nach Abenteuer und Freiheit. So entschloss sie sich, ein Leben als Fisch zu führen. Dort begegnete Chichinguane ihrem neuen Partner, der, bevor er auch zum Fisch wurde, ein Prinz gewesen war. Sie wurden ein Paar und waren damit sehr zufrieden.

Die Männer waren für mehrere Wochen unterwegs. Sie schliefen auf den Booten oder landeten irgendwo, sofern es von den Riffen her möglich war. Sie fischten mit Leinen, sehr langen Reusen und großen Netzen, die üblicherweise auf offener See verwendet wurden. Achat mochte es, die von der riesigen, roten Sonne eingekreisten Bootsilhouetten zu beobachten, die hinter dem Riff zu sehen waren. Dort in den Tiefen des

Meers lebten Geister, die »Jnuun« genannt wurden. Um sie wohlgesonnen zu stimmen, wurde beim ersten Hinausfahren des Jahres eine Ziege im Vorderteil des Dhaus verfrachtet. Während das Boot durch das Riff fuhr, wurde der Ziege die Gurgel durchgeschnitten und das Blut floss ins Meer. So wurden die bösen Geister abgelenkt. Im Gestrüpp sah Achat verrückt aussehende Raupen, wie für den Karneval geschminkt. In Büschen und im hohen Gras fanden die Gürteltier-Schaben ein Zuhause. Im Regenwald im Landesinneren begegnete Achat Stummelaffen und Seidenaffen mit ihrem schönen, schwarz-weiß gemusterten Fell. Es regnete tagelang. Schließlich wurde Achat das zu viel und er wanderte auf schlammigen Wegen weiter, über felsiges Gestein, mühselige Steigerungen, über Abhänge und rutschige Baumstämme. In trockenen Gebieten wuchsen Kakteen und Gewürze wie Pfeffer, Vanille und Gewürznelken. Als sich die Sonne mit ihrem roten Schleier ankündigte und Gewürzgerüche sich in der Luft verbreiteten, wusste Achat, dass er sich in der Savanne befand. Achat hörte das Stampfen von Hufen und der Boden begann zu beben. Das bedeutete Gefahr und er zog sich in sein Gehäuse zurück. In der Ebene grasten Elefanten, Affen und Impala, eine Art Antilope, gemeinsam mit anderen Huftieren. Als es ruhiger wurde, streckte Achat vorsichtig die Fühler heraus und entdeckte, dass er allein war. »Puh!«, atmete er tief auf. Plötzlich bewegte sich der Stein neben ihm und ein Auge begann ihn aufmerksam zu mustern. »Wer bist du?«, fragte Achat total verängstigt. »Ich bin ein Chamäleon, wirst du mich fressen?«, erkundigte es sich. »Ach, ich habe erstmals genug. Was ist das für ein Baum?« »Das ist ein Baobab, auch Affenbrotbaum genannt.« Es war so friedlich. Am Horizont rissen schon die ersten Lichtstrahlen Furchen in den Himmel, die immer größer wurden und die Schleier der Nacht allmählich verschwinden ließen. Die riesige rote Sonne nahm Gestalt an, und man merkte schon, dass es wieder sehr heiß werden würde. »Du musst wissen«, fügte das Chamäleon noch hinzu, »diese Bäume können bis zu 6000 Jahre alt werden. Es wird alles verwendet, was der Baum hergibt: Das Fruchtfleisch, die Samen, die Rinde, die Blätter, die Sprösslinge, alles wird gebraucht. Die Menschen können daraus Nahrung, Wasser, Kleider, Material zum Dachdecken, Klebstoff, Medizin und sogar Schmuck herstellen.« »Ich finde, der Baum sieht schon eigenartig aus.« »Das stimmt«, entgegnete das Chamäleon. »Man erzählt, dass Gott ihn versehentlich falsch herum gepflanzt hat.« Nach einer Weile:

»Ich kenne eine Geschichte: *Vor langer Zeit gab es einen Baum, der wollte schöner, stärker, prächtiger und angesehener sein als all die anderen Bäume. Er wuchs nicht zu dem heran, was er sein wollte. Da ärgerte er sich so sehr, dass er den Kopf in die Erde steckte, daher ragen seine Wurzeln in den Himmel.*«

Da brach Achat in lautes Lachen aus. »Sei still«, verlangte das Chamäleon. Eine Schlange schlich ganz in ihrer Nähe herum. Sie sahen sich schon im Angesicht des Todes, als plötzlich ein wildes Getrampel die Ruhe störte. »Es ist so weit, lebe wohl!«, sagte das Chamäleon eilig und verschwand. Ein Löwenrudel war auf der Jagd und alles ergriff die Flucht. Das Letzte, was Achat sah, war der Blick der Schlange. »Bis bald, Baby!«, sagte die Schlange und verschwand ebenso. Noch ganz zittrig machte sich Achat weiter auf den Weg auf eine Anhöhe. Achat beschloss, den Tag dort zu verbringen. Es war dort um einiges sicherer, außerdem könnte er seine Umgebung im Auge behalten. Da seine Augen schlecht waren, sandte er den Kolibri aus. Nach all den Jahren waren die Kolibris stets seine besten Freunde geworden. Im nahe gelegenen Regenwald sah der Kolibri Cashewnuss-Bäume, verschiedene Sorten Mais und Kokosnuss-Palmen. Dort gab es auch unterschiedliche Bananenbäume mit gelben, roten, grünen, kleinen und großen Bananensorten. Man kann sie roh essen, gekocht oder gebraten. Der Kolibri sah auch, wie ein Schwarzer mit Stricken angebunden und in einem Kreis von Zuschauern, die nichts dagegen tun konnten, ausgepeitscht wurde. Außerdem erblickte er niedergebrannte Dörfer sowie die Karawanenrouten der Sklavenhändler. Unter ihnen waren sowohl Araber als auch Afrikaner. Sie zogen immer wieder zur gleichen Zeit ins Landesinnere. Die Sklavenhändler nutzten vor allem die Konflikte zwischen den Stämmen aus und verkauften gezielt Waffen an die einzelnen Parteien. Die Verlierer mussten den Arabern fortan als Sklaven dienen. Eine Zibetkatze, so groß wie ein Hund, trieb sich herum. Diese Gegend musste zu ihrem Revier gehören, denn die Zibetkatze markierte alles und zog weiter. Hier gab es keine Jahreszeiten, nur Trockenzeit oder Regenzeit. Die häufigen Katastrophen wurden durch Dürre oder zu viel Regen verursacht. Wenn es regnet, dann nur im Rahmen eines kurzen, aber heftigen Gewitters, mit Regentropfen, die so groß und hart sind, dass sie Schmerzen verursachen konnten. Unterwegs nach nirgendwo begegnete Achat einer Albino-Achat-Schnecke. Ihr weißes Gehäuse strahlte so blendend weiß, dass Achat seine Augen immer wieder zukneifen musste. »Wow, was ist das?« Es war so heftig wie der prasselnde Regen in Mosambik. Blendend wie das erste Sonnenlicht des Morgens. Das Herz hämmerte wie ein gewaltiger Donner. Traumhaft schön wie der Tau auf der Wiese, auf der tausende Perlen erstrahlen. Atemberaubend wie der Baum der Schmetterlinge, der in einer bunten Wolke seinen Schleier verliert, wenn die Schmetterlinge davonflattern. Halb geblendet rannte Achat wie ein Wahnsinniger der Schnecke entgegen. Es war, als würden alle Gegensätze aufeinanderstoßen, und es entstand ein Gewirr von Gefühlen, in dem Realität und Traum sich miteinander vermischen. Die Albino-Schnecke rannte panisch in die entgegengesetzte Richtung, ihre Augen waren vor Aufregung weit aufgerissen. Die Natur und die Zeit waren stehen geblieben. Ein Löwe ließ sogar seine Beute fallen, da ihm vor Schreck das Maul offenstand. Die Welt war wie gebannt, und man konnte nur das Keuchen hören, das Schleimen der Füße und Klopfen der beiden Herzen. Da blitzte es plötzlich und endlich herrschte Ruhe. Die zwei Schnecken klebten an den Füßen aneinander. Beide waren erledigt, kurzatmig und rangen nach Atem. »Geh von meinem Fuß runter!«, schrie die andere. »Oh, ich bitte darum, mich zu entschuldigen. Das war nur eine Kurzschlussreaktion.« Sie stellten sich einander vor und beschlossen, ein Stück des Weges zusammen zu gehen. Die Chemie stimmte sofort und sie wurden dicke Freunde. »Weißt du«, sagte Blondi. »Hier sind einige Muslime, deshalb werden nicht so viele Menschen verschleppt wie drüben.« »Ist das wahr?«, staunte Achat. »Siehst du doch, überall hier sind die Dörfer noch fast intakt. Dagegen wird auf der anderen Seite des Ozeans Sklavenhandel im Übermaß getrieben. Das ist schrecklich.« Achat war etwas verunsichert »Was haben die Muslime damit zu tun?« Blondi fuhr fort: »Die Muslime, das hat mir der Kolibri mit den zerrupften Schwanzfedern erzählt, bekehren das Volk Afrikas ganz bewusst nicht, denn nur Ungläubige werden als Sklaven verkauft.« »Was für ein Zufall, dieser Kolibri ist auch mein Freund.« Was die beiden Achat-Schnecken nicht wussten, war, dass in Richtung Äquator das Land in zwei ungleiche Hälften geteilt war. Es gab den fruchtbaren Süden, wo Achat und Blondi sich aufhielten und den trockenen, weiten Norden, wo die Nomaden durchwanderten und die Dünen weiß-silbrig in der Sonne schimmerten. Gerade dort begegnete man in Afrikas roter Erde jadegrünen Seen, Teeplantagen und staubigen Dornbuschsavannen. Der Südteil der Ostküste war Mosambik, der Savannen-Anteil hingegen gehörte dem Sultanat von Sansibar, eine eher trockene öde Gegend. Wenn die Sonne über der Savanne aufging, begannen die Tiere umherzuwandern. Es waren viele unterschiedliche Tiere: Giraffen, Geparden, Leoparden,

Löwen, Nashörner, Flusspferde, Zebras, Krokodile, Gnus und hunderte Vogelarten, die friedlich in dieser Landschaft lebten. Die Geschichte Ostküstenafrikas reicht bis ins 9. Jahrhundert zurück, als an der Küste das Handelsreich der Swahili entstand. Die Winde der Monsune brachten Händler aus Indien und aus dem Nahen und Fernen Osten. Die fremden Kostbarkeiten wurden gegen Elfenbein und Sklaven getauscht. Von den Küsten Swahilis aus wurden kastrierte Pagen an alle Kalifate und Fürstenhäuser, sogar an den Kaiser von China und weiter nach Indonesien verkauft. »Also«, vergewisserte sich Achat. »Sansibar ist das Zentrum des Sklavenhandels.« »Nicht nur das!«, erwiderte Blondi, und fügte hinzu: »Als Anbaugebiet von Gewürzen wie Nelken, Vanille, Ylang-Ylang, Pfeffer und anderen Gewürzen soll die Luft dort nur so von exotischen Düften getränkt sein.« Vom Abendessen bis zum Morgengrauen erzählten sie sich die Märchen, die sie von den Kindern gehört hatten, denn Achat-Schnecken wirken zugleich beruhigend und inspirierend. Mit ihren langsamen Bewegungen erzwangen sie den inneren Frieden, als wollten sie die Zeit zum Stillstand bringen und die böse Gedanken vertreiben. Man vertraute sich ihnen gern an.

Blondi erzählte *Das Märchen von dem Hasen im Reich der Tiere des Dschungels*:

»Es war einmal eine große Dürrezeit im Reich der Tiere des Dschungels. Es wurde eine große Versammlung einberufen. Alle Tiere beschlossen, ein tiefes Loch zu graben. Nur der Hase weigerte sich zu arbeiten, er wäre zu klein dafür. Der Hase wurde erbarmungslos

verurteilt. »Dann sollst du kein Wasser bekommen, wenn es so weit ist«, brummte der Anführer. Als der Brunnen sich mit frischem Wasser gefüllt hatte, feierten alle Tiere und tranken. Der Hase war auch sehr durstig und nutzte sein Unterhaltungstalent, um sie umzustimmen. Ausgerüstet mit einer Trommel und seiner schönen Stimme sang er: »Alle trinken, Hase nicht.« Es war so schön, dass alle ihre Wut vergaßen. Der Hase aber durfte nicht nur zum Wasser, er wurde auch zum Wächter des Brunnens ernannt.«

Diese Nacht war Vollmond. Bei sternenklarem Himmel leuchtete der Mond sehr intensiv. Die Ebene war stark erhellt und die Bäume warfen pechschwarze Schatten. »Blondi«, flüsterte Achat mit Wehmut, seine Stimme ging im Zirpen der Zikaden fast unter. »Sollten wir uns verlaufen oder uns irgendwie verlieren, so betrachte den Himmel. Immer bei Vollmond werden wir nah sein. Wie das Heulen der Wölfe bei Vollmond das Rudel vereint, so werden sich unsere Herzen durch die gemeinsame Sehnsucht immer berühren.« »Ich hoffe, dass wir uns nie trennen müssen.« Blondi fand keine Worte mehr, die Vorstellung allein war zu grausam. Die beiden standen nebeneinander und betrachteten sehr lange den Mond. Die kühle Brise des Morgens wich mit der wärmeren Luft und die ersten goldenen Strahlen der Sonne meldeten den Tag. Es war Zeit für die beiden, sich zu verkriechen. In der Nacht trieben sich Schakale herum und das im Umkreis eines Buschwerks. Die beiden Schnecken stiegen auf den nächstgelegenen, erhöhten Ast und beobachteten die Lage. Eine Gruppe von Männern, unter ihnen ein Schamane, war dabei, Menschenopfer vorzubereiten. Sie standen am Lagerfeuer, umgeben von Leichenteilen, darunter Glatzköpfige und Albinos. Ihre riesenhaften Schatten tanzten bedrohlich umher. Sie sangen dabei traditionelle Lieder, eine Mischung aus Gebeten und Flüchen, vorgetragen mit großer Souveränität. Die Schamanen musterten die Innereien und versuchten in ihnen etwas über Hoffnung und Glück zu lesen. Die zerbröselten Knochen der Albinos sollten Heilkräfte gegen HIV besitzen und Glück bringen. Die Mutter von einem der Albinos war im Gebüsch versteckt und betete in Tränen aufgelöst zu Gott. Ein starkes Gewitter überraschte sie und fluchtartig rannten die Männer in alle Richtungen davon. Ein Rudel Schakale verfolgte sie. In der Ferne ertönten der Nachtgesang Afrikas, das Heulen der Schakale und das Zirpen der Zikaden. Dabei verlor der Schamane seinen Beutel aus Affenfell, sein Statussymbol. Die Männer wurden nie wieder gesehen. Das Gewitter, das auf der ausgedörrten Ebene niederging, verwandelte Felder in Morast, Gräber in Seen und Bäche in Flüsse. Achat und Blondi bescherte es aber einen Auftrieb vom grünen Gras bis zu einem Meter hoch. Achat erinnerte sich an Laini, ein Mädchen, das oft Wasser holen musste und gerade da Pausen machte, wo Achat sich versteckt hatte. So geschah es, dass es ihm beim Streicheln und Liebkosen ein Märchen erzählte:

»Das Mädchen Fam: Eines Tages zog ein schweres Gewitter über ein kleines Eingeborenen-Dorf im afrikanischen Urwald hinweg. In einer Hütte, erschreckt

von Donnerschlägen, saß ein kleines Mädchen namens Fam. Wimmernd drückte es sich an die Mutter. Die Großmutter in der Ecke schaukelte rhythmisch hin und her und flehte die Geister um Schutz an. Als das Unwetter vorüber war, ließ Sheba, die Mutter, die Kleine bei der Oma und schaute sich im Dorf um. Die Oma ahnte nicht Gutes und versteckte sich im Gebüsch. Überall waren Sklavenhändler und nahmen alle mit und dazu brannten sie noch alle Hütten nieder. Die Oma lief mit dem Kind zu ihrem Heimatdorf. Auf dem Weg dorthin mussten sie sehr vorsichtig sein. Überrascht stellten sie fest, dass die Sklavenhändler auch dort schon gewütet hatten. So blieben sie dort allein im Schutz der guten Geister.«

»Wenn du schon von guten Geistern sprichst ...«, sagte Blondi. Da kamen die Schakale. »Hallo Jungs, wenn ihr euch schon in unserem Revier aufhaltet, dann nur mit Gegenleistung.« »Und die wäre?«, fragte Achat schmatzend. »Ihr sollt uns berichten, wo wir etwas Essbares finden können. Das wäre nur fair!«, sagte der Oberschakal und legte den Kopf schief, genauso wie Achat. »Ja, so sei es! Morgen zur gleichen Zeit am gleichen Ort.« Achat sprach genauso langsam wie der Schakal, bloß auf eine coolere Art und mit Macho-Gehabe. Das gefiel dem Schakal gar nicht. Er fühlte sich etwas verletzt und starrte ihn finster an. Am nächsten Tag ließ sich Achat sehr viel Zeit, obwohl Blondi Druck machte. Die Schakale gingen ihren Weg, nachdem sie lange genug am vereinbarten Ort gewartet hatten. Unterwegs aber begegneten sie sich. »Ah ja, ist das Pünktlichkeit?« »Na ja, das ist hier ja der Brauch, wozu diese Aufregung?«, entgegnete Achat frech. Die Schakale warfen sich einander Blicke zu »Ja, also«, sagte der Boss »Das stimmt im Grunde.« Sie wollten sich aber nicht die Blöße geben, also fingen sie zu lästern an »Weißt du, warum Schnecken Heimweh haben?« »Na«, sagte ein Kumpel. »Weil sie das Heim am Rücken tragen.« Blondi schrie empört: »Und woher weißt du, ob Schnecken Schmerzen haben oder nicht?« Achat aber hielt ihn zurück, flüsterte und wackelte mit den Augen. Blondi schäumte schon und atmete tief durch, während sich die Schakale am Boden wälzten vor Lachen. Dann sprach der Anführer weiter: »Warum ist eine Schnecke ohne Familie?« Ein anderer hüpfte auf und ab »Ich, ich!« »Also?« »Weil sie die Familie lieber hinter sich lassen.« Achat schaute Blondi bittend an. Der Schakal sprach weiter: »Warum kommen sie immer vorwärts?« »Natürlich, weil sie schleimig sind!«, antwortete der Nächste. Die Hälfte der Schakale konnte sich schon nicht mehr auf den Pfoten halten vor Lachen. »Und warum brauchen sie vier Augen?« »Um dich besser zu sehen?«, fragte Achat. »Aber nein, weil sie blind sind.« »Was ist eine übergewichtige Schnecke?« »Ein Ameisenbär, das Häuschen ist geplatzt.« »Warum kommt sie nur im Dunklen raus?« »Weil ihr bewusst ist, dass sie eine Schande ist.« »Ah!«, sagte Achat verärgert. »Warum weinen Schakale nie? Na klar, weil sie ihre Tränen schon beim Lachen aufgebraucht haben.« »Quatsch, Mann, wir sind keine Kojoten!«, sagte der Anführer. Bei dem ganzen Lärm wurden die Portugiesen auf sie aufmerksam, die zufällig in der Nähe waren.

Die Schakale liefen davon, die Portugiesen nutzten die Gunst der Stunden und sammelten nebenbei Schnecken. Blondi und Achat wurden aber nicht eingesammelt. »Nein, die sind nicht so schön wie die jüngeren Achat-Schnecken, lass sie liegen«, sagte jemand. Die anderen Schnecken wurden in Kisten verpackt und weggebracht. Sie schmollten lange vor sich hin. »So eine Unverschämtheit!«, riefen sie noch.

Das Haus Gottes

Im Nordosten, im heutigen Tansania, am Rande des ostafrikanischen Grabens, der auch »Die lange Narbe in der Erdkruste« genannt wird, ragte der höchste Berg Afrikas, der Kilimandscharo, auf. Diese Landschaft war so einzigartig wie auch seine tierische Artenvielfalt. Achat und Blondi hielten sich im Regenwald auf und waren von einer üppigen fabelhaften Vegetation umgeben. Weiter hinten beherrschten zahlreiche Gebirge mit frostigen Eiswüsten und Schneefeldern die Landschaft bis zu dem felsigen Gebirge vor dem Gletscher des Kilimandscharo. Nebelschleier legten sich oft wie Watte über den tief liegenden, feuchten Regenwald. Dort wuchsen Mimosengewächse meistens als Sträucher und einige besaßen Dornen. Außerdem gab es noch Farne, Erika-Sträucher, die bis zu zehn Meter hoch wuchsen, und Baumheide. Flechten waren überall verstreut. Sie sorgten für eine Symbiose zwischen Pilzen und Mikropflanzen, welche je nach Zusammensetzung unterschiedliche Farben und Muster hervorbrachten. Dort, wo die Koniferen und Nadelhölzer ihre Überlegenheit behaupteten, schlängelten sich schüchtern die Astern und andere Kreuzkräuter bis zu sechs Meter hoch, wo auch die Lianen und die Glockenblumen-Gewächse Lebensraum in den Zwischenräumen fanden. Zwischen den riesigen Mimosen-Gewächsen, den Palmen und den Olivenbäumen wuchsen in niedriger Höhe Zypressen und Kiefergewächse, die nicht nur mehreren Eulenarten Unterschlupf boten. Es fanden auch Orchideen dort ideale Lebensbedingungen. Verschiedene Affenarten wie die Anubis-Paviane, die schwarz-weißen Stummelaffen und die Diadem-Meerkatzen schwangen sich zwischen den Bäumen umher. Sie alle sorgten gemeinsam mit den Vögeln für das fast eintönige Geschrei, das Zwitschern, Brüllen, Krächzen und viel mehr, bis die Dämmerung dem Treiben ein Ende bereitete. An den Wasserquellen und an den kleinen Seen trafen sich die Tiere täglich zum Durstlöschen und um

ein Bad zu nehmen. Neben den beeindruckenden Elefanten, Zebras, Riesenwaldschweinen, Nashörnern, Antilopen, Buschböcken und Büffeln lauerten an den Wasserstellen auch Jäger wie Löwen, Leoparden und Hyänen. Dank eines Kodexes jagten sie nicht an diesem Ort, sondern genossen mit gebührendem Abstand ebenfalls die Erfrischung. Im Dickicht geschützt verrichteten die afrikanischen Striemen-Grau-Mäuse mit ihren schwarz-weißen Streifen am Rücken ihre Geschäfte. Die Seen selbst hatten Dauergäste wie Enten, Flamingos, Gänse, Ibisse, Pelikane und Reiher. Am Waldrand bei einer Lichtung, weit weg von der Korridorstrecke der Elefanten, lebten die Menschen. Das Volk hieß Chagga und lebte in kugelförmigen Hütten, glatt abgedichtet mit Schlamm und Kot der Rinder. Die Chagga hielten Rinderherden und waren geschickte Ackerbauern, die mit einer Bananensorte namens »Pombe« Bier brauten. Auch dieser Stamm wurde von einem Häuptling regiert und war mit dem Nachbarstamm verfeindet. Die Chagga verehrten den Sonnenkult und nannten den großen Berg, den Kilimandscharo, HAUS GOTTES. Während Achat und Blondi sich im Wald mit anderen Tieren wie Nagetieren, Viper, Eidechsen, Termiten, Ameisen, Käfern und vielen Insekten auseinandersetzen mussten, spielte sich im größeren Kreis der Savanne ein Drama ab. Der Kolibri hatte ihnen davon berichtet.

Eine Leopard-Mutter ließ ihre zwei Jungen versteckt in einem Gebüsch zurück und ging auf die Jagd. Ihre Jagdstrategie war fast immer die gleiche. Sie lag lange gekauert gegen die Windrichtung auf der Lauer. Schleichend und fast geräuschlos verfolgte sie im hohen Gras die Beute. Erst als der Abstand gering genug war, sprang sie auf und verfolgte die Beute. Dieses Mal war die gewünschte Beute das Kalb einer Buschbock-Mutter, welches noch tollpatschig und unsicher auf den Beinen der Mutter auf Schritt und Tritt folgte. Ein Schmetterling war der Auslöser. Er setzte sich auf den Kopf des Kalbes, das mit wilden Sprüngen seine Freude über den neuen Spielkameraden zum Ausdruck brachte. Dabei entfernte es sich erheblich von der Mutter. Voller Entzückung sprang das Kalb und wackelte überglücklich mit den Ohren. Die Leopard-Mutter sprang anmutig und schnell auf, verfolgte das Kalb, aber die Mutter griff an. Sie sprang dazwischen und lenkte die Verfolgung ab. Die arme Buschbock-Mutter hatte trotz ihrer großen Sprünge gegen einen Leoparden keine Chance. Als sie am Hals gepackt wurde, bebte die Erde und die Ebene erzitterte. Das Trompeten der in Panik geratene Elefanten wurde lauter und die Seevögel stiegen unter lautem Gekreische in den Himmel empor. Wie dem auch sei, die Buschbock-Mutter nutzte die Gunst der Stunde und befreite sich aus ihrem Schlund. »Du musst zugeben«, sprach die Buschbock-Mutter. »Selbst die Erde ist nicht einverstanden. Es muss ein fairer Kampf sein.« Die Leopard-Mutter schaute die Buschbock-Mutter überrascht an. »Wie wäre es mit einer Wette?«, schlug die Buschbock-Mutter vor. »Was für eine?« »Wer von uns am höchsten springen kann, zum Beispiel über den Ostafrikanischen Graben, gewinnt.« Beide waren gute Springer und so wurde für den nächsten Tag der Wettkampf in Anwesenheit von allen Tieren angesagt. »Du bist schneller und hast Ausdauer«, sagte die Buschbock-Mutter »Wetten wir, dass ich auch eine Stärke habe, die du nicht hast?« »Und die wäre?« »Ich kann weiter springen.« »Aha, das will ich aber sehen.« Die Sonne erwärmte die Grasebene und die Fliegen belästigten die Tiere schon in Scharen. »Der ostafrikanische Graben ist eine tiefe Narbe, die den Kontinent irgendwann spalten wird.« So erzählten es sich die Tiere. Gerade dort war die Herausforderung am größten. »Einer wird gewinnen. Nehmt bitte eure Plätze ein«, forderte der Elefant laut. Die Buschbock-Mutter nahm eine längere Strecke in Kauf, damit sie mehr Anlauf nehmen konnte. Die Leopard-Mutter fand die Maßnahme überflüssig »Ich brauche keinen Anlauf«, fauchte sie stolz. Achat und Blondi saßen auf einem Baum und schauten aufmerksam zu. Die Buschbock-Mutter nahm Anlauf und wurde schnell und schneller. Erst als sie am Rande des Grabens angelangt war, sprang sie hoch, stieß einen Ruf aus, der wie ein Hundegebell klang, schwebte wie ein Vogel in der Luft und erreichte die andere Seite. Die Leopard-Mutter sah etwas ungläubig zu »Was sie kann, kann ich mit links.« Dann sprang sie. Ihre Jungen im Busch drückten sich an das Kalb der Buschbock-Mutter und schlossen die Augen. Die Leopard-Mutter sprang ohne Anlauf vom Grabenrand und erreichte nur die Mitte, ehe sie in die Tiefe stürzte. Man hörte noch das entsetzliche Krächzen, aber nur ganz kurz, und die anschließende Stille saugte den ganzen Sauerstoff auf. Alle zogen von dannen, enttäuscht oder auch nicht, auf jeden Fall kümmerten sie sich nicht um das Schicksal der Jungen, die sich zitternd an das Kalb drückten. Am Grabenrand versuchten sie dann noch, die Mutter zu rufen. Aber es war vergebens. »Die Dämonen des Grabes haben sie zu sich geholt«, flüsterte ein Affe und versuchte sie zu trösten. »Was vermag ein Trost, wenn der Schlund zu tief ist?«, wisperte Achat vor sich hin. Als die Buschbock-Mutter zurückkam, hatte sie Erbarmen mit den verwaisten, jungen Leoparden und nahm sie auf. Die jungen Leoparden ernährten sich von dem, was auch die Buschböcke zu sich nahmen: Laub, Triebspitzen, Gräser, Kräuter und Früchte. Die Leoparden fraßen Gras, waren aber dann immer noch hungrig. Die Hyänen hatten Mitleid mit ihnen und brachten den junge Leoparden Kadaverreste mit. »Ihr sollt nicht vergessen, dass ihr zu den Jägern gehört!«, raunten sie. Die Fleischfresser, die Jäger, besonders die Löwen waren empört »Dann sollten lieber die Hyänen sie großziehen. Es ist eine Schande, wenn sie daran denken, sie seien etwas dazwischen. Als ob so etwas möglich ist. »Aber auch in Obhut der Hyänen gefiel es den Löwen nicht. »Die beiden sind eine Schande. Lieber töten wir sie, als sie so degeneriert zu sehen. Ein Jäger kennt keine Kompromisse.« Von dem Tag an hatten es die zwei Leoparden sehr schwer und um die Hyänen zu schützen, verließen sie heimlich das Rudel. Eines Tages begegneten sie Achat. »Es ist schwer, das Richtige zu tun. Wir hören auf unsere Instinkte, aber außer kleinerer Beute gelingt es uns nicht, satt zu werden. Es ist auch schwer zu verstehen, was wir sind. Wir denken wie die Beute, sollen aber Jäger sein. Das Gras schmeckt zur Not auch.« Achat war schon so lange auf dieser Erde. Mittlerweile trug er sein Schneckenhaus seit 330 Jahren und war viel herumgekommen. »Weißt du«, sagte Achat beruhigend. »Es ist nicht wichtig, was man war. Dein Instinkt wird dich leiten. Sicher wirst du anders sein als ein anderer Leopard, der von Anfang an unter Leoparden aufgewachsen ist. Aber anders ist auch okay.« Ein paar Tage lang hatte das Löwenrudel keine Beute gemacht. Der Löwe ging allein jagen, so geschah es, dass er erst in den kühlen Morgenstunden ein Büffelkalb aus der Herde losreißen konnte. Noch schwer verletzt rief das Jungtier die Mutter, die aber die ganze Herde mitbrachte. Das Jungtier starb kurz danach und der Löwe war allein. Das Kneif-Zangen-Manöver der wild entschlossenen Büffelherde soll das Leben des Löwen beenden. Das war den Leopardenjungen, die zwischen den Ästen eines Baumes saßen, nicht entgangen. Die Leoparden mischten sich ein und lenkten die Herde so weit weg von dem Löwen, dass er entkommen konnte. Von dem Zusammenstoß mit der Herde trug der Löwe leichte Blessuren davon. Was aber am meisten darunter litt, war sein Ego, denn jetzt war er den Leoparden etwas schuldig. Als die Trauerzeit der Büffel zu Ende war, verließen sie den jungen Kadaver. Nur die Mutter schaute als letzte der Herde immer wieder traurig zurück. Nach so einer langen Wartezeit waren nun alle sehr hungrig. So ließ der Löwe zu, dass sie mit ihm fressen durften. Damit brach der Löwe zum ersten Mal den heiligen Kodex der Beuteeinteilung. Bei den vielen Malen, wo sie Rast machten, lernten Blondi und Achat Eidechsen und Geckos kennen. Eine Eidechse sagte voller Stolz: »Eigentlich bin ich berühmt.« Und so begann sie eine Legende zu erzählen:

»Eines Tages zeigte das Chamäleon dem Gott Mu-

lungu ein Pärchen, das sich auf der Erde aufhielt. Da sie unsterblich waren, vermehrten sie sich so schnell, dass sich selbst der Gott Mulungu darüber Sorgen machte. Nun veranstaltete dieser einen Wettkampf. Das Chamäleon sollte die Menschen darüber informieren, dass man nach dem Tod auferstehen kann. Die Eidechse aber sollte sagen, dass die Menschen endgültig sterben werden. Die Eidechse war schneller, also müssen die Menschen sterben.«

Die Portugiesen waren im Wald entlang der Küste unterwegs zu den Schiffen und sammelten alles auf, was sie noch gebrauchen konnten. So wurden Achat und Blondi, obwohl sie eigentlich zu alt waren, doch zu den anderen Schnecken gelegt. Die Sklaven waren mit schweren Hölzern aneinandergekettet. Dazu mussten sie noch gewichtige Ladungen Elfenbein und andere Güter schleppen. Blondi und Achat sahen tagsüber, in den Kisten verpackt, die malerische schöne große Sonne mit den Silhouetten der Antilopen und Gnus grasen, während Vogelschwärme wie die Zahl drei in Formation vorüber flogen. Der Geruch von Kräutern und Früchten raubte ihnen den Verstand. Da überkam die Schnecke Sehnsucht nach der Freiheit. »Achat, jetzt habe ich Heimweh.« »Ach, Blondi das Haus ist nicht so schwer.« Und beide mussten grinsen. Eine Schnecke erzählte die *Geschichte von einem goldenen und einem silbernen Kind*. Nach und nach wurden alle leiser und hörten zu.

»Niame, der mächtige Hexenmeister, lebte in einem Bauernhof, der auf einem flauschigen Wolkenteppich lag. Eines Tages beschloss Niame zu heiraten.

Er befahl die vier schönsten Mädchen des Dorfes zu sich und fragte sie: ›Was würdest du für mich tun, wenn ich dich heirate?‹ Das erste sagte: ›Ich putze das Haus‹, das zweite sagte: ›Ich koche dir täglich was Gutes.‹ Das dritte sagte: ›Ich spinne dir Berge von Baumwolle, und du hast täglich frisches Wasser.‹ Das vierte sagte: ›Ich werde dir einen goldenen Sohn schenken.‹ Niame entschied sich für das vierte Mädchen. Acoco wurde die Dienerin der Braut, aber sie mochte das Mädchen nicht besonders. Die Königin bekam Zwillinge, einen silbernen und einen goldenen Sohn. Eines Tages, als Niame verreist war und die Königin schlief, tauschte Acoco die Kinder mit zwei Fröschen aus. Als der König heimkehrte, war er sehr enttäuscht und schickte die Königin zur Strafe ins Exil ans Ende des Königreichs. Ein armer Jäger fand die ausgesetzten Kinder im Wald und zog sie groß. Die Zwillinge gaben Gold und Silber in Pulver, sodass der Jäger bald reich wurde und einen größeren Bauernhof kaufte. Als der Jäger die Wahrheit erfuhr, beschloss er, die Kinder zu ihrem Vater zu bringen. Sie durften aber nicht direkt mit dem König darüber sprechen, also erzählten sie die Geschichte im Rahmen einer Vorführung. Der silberne Sohn tanzte, und der goldene sang die Geschichte dazu. Nur so erfuhr der Vater von dem Verbrechen an seiner Frau. Der Jäger erhielt eine Belohnung, Acoco aber wurde in ein Huhn verwandelt und zu Tode getreten. Die Königin durfte aus dem Exil zurückkehren. Bis heute baden die Söhne in dem großen Fluss, wo alle Was-

serfälle der Erde hineinfließen und wer das Glück hat, das Pulver zu finden, wird reich.«

Alle waren begeistert, aber eine andere Schnecke ergänzte: »Eigentlich bringen Zwillinge Unglück.« »Ich habe schon gesehen, wie Menschen versuchten, ihre Zwillinge loszuwerden.« »Ja, aus Aberglauben, meine Liebe«, sagte eine andere Schnecke. Jemand ergänzte: »Die Leute hier glauben auch an Vampire. Deshalb werden immer wieder verdächtig erscheinende Menschen umgebracht.« Die Portugiesen warfen ein paar Schnecken zusammen mit den Kartoffeln in die Kohle. Der Boss befahl einem Einheimischen: »Gatura, hol Wasser und bring mir Kräuter mit.« »Ja, Señor, sofort.« Nach einer Weile meinte der Anführer: »Yamba, sehe nach, was Gatura macht und bring mir das Wasser und die Kräuter.« »Ja, Señor, gleich.« Nach einer Weile rief der Boss: »Mutny, hole die anderen und vergesse das Wasser und die Kräuter nicht.« »Ja, Señor, nur einen Augenblick!«, und auch er verschwand. Mittlerweile waren schon die Kartoffeln und die Schnecken auf den Tellern zum Abkühlen. »Lean, schau mal, was da los ist.« Erst dann gab es Wasser und Kräuter. Die Sklaven aber bekamen zur Bestrafung nur Schläge. »Sie haben uns nur zum Fressen gerne«, murmelten die trauernden Schnecken. Auf dem Schiff unter Deck war es unerträglich heiß und sie trockneten zunehmend aus. Ihre Sinne schwanden, eine bleierne Müdigkeit ergriff Besitz von ihnen. Achat lauschte wie in Trance, als eine Schnecke das Wort ergriff »Ich fühle mich wie damals, als ich die goldenen, gärenden Früchte des Marula Baumes gegessen habe, die auf den Boden gefallen waren.« »Mir geht es auch so. Glaubst du nicht auch, dass deswegen die Dickhäuter betrunken sind, sobald sie davon gegessen haben?«

Die Wanderung zum Graben

Das portugiesische Schiff San Juan, das letzte einer ruhmreichen Flotte, die für die Krone erfolgreich die Gewürzstraße erobert hatte, bereitete sich am Hafen auf die Abfahrt vor. Die Dhaus der Eingeborenen näherten sich diesem Schiff, das anmutig auf den Wogen wippte. Es war ausgestattet mit zwei Decks, sechzig Kanonen und vier Masten. Es war gegen Mittag, die Geschäftigkeit auf der Brigg nahm zu. Das Verlassen eines portugiesischen Schiffes erregte Aufmerksamkeit an der afrikanischen Küste. »Wenn die Engländer uns bloß nicht erwischen!«, äußerte ein Seemann besorgt. »Der Kommandant wird sich was einfallen lassen, ich habe in seinen Schubladen einige Kaperbriefe gesehen – gefälscht natürlich.« Als er den ungläubigen Gesichtsausdruck des neuen Kameraden sah, fügte der andere hinzu: »Du musst wissen, wir haben auch genügend fremde Fahnen mit an Board, die wir für ein Täuschungsmanöver benutzen können, das funktioniert immer. Na ja, bis jetzt zumindest.« Der Kamerad starrte ihn überrascht an. »Wir haben sogar eine englische Flagge. Außerdem weiß ich vom Kommandanten, dass Sklavenhändler auf den Malediven für uns bereitstehen.« Der Erste Offizier lehnte sich an die Reling und blickte stirnrunzelnd in Richtung Himmel. »Señor, bei der Ankunft haben wir wieder Sklaven dabei. Sie wissen sicherlich, dass wir uns seit dem Verbot der Sklaverei von 1836 strafbar machen«, meinte der Kapitän mit gedämpfter Stimme »Ja, Rui, das ist mir klar, aber wer nicht wagt, der nicht gewinnt, oder? Kapitän Rui, Sie brauchen sich keine Sorgen zu machen, die Sklaven sind in den Malediven zur Abholung bereit.« Ruis Gesichtsausdruck entspannte sich. »Die Hitze wird unerträglich, wir müssen uns auf den Südwest-Monsun vorbereiten. Hoffentlich weht der Wind günstig für uns.« »Auf jeden Fall, Señor, der Wolkenbank nach zu urteilen schon. Es wird stürmisch, aber das gute dabei ist, dass wir so schneller ans Ziel kommen, wenn die Strömung uns nicht vom Kurs ablenkt. Außerdem ist die Wahrscheinlichkeit gering, dass die Engländer bei der Witterung in See stechen.«

Die gaffende Menge drängte sich am Pier, die Seeleute hatten alle Hände voll zu tun, um sie zurückzudrängen. An Bord wurden noch die letzten Vorkehrungen getroffen, die Vollständigkeit der Mannschaft überprüft und die Sicherung der Fracht im Laderaum abgeschlossen. Die Schnecken im Laderaum waren neben Kisten voller Diamanten und anderer wertvoller Exportwaren zusammen gestapelt. Der Lotse erteilte schon die Kommandos zum Auslaufen und es herrschte ein wildes Durcheinander. In letzter Minute verließ auch der letzte Hafenarbeiter das Schiff. Die Sklaven befanden sich auf dem zweiten Deck und waren am Hals und an den Füßen in Ketten gelegt. Unter ihnen waren auch Mütter mit Kindern. Ein Säugling hörte partout nicht auf zu quengeln, was allen an den Nerven zehrte. Alles wurde im Laderaum verstaut, Achat und Blondi litten am meisten unter dem Platzmangel, da sie auch die ältesten Schnecken waren. Auf dem Achterdeck wurde es lauter, da der Wind an Stärke gewann. Die Segel wurden gesetzt und die Anker gelichtet. »Ahoi!«, riefen die Leute am Hafen. Von der Reling winkten stolz einige Matrose zurück. Schon den ganzen Vormittag über behielt der Himmel seine Opalfarbe. Die andauernde Dämmerung ließ das Unheil schon erahnen, selbst die lästigen Moskitos verzogen sich. Die Wellen kräuselten sich schon lebhaft am Bug, als das Schiff in See stach.

Am späten Nachmittag war es noch kühl und die Umrisse des Hafens verschwanden mit der überwältigenden Bergkulisse, die gespenstisch schwarz in den Himmel ragte, bis der flimmernde Dunst alles verschlang. Starke Winde wehten vom Meer in Richtung Indien und Wolkenbänke stauten sich auf. »Der Wind ist günstig, alle Segel setzen«, ertönte das Kommando. Es herrschte reger Betrieb, besonders die Angst vor dem, was vor ihnen lag. Die Segel der vier Masten blähten sich mächtig auf und das Schiff bewegte sich holpernd über das immerwährend unruhige Meer. Das Wasser färbte sich schwarz, als ob es sich mit dem Horizont verschworen hätte, grausam ergoss sich der Monsunregen über dem Wasser. Es pfiff, schüttelte und prasselte nieder mit voller Wucht. Die Metallsaiten ächzten, als wollten sie auseinanderbrechen. Das Schaukeln war entsetzlich, die Segel donnerten wie Kanonenschläge und immer heftiger wälzten sich schäumend die Wogen wie von tausenden bösen Geistern aufgewühlt. Es dauerte mehrere Tage. Währenddessen polterten unten im Lagerraum die vollen Kisten hin und her und wurden immer wieder von Unmengen von Wasser umher getrieben. Die Schnecken, die dem Ganzen ohnmächtig ausgeliefert waren, versuchten sich aufzumuntern. Eine begann zu erzählen und alle horchten aufmerksam zu und vergaßen ihr Elend. Oben bei den Sklaven hatte das Gewimmer aufgehört, dafür war das laute verzweifelte Weinen der Mutter noch herzzerreißender als je zuvor.

»Die Geschichte der Wanderung zum Ostafrikanischen Grab.«

Es war in einer dieser afrikanischen Vollmondnächte, in welchem man dem Mond am Himmel nicht entkommen konnte. Er war mächtig, melancholisch, und rot. Gemeinsam mit dem angsteinflößenden Geheul der Kojoten sorgte der Mond für eine schaurige

Stimmung. Die Eingeborenen des Baluba Volkes, der heutigen Republik Kongo, feierten ein Fest zu Ehren der Götter und Ahnen. Der König war Vermittler zwischen der Menschenwelt, den Göttern und den Ahnen. Der Stamm versammelte sich um das Lagerfeuer. Die Luft schwirrte im Rhythmus der Trommeln und der mit Steinen gefüllten Gefäße, die im Takt des Kifwebetanzes geschüttelt wurden. Die Frauen trugen Ketten aus Bernstein und Perlen um den Hals und dazu hübsche, bunte Röcke und die Männer sangen. Das Lagerfeuer knisterte an der Lichtung, wo zahlreiche, baumhohe, weiße Termitenhügel das Landschaftsbild bestimmten. Die Bauern, die dort Gemüsebau betrieben, achteten darauf, dass die Hügel nicht beschädigt wurden. Sie wussten die Vorteile dieser Symbiose zu schätzen, denn der Boden war durch die Termiten sehr fruchtbar und feucht. »Weiß ist die Farbe des Todes!«, sang in Trance der Hohepriester. »Ihr seid die Inkarnation des Todes, möge euch unser Tanz gefallen und unsere Dörfer vor dem Unglück schonen …« Die Männer trugen Lanzen und breite Röcke und begannen lautstark zu jodeln. Einige der Hügel hatten bizarre Formen und keiner glich dem anderen. Die Termiten marschierten zum angrenzenden Wald, um Futter zu suchen. Sowohl im Inneren des Hügels als auch davor herrschte höchste Betriebsamkeit. In der Kühle der Nacht konnte man von allen Seiten Nebelschwaden aus den Hügeln aufsteigen sehen. »Seht ihr?«, flüsterte der angsteinflößende Hohepriester. »Selbst der Termitenbau lebt und atmet wie ein Lebewesen.« Die afrikanischen Herrscher genossen ein hohes Ansehen, was sie auch in politischem Sinne missbrauchten. Sie breiteten ihre Hoheitsgebiete im Laufe der Zeit über ganz Zentralafrika aus und sicherten ihre Herrschaft mit Beziehungen. Vor allem besetzten sie die wichtigsten Posten mit Familienmitgliedern. Sie regierten streng über das Land, und ihre Gier brachte sie dazu, die Kupferminen, die Mais- und Maniok-Kulturen sowie die Fischerei und den Ölpalmen-Anbau unter ihre Kontrolle zu bringen. Das war den Sklavenhändlern ein Dorn im Auge, denn das wiederum war die Herrschaft von Kurnwinde Maniema Ngombe. Die Afrikaner trieben Handel mit den Ländern jenseits des Indischen Ozeans, sie hatten kreuzförmige Kupferbarren als Währung und unternahmen Tauschgeschäfte mit kostbarer Kleidung. Dafür erhielten sie Rinder, Baumwolle, Glas und Werkzeug. Aus dem heutigen Tansania drangen die Swahili-Araber vor, die über Feuerwaffen verfügten. Der Bedarf der Balubas an diesen Waffen brachte sie dazu, den Sklavenhandel in großem Stil zu betreiben. Die Sklavenhändler nutzten die Streitigkeiten unter den benachbarten Völkern, um die Verlierer zu versklaven. Einer Gruppe von Frauen und Männern gelang die Flucht aus dem Flammeninferno, als die Händler in der Nacht Beute machten und sämtliche Dörfer in Brand setzten. Sie krochen durch Belüftungsschächte in den Termitenbau, um in dem wilden Durcheinander Schutz zu suchen. Die weißen Tierchen mit den großen Köpfen waren dabei, ihr Heim zu vergrößern. Mit ihren mächtigen Kiefern verarbeiteten sie fleißig das Wasser und den Lehm, die sie aus der Tiefe abgetragen hatten, zu Kit, welches sich zum Bauen eignete. Diese hoch entwickelte Lebensgemeinschaft war in Gruppen eingeteilt, die für die verschiedenen Tätigkeiten zuständig waren. Die Truppe für die Abholzung war diese Nacht mit den Soldaten unterwegs und bildete eine lange Schlange, in der, trotz der vorhandenen Eile, Disziplin herrschte. Da sie die Hitze, die Nässe und das Licht nicht gut vertrugen, verließen sie den Bau nur bei Nacht. Die Flüchtlinge drangen tiefer in den Bau ein und in der Mitte des Kamins sahen sie schließlich die Königin, die gerade dabei war, ihre Eier abzulegen. Unmittelbar daneben befanden sich die Kinderstationen mit Larven in den verschiedensten Stadien. Immer noch stießen die Flüchtlinge tiefer in den Bau vor und fanden sich in einer riesigen verlassenen und längst vergessenen Höhle wieder. »Was ist wohl ihr Lebensmotto?«, fragte sich jemand. »Ist doch klar!«, erwiderte ein junger Bursche »Mein Heim ist meine Mahlzeit.« »Wieso sind Termiten keine weißen Ameisen?«, fragte schüchtern ein kleines Mädchen, während es dabei war, die letzten Termiten von seiner Kleidung abzuschütteln. »Ameisen sind Allesfresser, sie fressen sogar andere Insekten. Die Termiten dagegen sind blind, gehören zur Familie der Schaben, sind Vegetarier und können im Gegensatz zu den Ameisen Holz verdauen.« Lange Kanäle verzweigten sich tief unter der Erde und verstrickten sich wie ein Labyrinth. Selbst in dieser Tiefe war noch genug Sauerstoff vorhanden und die Temperatur war auch angenehm konstant. Der Weg durch die wirren Termiten-Tunnel führte zum Eingang einer

Höhle. Diese war schwach beleuchtet und roch leicht nach Ammoniak. Eine Art Triumphbogen formte den Eingang, der wie eine Kathedrale aussah. Die Höhle bestand aus hohen Gewölben, gleich daneben war ein Höhlentempel in das Gestein gemeißelt. Zwei weitere Bögen waren noch weiter hinten und ruhten im Dunkeln. Die Menschen waren so erstaunt darüber, dass sie sich lange nicht trauten einzutreten. »Ist es wahr, dass ein buddhistischer, indischer Prinz hier unten lebt?«, rief jemand aus. Umso größer war das Erstaunen, als sie die Seitenwände betrachteten und auf dem Kalkstein der Wände bizarre Tropfsteingebilde und Skulpturen in Neongrün und Türkis erblickten. »Warum ist es hier hell, wo kommt das schwache Licht her?« Das beschäftigte sie sehr. In dem langen Korridor gackerte plötzlich ein Huhn. Das ließ alle erstarren und den Puls in die Höhe schellen. Das Huhn besaß jeweils fünf Krallen an den Beinen. »Das heilige Huhn!«, sagte jemand mit Hochachtung und alle schwiegen einen Augenblick mit gesenkten Köpfen. Später erklärte eine Mutter ihrem Kind: »Das Huhn spielt in vielen Religionen hierzulande eine große Rolle, sei es als Schöpfer zur Seite Gottes oder allein in dessen Auftrag.« Das Huhn scharrte und gackerte vor sich hin. Ab und zu beäugte es die Neuankömmlinge und sang ein eintöniges Lied. Es hörte sich wie etwas Bekanntes an, was tief in der Seele verwurzelt war, aber trotzdem noch ein Rätsel blieb. »Man hat immer eine Chance«, übersetzte einer aus der Gruppe. Alle schwiegen. »Ja, könnte sein«, murmelte ein anderer. Fledermaus Mist lag auf dem Boden und der

Geruch von Ammoniak war stärker geworden. »Irgendwo müssen sie doch hängen«, flüsterte jemand. »Wen meinen sie, Mutter?«, fragte das Kind angsterfüllt. »Hier müssen Fledermäuse leben. Das ist gut, sie kennen den Weg an die Oberfläche, da sie sich auch Nahrung beschaffen müssen.« »Die Felsformation scheint eine eigentümliche Lichtquelle zu liefern, welche von den tausenden kleineren Glitzersteinen in den Wänden reflektiert wurden, und das ohne jegliche Sonneneinstrahlung«, sprach ehrfürchtig ein Mann, der ein gelbes Amulett auf der Brust trug. In der Tat leuchtete die Höhle so hell wie ein Sternenhimmel in einer Sommernacht.

Der Prinz

Der buddhistische Höhlentempel war nach Osten ausgerichtet. In dessen Unterbau krallten sich zwei Löwen mit einer Tatze in eine aus Granit gemeißelte Kugel. Sie waren schon stark verwittert und bewachten die Stufen des Tempeleingangs. Dort, auf vier Säulen, durch Sockel gestützt, war ein Portikus, wie es auch bei antiken Tempeln bekannt ist. Die Wände waren gestützt von Säulen mit Kapitell in floralen Verzierungen und zwischen dem Gesims ragte eine Buddhastatue hervor, umrahmt von Lotusblumen-Reliefs. »Also doch, hier lebt der buddhistische, indische Prinz – ein Asket«, sagte jemand höchst verblüfft. Sie klopften vorsichtig, aber es schien alles verlassen zu sein. »Ich glaube nicht, dass der Tempel unbewohnt ist. Dafür sieht alles zu sauber und gepflegt aus«, bemerkte einer aus der Gruppe. Zu ihrer Überraschung war die Eingangstür nicht verschlossen, so traten sie ehrfürchtig ein. In der Mitte des Raumes stand die gewaltige Statue eines schlafenden Buddhas und daneben eine Gipsfigur. Diese stellte eine geringelte Schlange dar, die durch die Windungen ihres Leibes eine sitzende, indische Gottheit trug und schützend ihren Kopf darauf bettete. »Das ist die Kobrahaube mit Ganesha, einer indischen Gottheit, die auch bei den Buddhisten bekannt ist«, schrie ein Mann mit dunkelblauen Augen. In dem Moment hob der indische Prinz, der im Lotussitz daneben saß, den Kopf und warf ihm einen gebieterischen Blick zu. Da wurde dem Mann klar, dass er die Meditation gestört hatte und gemäß den Sitten an diesem Ort Stille herrschen sollte. Dem Mann war plötzlich unwohl und er schämte sich über seine kindische Euphorie. Die Innenarchitektur bestand aus dem Gerippe des Gewölbes und wurde von zwei Säulenreihen gestützt, an deren Kapitellen ebenso florale Reliefs zu finden waren. Genauso waren auch die Wände geschmückt mit Reliefs und Gemälden mit Augen und Früchten, die vom Leben und der Vorexistenz Buddhas erzählten. Einige Stellen waren auch von Zerfall und Verwitterung gezeichnet, mit grauen Stellen und abgebrochenen Mauerteilen. »Wie alt mag wohl der Prinz sein, Mutter. Er sieht aus wie der Ur-Ur-Ur-Großvater.« »Sei still, das ist ein heiliger Ort.« Die Besucher nahmen schweigend Platz, um an der Meditationszeremonie teilzunehmen. Nachdem der Prinz sein Textstudium beendet hatte, kümmerte er sich um die Gäste.

Ein paar Tage blieben sie dort und erhaschten einen Einblick in sein Leben. Der Prinz führte ein zurückgezogenes Leben und Besucher aus dem Termitenhügel waren ihm immer eine willkommene Abwechslung. Es gab keinen Tag-und-Nacht-Zyklus, da die Helligkeit der Höhle gleich blieb. Die Feuchtigkeit des Gewölbes wurde von dem leicht erwärmten Gestein kompensiert. Ihre Betten bestanden aus einfachen Binsenmatten mit grauen Decken. Früh am Morgen sang der Prinz ein Lied und nachdem er einen längeren Vers rezitiert hatte, ging der Prinz seinen täglichen Aufgaben nach. Zu diesen zählten Wasserholen, Gemüsesammeln, Fischen, das Reinigen der Anlage, Pilze anfeuchten und anschließend Vorbereitung einer spärlichen Mahlzeit. »Was meinen Sie mit Gemüsesammeln und Fischengehen?«, fragte jemand neugierig. »Ist es wahr, dass es hier unten Menschensiedlungen gibt?«, wollte ein anderer wissen. Der Prinz antwortete dem einen: »Warten Sie mal ab, ich werde Ihnen zeigen, wo hier Gemüse wächst.« So griffen sie sich die Körbe und spazierten gemütlich durch den langen Tunnel. Unterwegs setzte sich eine Fledermaus auf seine Schulter. »Aber Tutu, ich habe Gäste, na ja, ich grüße dich.« Und die Fledermaus genoss pfeifend die Streicheleinheit. Nach einer Pause sprach der Prinz: »Ich kann nicht sagen, was hier geschieht. Das ist ein Labyrinth, die Leute kommen und kehren nicht zurück. Ich selbst habe die Tempelanlage nie verlassen.« Sie marschierten direkt zum mittleren Bogen. Zuerst hallten nur ihre eigenen Geräusche. Das Stampfen, Waten, Hinken ihrer Füße, die der Ursprung der vielfältigen Echos waren. Doch je näher sie der mittleren Höhle kamen, desto lauter wurde ein Plätschern. Bis sie schließlich durch den Bogen kamen und die helle, blau erleuchtete Höhle sahen. Da sie nur an spärliches Licht gewöhnt waren, erschien diese Höhle wie eine Welt aus einem Märchen. Aus einem Spalt an der Decke flossen mit lautem Getöse mehrere Wasserfälle herunter und bildeten einen unterirdischen Süßwassersee. In der Mitte ragte, wie eine Insel, ein Fels hervor, auf dem wunderschöne Blumen wuchsen. Ein blaues Schimmern umschloss diesen

Ort und mit tiefer Sehnsucht in der Stimme flüsterte das kleine Mädchen: »Wie können sie das Leben hier unter der Erde ertragen?«, da sie selbst mittlerweile das Leben an der Oberfläche vermisste. In dem kristallklaren Wasser schwammen Fische, um die blau reflektierte Höhlenfelsenwand herum wuchsen Moos, Flechten, Farne, Gemüse und Pilze. »Seht ihr, das ist meine blaue Oase. Obwohl ich unter der Erde lebe, tröstet mich dieser Anblick vom immer blauen Himmel.« Ein dünner Lichtstrahl erhellte die Insel und die feuchten Wände verstärkten dessen Reflexion. Hier meditierte der Prinz und auch diese Höhle strahlte eine geweihte Aura aus. Kurz vor dem Abschied saßen noch alle in der blauen Oase zusammen und saugten die Atmosphäre in sich auf, wohl wissend, dass es möglicherweise das letzte Mal sein würde. In dieser schweren Stunde vor dem Abschied erzählte der Prinz von seiner Heimat. Man sah, wie schmerzhaft die Erinnerung an ihm nagte, denn er machte viele Pausen und musste hin und wieder tief durchatmen. »In Indien ist der Einstieg durch den Termitenhügel auch bekannt als der Einstieg zum Inneren der Erde. Dort leben die Nagas. Das ist ein Schlangenvolk, halb Menschen und halb Schlange, und sie sind zuständig für Regen, Überschwemmungen und Fruchtbarkeit. Ihre Stadt heißt Bogavati, der König ist ein Schlangendämon, sein Name ist Sesha.« Die Gesichter der Besucher verkrampften sich allmählich. »Sie sind die Schutzpatrone«, fiel ihm ein Mann ins Wort. Er war um die vierzig und hatte dunkelblaue Augen, obwohl auch er ein Afrikaner war. »Ja genau, sie sind die Schutzpatrone der Gewässer, aber sie hüten dort tief unter der Erde auch sagenhafte Schätze. In meinem Dorf haben wir zum Fest der Schlangen Nagakals angefertigt. Das sind Steintafeln für die Frauen, die sich Kinder wünschen. Diese Tafeln werden am Teich, bei den Dörfern in Hofräumen und auch vor den Tempelanlagen aufgestellt. Da die Nagas in Gewässern und in heiligen Bäumen leben, werden dort Opfergaben wie Milch und Butter für sie bereitgelegt. In anderen Ritualen werden die Tafeln unter einem Neenbaum und einem Feigenbaum aufgestellt.« Da unterbrach wieder der Mann mit den blauen Augen: »Das heißt, der Neembaum steht für das Symbol des männlichen Geschlechts, und der Feigenbaum für das weibliche.« »Ah!«, sprach der Asket. »Wie ich sehe, kennen Sie sich aus. Sehr schön.« Respektvoll senkte er den Kopf und sprach weiter. »Die Nagas werden oft mit Menschenkopf und einem Schlangenleib, aber auch als zwei ineinander verschlungene Schlangenleiber dargestellt.«

Sie zogen weiter und das Huhn lief ihnen voraus. Sein Gesang drang durch das Labyrinth, stoß gegen die Wände und hörte sich dann wie ein Harem aus Orchestertönen an. Sie liefen steil abwärts über stufenartige Felsvorsprünge und überquerten einmal eine tiefe Schlucht über eine Granitbrücke. »Hier muss ein Erdbeben die Felsen zum Einsturz gebracht haben!«, bemerkte jemand. »Schaut, dort wäre es weiter gegangen, durch die riesige Tunnelanlage.« Sie hielten sich an der stufigen Felswand fest und erreichten so die andere Seite. Dort wuchsen Pilze, die von der Feuchtigkeit profitierten. Hier und dort sprudelte Wasser die Wände hinab. Gierig tranken sie und genossen die kostbare Flüssigkeit Tropfen für Tropfen. »Seltsam, dass hier immer noch etwas Licht herrscht, findest du nicht?« »Da sind Muschelfossilien an der Wand, das muss eine Fichte gewesen sein und das dort ein Farn.« »Hier war ein Fisch mit scharfen Zähnen und dort zwei funkende Diamanten«, meinte etwas ängstlich das kleine Mädchen mit blassem Gesicht. »Ich glaube, wenn ich mich nicht irre, ist eben einer erloschen.« Keiner beachtete sie. »Also«, sprach eine Frau. »Ich möchte diesen Nagas nicht begegnen.« »Du musst nicht an alles glauben, vielleicht ist es nur ein Märchen«, sagte ein Mann, der offenbar an nichts glaubte. Er zeigte es mit seiner Skepsis gegenüber dem Tempel und seiner Respektlosigkeit dem Prinzen gegenüber, und dabei schaute er den Mann mit den blauen Augen spöttisch an. Es dauerte nicht lange, da stießen sie auf einen menschlichen Schädel und es begann zu brodeln »Also, hier gibt oder gab es doch Menschen.« »Wer hat dieses Tunnelsystem gebaut?« »Ob noch jemand hier lebt und uns gefährlich wird?«, flüsterte ein kleiner Junge und seine Stimme war wie ein Pfeifton. »Schweigt, ihr Ungläubigen! Wenn man vom Bösen spricht, wird es auch erscheinen. Glaubt ihr an den Popobawa?« Den Mann hatte noch keiner davor gesehen. Zwei Männer fingen zu lachen an. »Das ist ein Kindermärchen und ihr glaubt daran?« Natürlich wagte keiner zu unterstellen, ob man an die Existenz des Popobawa glauben sollte, denn seit dem Einstieg durch den Termitenhügel hätten auch andere Menschen mitgekommen sein können. Außerdem wurde es allmählich sowieso gruselig. Das Huhn gackerte aufgebracht, als es die neue Gestalt erblickte und verschwand in wilder Panik. Tyron, dem Mann mit den dunkelblauen Augen, war unbehaglich zu Mute: »Wer nicht an Popobawa glaubt, wird ihm zu Opfer fallen, seid vorsichtig.« Diese Nacht verbrachte Tyron etwas abseits der Gruppe und betete ununterbrochen. Selbst wenn seine Augenlider geschlossen waren, nahm sein Geist jedes Geräusch wahr. In dieser Nacht erwachte der Fremde, seine Gestalt veränderte sich und unbemerkt von Tyron nahm er seine wahre dämonische Gestalt an. Er streckte sich, eines seiner Augen leuchtete rubinrot mitten auf seiner Stirn und er breitete seine Flügel aus. Es ging alles so schnell, wahrscheinlich auch weil die beiden Männer, starr vor Schreck, zu langsam reagierten. Der Dämon hatte die beiden schon gebissen, als Tyron Alarm schlug. »Der Popobawa, der Terror der Nacht, ist auferstanden.« Sie ließen die unglücklichen Kameraden in der Gewalt des Popobawa zurück, da sie bereits tot waren und solange der Dämon beschäftigt war, hatten die anderen Zeit, zu verschwinden. Eine Schlucht schien besonders hell erleuchtet zu sein, die hohen Wände waren glatt geschliffen und mit waagerechten Sedimentschichten durchzogen. Wahrlich ein schöner Anblick. Schicht über Schicht bot die gesamte Schlucht ein wunderschönes Muster, das sich durch den Canyon zog. Am Sprung wich das Muster leicht ab und im Spiel von Schatten und Licht spiegelte sich mit unterschiedlicher Intensität eine rosarote Farbe.

Dieser Canyon bestand nicht nur aus fallenden senkrechten Wänden. Bei manchen Felsvorsprüngen hatten die Felsen Tiermuster, so einzigartig, als hätte sich ein verrückter Bildhauer dort verewigt. »Hier müssen Menschen unterwegs gewesen sein.« »Wie kommst du darauf?« »Schau mal das Wandgemälde an, das muss ein Hirsch sein und hier eine ganze Herde.« »Richtig.« »Wieso treffen wir die Menschen dann nicht? Wo stecken sie denn?« »Psst, ich höre dumpfe Geräusche!« »Musst du immer an den Wänden oder am Boden lauschen?« »Vielleicht ist es ein Schamane, siehst du das Amulett an seiner Kette?« »Ihr habt es erfasst, ich bin ein Schamane«, sagte Tyron. »Was ist das da?« »Der Fels sieht aus wie eine große Eule und glitzert, als ob Wasser in der Nähe ist.« »Wir haben ganz schön Durst und baden würden wir auch ganz gern.« »Leute, ich höre etwas auf uns zukommen, klettert etwas höher, wenn es möglich ist, das trockene Flussbett ist zu schmal für alle.« Das Hochklettern erwies sich als nicht gerade einfach, die glatten rutschigen Felsen boten wegen der hohen Luftfeuchtigkeit keinen Halt. »Wir werden alle sterben.« Das jammervolle Wimmern schwoll an und nur wenige schafften es, an Mulden und Einkerbungen Schutz zu finden. Hufgetrappel donnerte immer lauter durch die Schlucht, wie eine Herde wilder Tiere, die gerade von einem Seitenarm der Schlucht auf sie zuraste. Noch in sicherer Entfernung sah der Schamane: »Es sind die Kinder Afrikas, unsere Brüder.« Und schon waren sie da: Löwen, Giraffen, Antilopen, Affen und viele mehr. Als die Tiere die Menschen bemerkten, blieben sie abrupt stehen. Sie standen sich Auge im Auge gegenüber, beide Seiten schauderten und empfanden ein Gefühl der Hilflosigkeit. Tyron, der Schamane, hielt sein Amulett fest umklammert und begann ruhig einen Zauberspruch zu singen. Der Blick der Tiere wurde weicher und die Menschen konnten aufatmen. Die Tiere waren Geister mit roten Augen. Dies war erst zu bemerken, als sie um die Biegung in einem Nebelhauch verschwanden. Einige Menschen fielen zu Boden wie die Blätter ausgedörrter Bäume, die Frauen und die Kinder schluchzten ineinander verschlungen.

Die Geisterstadt

Die Böen des Hurrikans trieben das Schiff schnell in Richtung Malediven, allerdings nicht ohne Schäden zu verursachen. Kaum hatte der Kommandant die Meldung von der Sichtung der Atolle und der Koralleninseln vor den Malediven erhalten, schon rief der Lotse: »Antony, jetzt können wir den Kurs Nord-West zu den Malediven einschlagen.« »Aye, aye, Señor«, rief dieser und schon erwachte in der ermüdeten Mannschaft frische Lebenskraft und mit doppelter Anstrengung wurde der verdiente Landausgang vorbereitet. Der erste Offizier war damit beschäftigt, alles auf Vordermann zu bringen. Einige Segel mussten genäht werden und es gab viel zu reparieren. »Leichtmatrose, kümmern Sie sich um die Sklaven. Sie sollen einen anständigen Eindruck machen. Geben Sie ihnen auch zu Essen.« Bei einem kurzen Päuschen gesellte sich der Kommandant zu ihm. »Ist das nicht wunderschön? Da noch die Monsun-Wand auf hoher See und hier ist es friedlich. Selbst das Gewässer erstrahlt in freundlichem Blau und es herrscht nur ein schwacher Wellengang.« »Ja, Señor, das ist das Idyllische an der See, was die Landratten nie kennenlernen werden.« Die Malediven waren zu der Zeit im Besitz der Niederländer, die ein maledivisches Sultanat und Protektorat daraus machten. Zwischen Atollen und Korallenriffen waren die Malediven vor den Monsun-

Stürmen geschützt. Dort lebten Araber, Inder und Afrikaner, allesamt Muslime. Sie legten sich gerne unter die Palmen oder die Brotfruchtbäume und vor allem auf die Sandstrände, die von blauen Lagunen umgeben waren. Die Sklavenlieferung brachte eine gute Summe, die dann aber leider am nächsten Hafen in Indien für Reparaturarbeiten wieder fällig war. Auch für die Schnecken waren es Tage der Erholung und der Schlemmerei gewesen, deshalb herrschte trübe Stimmung, als sie wieder im Laderaum verstaut wurden. Die Schnecke erzählte weiter ihre Geschichte, dieses Mal musste sie jedoch nicht schreien, weil der Seegang angenehmer war und das Schiff sanft durchs Wasser glitt. Die Schnecken vermissten schon die Klänge der Wale, die sie auf der Durchreise von Afrika nach Indien kontinuierlich begleitet hatten, mit ihrem lieblichen Gesang. Dieser war so beruhigend gewesen. Dadurch lernten sie die Gemeinsamkeiten mit den anderen Geschöpfen kennen. Zu ihrem Glück hatten sie nicht gewusst, was für Ungeheuer sie waren, aber sie konnten es sich vorstellen, wenn die Fontänen so gewaltig wie Geysire und mit der Lautstärke schmetternder Trompeten nach oben schossen.

In den langen Korridoren war viel zu bestaunen: verrückte Felsenbildungen, Zapfsäulen, ein versteinerter Wasserfall. Es gab dort viele Nebenhöhlen und einige waren verschüttet. An einer Biegung meinte jemand: »Wir wollen da rüber, wer möchte mitkommen?« Tyron war besorgt: »Wir sollten uns nicht teilen, wer weiß, was wir hier vorfinden.« Der andere aber gab nicht nach und seine Anhänger wurden mehr. »Ich finde, diese Höhle dort ist freundlicher, wer möchte mitkommen?« Es war unvermeidlich, die Gruppe teilte sich. Tyron und seine Gruppe stießen auf eine Höhle, wo ewiges Eis herrschte. Kristallin glitzernde Elemente füllten die gesamte Höhlenfelswand. Ein gefrorener, kristallklar-bläulicher See reflektierte die Spiegelung der glitzernden Punkte wie der Himmel in einer sternenklaren Nacht. Lange Eiszapfen hingen erstarrt von der Decke. »Woher kommen die Lichtkegel?« »Dort, aber was ist dort?« »Was passiert, wenn die Zapfen den See durchbrechen?«, fragte ein Kind und lutschte vergnügt an dem Eisblock. »Ist das Wasser auch gefroren?«, wollte ein anderer wissen. Es war ein Durcheinander von Fragen ohne Antworten und die Faszination spiegelte sich auf ihren Gesichtern wider. Kaum Herr der Lage, wagte schon ein Mädchen den See zu überqueren. Sie rutschte zwangsläufig aus und das Plumps-Geräusch hallte mit musikalischen Klängen an den Wänden wider. Sie begriffen, dass diese Eiskruste den See zum Singen brachte, wenn etwas darüber rollte. So amüsierten sie sich damit, diese Töne zu erzeugen, indem sie Eisblöcke auf die Kruste warfen. Es machte so viel Spaß, diese Töne zu hören, dass sie die große Gefahr vergaßen. Sie warfen immer mehr Eisblöcke, mal kleine, mal große und jedes Mal färbte sich der See darunter dunkelblau wie Vogelschwärme den Himmel mit bizarren, in sich ständig verändernden Mustern. Der Grund des Sees war nicht ganz gefroren. Etwas Großes kam aus der Tiefe und nahm langsam Gestalt an. »Da, was ist das?« Panik und Begeisterung fand in einem bedrohlichen Spiel ihren Höhepunkt. Das Gaffen hinderte sie daran, Schutzmaßnahmen zu ergreifen. So geschah das Unvermeidliche. »Sieht aus wie ein großer Vogel, vielleicht ist er ertrunken.« »Das muss er ja wohl in einem zugefrorenen See.« Tyrons Gesicht verdunkelte sich. Stirnrunzelnd und in einem angestrengten ruhigen Tonfall sagte er: »Gehen wir lieber, wenn das sein Grab ist, dürfen wir seinen Schlaf nicht stören.« »Quatsch Mann, tot ist tot!« »Ein Auge hat geblinkt!« »Ja, das habe ich auch gesehen.« Ein plötzlicher Höllenschrei brachte die Luft zum Beben. Die uralten Eiszapfen fielen krachend herunter und die Eisscholle zerbrach. Knarrend bersten lange Risse auf und ein gewaltiger Vogel, doppelt so groß wie ein Mensch, tauchte auf. »Der Impudulu!« »Obatala, hilf uns!« »Nyamwezi, stehe uns bei!« Schreiend rannten die Menschen aus der Höhle, die schon dabei war einzustürzen. Ein mächtiger Lichtvogel sprang heraus, seine Blitze erzeugten einen gewaltigen Sturm, noch lange nachdem alle die Höhle verlassen hatten. Ein paar der Männer fanden dort ein schreckliches Ende. Jamal kam schwer verletzt davon. Bei der Flucht war er mehrmals gestürzt, aber erst als er zur Ruhe kam, bemerkte er die Ausmaße seiner Verletzung. Sein linker Arm war schwer wie Blei und er konnte ihn nicht bewegen. Stechende Schmerzen raubten ihm den Atem und aus einer klaffenden Wunde strömte Blut. Keuchend hielt sich Jamal hinter einem dunklen Felsen versteckt, als plötzlich ein kleiner Mann mit roten Augen erschien. »Hab keine Angst, ich bin einer von euch.« »Warum kann ich mich an dich nicht erinnern? Wieso sind deine Augen rot?«, röchelte Jamal schwer atmend. »Der Vogel hat mir in die Augen geblickt und sie leiden noch darunter. Vielleicht wird es bald wieder vorbei sein. Auf der Erde in meinem Dorf bin ich der Hexendoktor. Ich kann dich behandeln, wenn du willst.« Der Unglückliche hatte keine andere Wahl, also ließ er sich untersuchen. Nachdem notgedrungen sein Arm geschient und verbunden war, riet ihm der Doktor zu ruhen. Wenige Stunden später waren alle erschöpft und legten sich schlafen. »Mutter, dieser Hexendoktor ist mir nicht geheuer.« »Psst, nicht so laut. Ja, du hast recht. Mir gefällt er auch nicht.« Und wie recht sie hatte. Während alle in einem tiefen Schlaf versunken waren, wechselte der Hexendoktor seine Gestalt. Er wurde zu dem Lichtvogel und zwei aus der Gruppe fielen ihm zum Opfer, als er deren Blut saugte. In wildem Durcheinander rannten manche davon und einige versteckten sich. Als es ruhiger wurde, stellten sie fest, dass es viele Verletzte gab und Jamal von Fieber geplagt wurde. »Wenn wir nur wüssten, wo der Lichtvogel seine Eier abgelegt hat, könnten wir die als Heilmittel verwenden und alle Verletzten heilen. Haltet Ausschau nach seinen leuchtenden roten Augen, der Vogel könnte noch in der Nähe sein.« Aus seltsamen, langen Röhren strömte ein helles Licht und ganz in der Nähe lagen menschliche Überreste. »Das ist ein Skelett, also leben hier Menschen.« »Wer weiß wie lange das her ist. Da schau mal, zerschlagenes Porzellan.« »Jamal, du siehst gar nicht gut aus.« »Das Huhn ist schon wieder verschwunden.« »Typisch, wenn es schwierig wird.« »Vielleicht wurde es gefressen, wer weiß.« »Rede nicht so von dem heiligen Huhn, du kennst die Geschichte der Schöpfung, das Huhn war dabei.« »Ja sicher, hey Mann, das war nur ein Witz.« »Was wohl so gackert?« Jamal lag da, erschöpft vom Fieber. Die Frau und das Mädchen versorgten ihn, so gut sie konnten. Ein Wasserrinnsal sprudelte lebhaft aus dem Gestein und vereinigte sich mit den anderen Wasserquellen zu einem Bach, der dem Weg nach unten weiter folgte wie ein Wegweiser. Pilze und Moosflechten wuchsen dort und die Pilze wurden zum Hauptnahrungsmittel. »Wohin laufen wir, Mutter? Eigentlich laufen wir immer weiter hinunter. Die Erdoberfläche ist aber oben.« »Ich weiß mein Kind, das ist das Karma. Wenn Gott will, finden wir den Weg nach oben. Sonst werden wir hier unten leben. Du siehst doch, dass es hier auch Menschen gibt, und das wird auch gut sein.« Der Boden schwankte unter ihren Füßen. Aus ferner Umgebung hallte Donnergrollen durch den Tunnel, dann war es wieder still. Einige Meter weiter unten war wieder eine Haupthöhle mit mehreren Höhleneingängen und Licht drang durch ein Loch herein. Das Loch war so groß, dass gerade ein Mensch hindurch passte, da ein Felsblock den halben Eingang versperrte. Tyron erkundete die Lage, zitternd und blass wie ein Leichentuch kam er zurück. »Oke, Jared, ihr kommt mit mir, ihr anderen ruht euch erstmals aus. Sollten wir bis morgen nicht zurückkehren, folgt ihr weiter dem Lauf des Baches.« Das Flüstern wurde ersetzt durch eine unerträgliche Stille und nach kurzem Blickkontakt verabschiedeten sie sich. Tyron, Oke und Jared quetschten sich durch das Loch vor ihnen. Weit entfernt an der gegenüberliegenden Felswand hing noch die Hälfte einer Felsbrücke, die eindeutig die wichtigste Brücke über den Abgrund gewesen war. Nun waren sie angewiesen, wie die Katzen zu klettern. Der Abgrund war erschreckend tief und leuchtete hell wie ein Opal. Tyron wusste, er konnte sich auf Oke und Jared verlassen, sie waren nicht nur die kleinsten, sondern auch geschickte Kletterer. »So ein Mist auch. Was machen wir jetzt?« »Schau mal, wie tief die Schlucht ist.« Tyron warf einen Brocken hinunter, sie warteten sehr lange auf den Aufprall, der aber nicht kam. Dann wussten sie, dass die Schlucht bodenlos sein musste. »Lass es bleiben. Hier geht es nicht weiter.« »Nein, warte mal, da sehe ich leuchtende Steine, sie könnten die Eier des Blutsaugers, der Hexendoktor, unser geliebter Feind der Lichtvogel sein.« »Schau noch mal richtig hin, wir wollen nicht umsonst unser Leben riskieren.« »Ja, es sind eindeutig Eier direkt in der Höhle unter uns.« Tyron stieg auch hinunter und krallte sich an der Wand fest. »Du hast recht, das sind die Eier mit den Heilkräften, also holen wir sie uns.« Die Felsformation bot immer wieder eine gute Verankerung und so kamen sie an einen Höhleneingang heran. »So ein Mist!«, schrie Jared »Die zwei einzigen Eingänge sind verstopft, aber dort können wir uns hineinschleichen.« Wie erwartet, befanden sie sich in einer Höhle. »Warum nehmen wir nicht die Eier und kehren zurück?« »Warte doch, das hier könnte interessant werden.« Die Höhle war sehr geräumig. Sie sahen die verschütteten Eingänge und daneben eine gigantische Säule aus Stalagmiten, die den Zugang flankierte wie Überreste einer einst mächtigen Palastanlage. Einige Meter weiter standen sie wie versteinert vor einem anderen Höhleneingang. »Was sagst du dazu? Diese Felsformation ist die Skulptur eines sitzenden Menschen, der in Gedanken versunken seinen Kopf in den Händen hält und die Ellenbogen auf den Oberschenkeln abstützt.« »Ja, in der Tat eine bizarre Gestalt.« Die Stimmen hallten nicht wie in den anderen Höhlen, sondern sie verstummten, als ob sie von dem Gestein absorbiert wurden. In der Höhle schien eine trostlose schwache Beleuchtung, als wäre alles noch in Nebelschleier gehüllt. Dann ertönte eine Stimme laut, dominant und aggressiv wie Donner. »Wer wagt es, den Frieden in meinem Reich zu stören?« Drei dünne Lichtsäulen aus Glas begannen in der Mitte der Höhle zu leuchten. Es war ein harmonisches Farbenspiel. Die weißen Lichtstrahlen lösten die Nebelbank in bläuliche Schwaden auf und das Grau eroberte den Raum. Erst jetzt offenbarte sich die Geisterstadt. In der Mitte lag ein See und darüber die leuchtenden Glaspaläste, die ihre Lichter an die Decke strahlten. Drum herum, sogar auf den gewölbten Wänden, hingen Häuser und Wohnblöcke, soweit das Auge reichte. Es gab Gebäude mit blauen oder roten Dächern, imposante Türme, majestätische Paläste sogar im altchinesischen Stil und Pagoden mit dem weit gewellten Sims neben modernen Wolkenkratzern. Viele Gebäude waren nur als graue Silhouette in Hintergrund zu erkennen, wo nur die leuchtenden Fenster ihre Existenz verrieten. Eine Brücke erstreckte sich von der Insel zur linken Seite der Stadt. Große Wohnblöcke breiteten sich wie Harfen schwer hängend zwischen Zwerggebäuden, die mit roten Türmchen gekrönt waren, aus. Dort schienen Baustile jeder Epoche aus aller Herren Länder vertreten und mit gekonntem Durcheinander zusammengebaut zu sein. Die Spiegelung im Wasser verdoppelte die Größe der Stadt und ließ sie endlos wirken. »Das ist mir nicht geheuer, lass uns gehen«, flüsterte Jamal. Wie aus dem Nichts tauchten zahlreiche seltsame Geschöpfe auf. Dämonen mit roten Augen und mehreren Gliedern starrten sie bedrohlich an. Eine Möwe saß gemütlich am Felsvorsprung, genau auf dem Oberschenkel der denkenden Gestalt. Plötzlich wurde die Möwe unruhig, ihr Krächzen wurde ohrenbetäubend laut und aus ihrem offenen Schnabel glänzten spitze Zähne. Das Wasser brodelte, die Wasserkreise vergrößerten sich und vibrierende, gurgelnde Geräusche in der Höhle kündigten unheilvolles an. Die Dämonen schauten mit einem Hauch von Zufriedenheit und Schadenfreude. Eine riesige Fledermaus mit rotem Haarschopf sprang aus dem Wasser, um die Eindringlinge zu vernichten. »Der Kongomato, der Dämon der Sümpfe!« Tyron, Oke und Jared schrien und liefen in wilder Panik davon. Oke stolperte und der Kongomato verschlang ihn mit einem Happen. Die anderen verließen die Höhle und versteckten sich in kleinen Wölbungen. Als sich alles beruhigt hatte, kletterten sie mit den erbeuteten Eiern zurück. Die Kranken konnten geheilt werden. Später, während sie ruhten, begannen die Wände zu wackeln und Geröllgestein prasselte wie ein Donnerschlag gegen die Wände. »Ich vermute, da oben nennen sie das ein leichtes Beben«, dachte einer laut. Beängstigt hielten sich die Leute an den Wänden fest, bis der Spuk endlich ein Ende fand. Sie hatten es alle mehr oder weniger gut überstanden, dennoch herrschte ehrfürchtiges Schweigen. Nur Tyron, der Schamane, sprach eine Beschwörungsformel aus. Dabei schwang er sein mit Bernstein und Korallen besetztes Amulett. Der gelbe Bernstein hielt eine Blume in sich gefangen und war wahrhaftig etwas Besonderes. »Tikolosha, Gremlin mit teuflischer Seele, erscheine mir, um mir zu dienen.« Aus dem Nichts sprach Tikolosha »Hier bin ich, Meister.« »Werde sichtbar, Gremlin.« Der Gremlin hatte eine Menschengestalt angenommen und verneigte sich vor dem Schamanen. »Gehe, Tikolosha, suche die anderen in den Nebenhöhlen und führe sie zu uns. Wir werden hier verweilen.« Der Gremlin war erfolgreich und nach ein paar Tagen führte er die Überlebenden der anderen Gruppe zurück. Sie alle verstanden, dass sie ihr Überleben nur mit der Einheit und der Stärke der Gruppe sichern konnten. Sie erzählten auch, was sie erlebt hatten, vor allem von einer unheimlichen Begegnung an einem Ort, wo die Wärme durch dichte Nebelschleier sichtbar war. Auf einem Felsen hatten sie einen Elefantenkopf gesehen. »Wie soll bloß ein Elefant die Felsen hochgeklettert sein?« Der Elefant hatte sie beäugt und vor Schauer standen ihnen immer noch die Haare zu Berge.

Die Seen

Kristalle aus dunklem Quarz lagen verstreut auf dem Weg zur Höhle. Man konnte es plätschern hören und das blaue, tanzende, gewellte Schimmern war schon von Weitem schon zu sehen. Es sah sehr einladend aus. Versteinerte Gebüsche im Inneren der Höhle wirkten sehr beruhigend auf die erschöpfte Gruppe. Die meisten warfen sich in das kühle, blaue Nass des Sees und wurden nicht enttäuscht. Der See war ein Süßwassersee. Dankbar und gierig tranken sie. Die anderen blieben erstaunt stehen. Die Felsformation war mit einer Vielzahl von rosa-rotem Gestein übersät, die wie Blumen auf einer Wiese aussahen, und dazwischen wuchsen Moosflechten und Farne. Einige Farne waren aber nur noch als Fossilien im Felsen erkennbar. Die Luft war angenehm frisch und sorglos tanzten sie beschwingt und lachten, sodass die Höhle mit einstimmte. Dann, ganz plötzlich, wurde ihnen bewusst, wie müde sie waren. Sie streckten sich in Ufernähe aus und schliefen sofort ein. Sie ruhten sich eine ganze Weile aus, als sie aus heiterem Himmel von lautem Gekreische aus dem tiefen Schlaf gerissen wurden. Abrupt standen sie auf. »Was war das?«, fragten sie sich ahnungslos. Ein Mädchen hatte einen Blumenstrauß gebunden. »Da, für dich, Mama.« »Mein Gott, was ist das?« »Da drumherum wachsen noch mehr, sie schlafen noch, deshalb sind die Blüten noch geschlossen«, sagte das Mädchen vergnügt. Die Mutter verstand den Witz nicht. Verwirrt blickte sie ihre Tochter an. In der Tat, gefangen von der Müdigkeit hatten sie die Höhle vorher nicht genau betrachtet. An der Böschung bei der See lagen Knochenreste und eine Unmenge an grünen, blauen und gesprenkelten, rundlichen, glatten Steinen. »Das sind blaue Lapislazuli«, staunte jemand. »Da, eine Höhlenmalerei, das sieht aus wie ein Bison!«, schrie ein anderer. Etwas schwamm im See. Zuerst waren nur ein paar Augen zu sehen, dann kletterten neugierig einige Schildkröten auf einen herausragenden Felsen. Krebse versuchten, am Ufer Essbares zu finden, und hielten Sicherheitsabstand von den Fremdlingen. Ein Mann beobachtete aufmerksam Streifenspuren in Ufernähe. »Da!«, unterrichtete der Mann seinen Sohn. »Das sind Schlangenspuren, sie schleichen im Zickzack-Modus. Falls es uns gelingt, eine zu fangen, hätten wir frisches Fleisch. Halte die Augen offen.« »Aber, Vater, wo Schlangen sind, muss es zwangsläufig Beutetiere geben. Vielleicht könnten wir die auch jagen.« Als der Lärmpegel der Menschen lauter wurde, verkrochen sich die Krebse schleunigst in ihre Löcher. Um sie herum wuchsen Blumen, deren Farbenpracht erstaunlich war, während einige Schnecken auf den Wänden hin und herkrochen. Es war ein friedliches Bild. Noch bemerkenswerter war, dass, als später ein schrilles Brüllen die Luft zum Zittern brachte, die ganze Höhle von lautem Hallen erfüllt wurde. Während sich die Menschen wegen dem lauten Gedröhne die Ohren zuhielten, öffneten die Blumen schlagartig ihre Blüten. Oh Schreck! Oh je, das waren wohl seltsame Blumen. Und so plötzlich erweckt sahen sie auch dementsprechend aus. Sie gehörten alle zu der Art der Orchideen mit Kelchblumen. Die Farben variierten zwischen rot, rosa, lila, gelb, weiß, grün, blau, aber auch schwarz. Schlagartig hatte die Höhle nichts gemein mit dem lieblichen Ort, den sie vor ein paar Stunden entdeckt hatten. Im Gegenteil. Fratzengesichter zeigten sich in den Kelchen. Manche Blumen sahen aus wie der Kopf gieriger Geier, andere sahen aus wie Babys mit riesigen Kronen in den Kelchen. Eine ähnelte wiederum roten, hängenden Quallen, andere einer Ballerina und eine sah aus wie ein abgemagerter Vogel, dessen federloser Kopf nach unten hing. Eine Art sah aus wie ein großer Käfer, eine wie eine große Feder, eine weitere wie eine Prinzessin mit mächtigen Röcken. Eine grün gepunktete und mit einem gefährlichen Schnabel ausgestattete erinnerte an die Beulenpest. Bei einer Tulpe schimmerte ein Geisterbild im Kelch, eine Art sah aus wie das Küken eines Geiers, während eine andere Art dagegen einem Storch mit ausgebreiteten herrlichen weißen Flügeln ähnelte. Eine andere hatte ein Elfengesicht und es gab welche, die wie bizarre Fliegen aussahen. Eine davon erschien wie ein Seerosenblatt mit dem Gesicht eines Käfers. Die Mutter erschauderte so sehr bei dieser Verwandlung, dass sie unter den starren Blicken der Blumen, die sie bösartig anstarrten, den Blumenstrauß fallen ließ. Niedergeschmettert vergaßen sie, dass sie in großer Gefahr schwebten. Dennoch geschah nichts und alle entspannten sich wieder. »Was war das?« »Egal, hier werden wir nicht länger bleiben.« Am Ufer auf einem schön abgerundeten Felsbrocken saß ein Fischer und beobachtete stirnrunzelnd die See. »Da, Leute, Aale. Wir können welche fangen, dann hätten wir was anderes zum Essen als nur Pilze.« »Sei nicht undankbar, Mann.« »Oh, Entschuldigung.« »Wo mag wohl das Huhn sich jetzt herumtreiben?« »Egal, hier sind wir nicht sicher.« »Warum denn?« »Das Huhn begegnet uns angeblich nur dort, wo es sicher für uns ist. Mir scheint sogar, dass sein Gesang uns tröstet für das, was danach kommt.« »Du hast recht, für mich klang er wie die Lieder meiner Mutter, als ich noch klein war. Sie haben mich immer beruhigt.« »Ist euch aufgefallen, dass die Helligkeit zunimmt und es wärmer wird?« »Ja, ich vermute, dass wir der Quelle näherkommen.« »Was wird die Quelle sein, Tyron?« »Wir wollen das jetzt nicht wissen, oder?« Zwei von ihnen versuchten, mit bloßen Händen auf Aalfang zu gehen. »Sie waren gute Fischer bei uns im Dorf«, sprach die Frau voller Stolz. Erfolgreich kamen sie auch zurück. In den Hemden, die sie als Netz benutzten, wanden sich heftig ein paar Aale. Sie glitten gewaltsam aus dem Hemdkragen heraus und alle waren damit beschäftigt, sie zu töten, so schwach waren sie schon alle, die Größe der Aale war erstaunlich. Es wurde ein Festschmaus und alle hatten das Gefühl, sich überfressen zu haben, was auf keinen Fall möglich war. Es lag einfach daran, dass sie sich schon so lange nur von spärlichen Pilzen ernährt hatten. Feuerfliegen und andere Insekten flogen in Schwärmen umher. Einige stützten sich auf die Blumenkelche, die schon eine ordentliche Menge an süßer Flüssigkeit in sich trugen. Andere aber fanden Gefallen an den Menschen. Die besseren Kletterer stiegen eine Anhebung hoch, um die Lage zu beobachten. Das Klettern war mühsam, denn die Wände waren mit einer dünnen Wasserschicht überzogen und deshalb glitten sie voller Schreck wieder herunter. Keuchend standen sie da, nicht in der Lage deutlich zu erklären. »Ddddd da wwwaren Monster.« »Da schwimmt ein Pferd und kommt auf uns zu.« »Nein, es ist niemals ein Pferd, siehe doch, es trägt Hörner.« In Ufernähe, wo es flacher wurde, sahen sie das Tier in seiner ganzen Größe. »Das ist doch ein Ninki Nanka«, deutete amüsiert der Schamane. »Was ist das? Wird es uns gefährlich?« »Aber nein, das ist bloß ein Drache!« »Ja!«, mischte sich eine Frau in sarkastischem Ton ein. »Das hat aber eine Vielzahl an Zeugen. Hat den Körper eines Krokodils, den Kopf eines Pferdes, die Hörner wer weiß von wem und den Hals einer Giraffe.« Und alle lachten amüsiert. »Egal wie, könnte es schmackhaft sein?« »Eigentlich ist es harmlos, ihr dürft es nicht provozieren. Die Hörner sind gefährlich, wer weiß, wo der Rest der Herde steckt.« Das Rauschen des Wasserfalls aus der spröden Wand, ein Bächlein, glitt in den See. Es sprudelte, rauschte und murmelte und wirkte trotzdem beruhigend. Aber dieser Ort war alles andere als eine beruhigende Stätte. »Was lecken die Ninki Nanka so genüsslich?« »Die gelbe Flüssigkeit fließt aus dem Felsen da drüben.« »Leute, hört ihr auch ein Summen?« »In der Tat!« Zuerst war es nur eine Kreatur, die es wagte, den Riesenfels zu verlassen. Es sah aus wie eine Mischung aus Gorilla, Schimpanse und Wespe. »Das ist Bondo, die geheime Wespe.« »In Malawi ist aber Ufiti.« Der Schamane sagte wie in Trance: »Bili Ape! Darum die viele Blumen mit den Kelchen!« Sie hatten sich von dem Schrecken noch nicht erholt, als aus dem Nichts ein fürchterliches Geschrei kam, gefolgt von einem Blitz und fallenden Felsen. Der zuerst schwache Wind wechselte zügig seinen Gang, böig peitschte das Wasser, alles wirbelte und die Höhle dröhnte furchtbar. Sie schrien von Schuldgefühl gepeinigt: »Der Lichtvogel! Wir sind geliefert, wir haben die Eier gestohlen.« Vom Wasser hin- und hergeschleudert kroch ein Krokodil benommen ans Ufer »Das ist Ghahali! Auch das noch.« Das Krokodil stand kurz noch auf den Beinen und war merklich größer als seine Artgenossen. Von den Schreien magnetisch angezogen erschien ein fliegendes Reptil mit roten Haaren. »Der Kongomato!«, brüllten alle, ehe sie im Inneren zitternd erstarrten. Der Dämon der Sümpfe erspähte den Lichtvogel und es entfachte sich ein grauenhafter Kampf. Die Ausweichmanöver der mächtigen Schwingen weckten Orkanböen auf, die die ganze Höhle durchfegten. Mächtige Felsbrocken lösten sich sirrend und fielen in das tosende Wasser. Die Blitze waren manche Augenblicke lang so hell, dass alles vor den Augen in Opaldunst verschwand. Der Aufruhr der Elemente erzeugte plötzlich den größten Regenbogen, den sie je gesehen hatten. Ein junger Mann mit einem Tattoo an der linken Schulter brabbelte vor sich hin. »Da draußen an den Polen, besonders am Nordpol, werden die Menschen das als Nordlichter erleben.« Der Schamanen war die Bemerkung nicht entgangen und er schaute kurz nach dem jungen Mann, der dabei leicht errötete. Vor sich hinmurmelnd sang der Schamane weiter, während er die Hühnerknochen vor sich hinwarf, um das Schicksal zu deuten. Kongomato weichte den Lichtvogel solange aus, bis dessen Puste ausging. Das Kreischen schwächte ab zu Gebrüll und schließlich zu Gejammer. Da griff der Kongomato zu und packte den Lichtvogel hart hinten im Nacken und verletzte ihn so, dass er in Wehgeschrei davonflog. Von beiden Seiten gab es Verluste zu beklagen. Kongomato flog zu dicht an die Decke, und verletzte sich dort leicht an einem spitzen Felsen. Jammernd flog auch er davon. »Warum kämpfen sie?« Der Schamane wagte einen Erklärungsversuch: »Ich vermute, dass Kongomato für das Verschwinden der Eier verantwortlich gemacht wurde.« Der Lichtvogel brachte nur eine Bruchlandung unterhalb des Wasserfalls zustande und fiel in Ohnmacht. Einige Männern liefen auf die Wasserfallklippen zu und vor Schreck herrschte eine ganze Weile Unsicherheit, ob sie ihren Weg fortsetzen konnten. »Was ist das schon wieder?« »Das ist Mokèlé – mbèmbé, eine Art Saurier, der lässt sich gerne an der Klippe eines Wasserfalls nieder. Wir dürfen ihn nicht provozieren!«, flüsterte der Schamane. Der Abstieg an der glitschigen Wand war mühselig und winkend rief er den Rest der Gruppe zu sich. »Lasst uns zu dem Vogel gehen, vielleicht braucht er uns noch, denn hier wird es allmählich ungemütlich.« Alle stimmten zu. Der Weg zum Lichtvogel war beschwerlich. Es gab zu viele Hindernisse und die Strapazen zerrten an ihren Kräften. Der Schamane sprach eine Zauberformel. »Tikolosha, Gremlin, dein Meister braucht dich. Erscheine.« Eine Stimme unmittelbar in der Nähe antwortete »Hier bin ich Meister, was ist Ihr Wunsch?« »Erscheine, Tikolosha.« Da erblickte jeder den kleinen Kerl mit krausem Haar und dem hässlichen Gesicht. »Gehe zum Lichtvogel und verarzte ihn, wir kommen nach. Tikolosha, du musst ihn beschützen und trösten. Er muss wissen, dass wir drei seine Eier genommen haben. Das war nicht Kongomato. Sage ihm, dass es uns leidtut, aber wir sind auch diejenigen, die ihn aus dem eisigen Gefängnis befreit haben. Unsere Leute waren krank, wir haben aber die anderen Eier dort gelassen.« Der Schamane flehte noch: »Sag ihm, dass wir Freunde sind.« Der Gesichtsausdruck von Tikolosha verhärtete sich angesichts der schwierigen Aufgabe. Um ihn zu trösten und zu danken, fügte der Schamane: »Tiko, du schaffst das. Ich habe großes Vertrauen in deine Fähigkeiten.« Schweren Herzens verbeugte sich der Gremlin, während der Schamane ihm noch einmal einen gütigen Blick schenkte und verschwand. Je tiefer sie an den Wasserfallklippen hinabstiegen, desto mehr veränderte sich die Felsformation. Sie stießen auf Fossilien von Krustentieren, längst ausgestorbenen Fischen und Muscheln von unbeschreiblicher Schönheit, die ihnen immer wieder den Atem raubten. Sie sahen auch Gesteine in traumhaften Farbmustern und fanden immer wieder Quarz-Kristalle. Das Rauschen des Wasserfalls wurde immer leiser, da schrien die Kinder: »Der Saurier verstopft schon wieder die Mündung.« Danach wurde es unmöglich, noch ein Gespräch zu führen. Eine leichte Erschütterung ließ sie anhalten und fieberhaft klammerten sie sich an allem und jedem fest. Ihre vor Angst aufgerissenen Augen entspannten sich plötzlich, obwohl das Zittern der Höhle nicht aufgehört hatte. Einige deuteten zum Wasserfall, denn aus einer bisher unbekannten Quelle strömte buntes Wasser, das sich mit dem Wasserfall vereinigte und wunderschöne Farbtöne erzeugte. Die fließende Masse verwandelte sich in eine bunte gestreifte Gardine, hier gelb, dort rot, in der Mitte grün und daneben ein sandiges Goldbraun. Ein Kind schrie in heller Freude: »Da unten muss es jetzt auch ganz bunt sein.« So plötzlich die Erschütterung kam, so schnell verschwand sie auch wieder, genauso wie die geheimnisvolle Quelle. Auf rätselhafte Weise flackerten schimmernde Farben und funkelndes Glitzern auf. Es kam aus einer Grotte hinter dem Wasserfall. Man konnte sie genau lokalisieren, da eine Schar von Feuerfliegen herausströmte. »Lass uns sehen, was da verborgen ist, vielleicht könnten wir dort Rast machen.« Der Schamane betrachtete die Grotte stirnrunzelnd. »Das ist Adze«, flüsterte der Schamane. »Das ist gar nicht gut.« Er schüttelte den Kopf. Wie vermutet lag hinter dem Wasserfall eine Grotte. Innen lagen stark verwitterte, glitschig nasse Felsen mit polierter Oberfläche in schimmernden Farbmustern. Eine Wand war grün gescheckt mit einer roten Mitte, während die Wand gegenüber grüner ins Auge stach. An manchen Stellen ragten Kanten und Spitzen auf wie Wasserpocken auf dem Panzer einer Seeschildkröte. Auf dem sandigen Boden lagen rohe Diamanten. Mal groß, mal klein, mit geprägten Kanten aber zum Teil noch im Stein feststeckend. Eine Dampfsäule in der Ecke erregte ihre Aufmerksamkeit. Siehe da eine Warmwasserquelle, die sich am Boden ein Becken gegraben hatte. »Am liebsten bleiben wir für immer hier wohnen und fischen da oben. Was sagst du dazu?«, schlug jemand vor. »Oh nein, hier dürfen wir nicht verweilen, ich habe Feuerfliegen gesehen, die hier leben und vorhin weggeflogen sind. Sie werden wiederkommen. Man nennt sie auch Adze. Sie können eine menschliche Gestalt annehmen und fressen mit Vorliebe menschliche Organe. In der Nacht aber sind sie Insekten, die Blutsauger der Nacht. Ihre Stiche übertragen Malaria«, erzählte der Schamane mit fester Stimme, als ein anderer ihm ins Wort fiel: »Und bevorzugt Kinder, stimmt das?« Der Schamane nickte, tief in Gedanken versunken. »Ist es wahr, dass sein Opfer zu einer Hexe mit dem Geist eines Adze wird?« Die Spannung wuchs und der Schamane fühlte, wie die Luft sich mit angstvollen Gedanken auflud. Er schwieg. »Nach der Pause gehen wir weiter«, schlug der Schamane vor und alle waren einverstanden. Die, die von den Fliegen und Feuerfliegen gestochen wurden, fanden Erquickung an der heißen Quelle. Sie strömte aus der Wand als ein kleines Rinnsal, das lange dahinfloss und dann Pause machte. Aus den heißen Luftblasen am Boden des Beckens stiegen Dampfsäulen auf, die sich mit dem Dampf der Quelle vereinten und die Decke ordentlich feucht hielten. Nach dem langen Verbleib an der heißen Quelle legten sie sich schlafen. Die Kinder mit ihren glänzenden Augen waren die ersten, die einschliefen. In einer Ecke unterhielten sich wispernd zwei junge Burschen. »Woher mag der Schamane wohl so viel Wissen erlangt haben?« Der Junge mit dem Tattoo an der linken Schulter meinte »Ich kann es mir schon vorstellen. Schau mal, er meditiert. Jetzt ist er mit der ganzen Schöpfung verbunden.« »Was soll das heißen?« »Ich fühle das auch manchmal, ich wünsche bei einem Schamanen in die Lehre zu gehen.« Und seufzte dabei voller Sehnsucht, weil er nicht aus einer Schamanen-Familie stammte und dieser Werdegang nur Angehörigen dieser Kaste möglich war. In diesem Augenblick öffnete der Schamane seine Augen und starrte ihn kurz an, eher er wieder in Meditation versank. Dann wussten beide, dass sie sich gefunden hatten. Es war ein entspannender Schlaf, dank des rhythmischen Plätscherns des Wassers und seinen türkis kräuselnden Strahlen, die berauschend die Luft mit schwingender Harmonie versorgten. Unter dem Wasserfall befand sich in einer Salzwüste ein See. Die Temperatur war eindeutig gestiegen und es roch stark nach Salz. Der Lichtvogel saß sichtlich erholt im weißen silbrigen Sand und der Tikolosha war dabei ihn zu massieren. Beim Abstieg wäre der Junge mit dem Tattoo fast abgerutscht, der Schamane war schnell genug gewesen und fing ihn auf. »Wie heißt du eigentlich?« »Mein Name ist Edem.« »Was ›Gott hat mich gerettet‹ bedeutet. Hast du das gewusst?« Forschte der Schamane nach, da der Junge sprachlos blieb. Edems breites Lächeln zeigte, wie glücklich er war, es endlich erfahren zu haben. Von da an waren die beiden öfter zusammen. Der Lichtvogel hatte die sich nähernde Gruppe erspäht und versuchte mit heftigen Zuckungen sich von Tikolosha zu befreien, was aber nicht gelang. Tikolosha hatte ihn gut im Griff, die beiden waren inzwischen gute Freunde geworden.

Der Boden bestand in diesem Gebiet aus Vulkangestein und das sorgte dafür, dass das bunte Fließen gefiltert wurde. Erstaunlicherweise war der See an manchen Stellen kristallklar, aber sehr tief. Der Lichtvogel streckte sich und erzeugte dabei Blitz und Donner. Der See wurde von einer Schaumgischt in drei Abschnitte geteilt. Sie waren von einer sonderlichen Schönheit, sodass es schwer war die Augen davon abzuwenden. So unfassbar und doch realistisch. Der See war geteilt in drei Farbmuster: orangerot, wie eine Wiese aus Küstenkorallen, grün, wie eine zarte Graswiese und kristallklar, leicht bläulich. Am Rande des Sees aber ragte es weiß wie Sterne, stechend leuchtend wie die Sonne selbst auf. Im Glitzern der Schneezauber stand dort ein Gebäude aus Salzsäulen; der Salzpalast. Seine Türme ragten mit ihren Zacken, Zinnen, Brücken und winzigen Fenstern in eine beeindruckende Höhe. Bemerkenswert waren auch die plastischen Drehungen der Außenwände, die dort, wo die Ecke des Gebäudes hätten sein sollen, eine fast perfekte Rundung bildeten. Im Dunst des Sees sah das stechende Glitzerphänomen aus wie eine Fata Morgana, so unwahrscheinlich und doch so real.

Der Feuervogel

Nicht nur die Helligkeit hatte dramatisch zugenommen. Die unerträgliche Hitze machte das Weitergehen sehr beschwerlich und Essbares ließ sich nicht mehr finden. Die Kinder waren an Malaria erkrankt und litten an hohem Fieber. Sie fanden zwar eine Quelle, doch diese war zu heiß. Die Luft drückte auf die Lunge und die Gruppe hätte lieber Rast gemacht. »Die rhyolitischen Steine!«, rief der Schamane, um sie aufzumuntern. »Rhyo-was?«, fragte jemand. »Diese Steine sind an solchen Orten üblich.« Er deutete auf die Steine, die so groß wie Handflächen waren. »Seht her, aufgrund der andauernden Feuchtigkeit sind sie abgerundet und besitzen eine Oberfläche so zart wie die Haut eines Babys.« Die Steine um den Salzsee herum waren grün oder mit rot-weißen Elementen kombiniert. Kieselsteine verzierten den weiß glitzernden Sand und sorgten für eine traumhafte Farbkombination. Breite Höhleneingänge grenzten an den Salzwassersee und sprachen flüsternd von der tröstenden Kühle, da die Helligkeit zum Teil von den Felsen absorbiert wurde. »Da, dieser Felsblock sieht aus wie eine Schildkröte, gehen wir dort lang«, schlug jemand eilig vor, in der Hoffnung auf eine kleine Erfrischung. Diese Felswand war so deformiert, dass dies unmöglich erschien. »Wie soll der weit abstehende Kopfteil der Schildkröte ohne Stütze so gestreckt werden?« »Ja, du sagst es, es ist sehr schön.« Kaum hatten sie die Höhle betreten, versperrte ihnen ein alter Bekannter den Weg. »Das Huhn! Wo warst du so lange? Wie konntest du nur?«, sprach eine Mutter verzweifelt mit dem kranken, dem Tod geweihten Kind auf dem Arm. Das Huhn gackerte leise, ja fast entschuldigend. Dann erschien es in all seiner Pracht. Sein Gefieder schimmerte manchmal so farbenfroh wie die Federpracht eines Hahnes, obwohl es eine Henne war. Dennoch wusste keiner, was es nun genau war, denn die Götter nahmen es mit dem Geschlecht nicht so genau. Sein Federschmuck glänzte wie ein Diamant, und an manchen Stellen noch heller als die Sterne. Das Huhn schaute sich alle an und alle blickten auf das Huhn. Dann verbeugte es sich mit anmutig geschlossenen Augen, ganz sanft strahlten seine Züge. Es herrschte eine elektrisierende Aura zwischen ihnen. Das Huhn sang sein letztes Lied, ehe es im hellen Licht verschwand. Zurück blieben die ganz beseelten Menschen. Die Beseelung ist eine Art Botschaft von Trost, die unterschiedlich ist, wie Menschen auf der Erde unterschiedlich sind. Der Frieden des Herzens hat 1001 Facetten wie die Kanten und die Farben eines geschliffenen Diamanten. Nun wussten sie, dass ihre Reise zu Ende war und sie dem Huhn nie wieder begegnen würden. Die Kinder waren auf zauberhafte Weise geheilt worden, die Mütter merkten, wie eine lebendige Energie durch sie strömte. Es war ein belebendes Gefühl, wie der Sonnenaufgang nach einer sehr langen Nacht.

Eine leichte Erschütterung verursachte eine Steinlawine. Große Bimssteine rollten von einer Wand herab und wo sie liegen blieben, sprudelte brausend ein Bach hervor, eine Süßwasserquelle. Sie tranken ausgiebig davon. »Das ist bestimmt ein Geschenk des Huhns!«, schrien einige in heller Freude. Es dauerte nicht lange und die Quelle erwärmte sich, bis sie schließlich zu einer kochenden Wasserquelle wurde. Die Höhle war an verschiedenen Stellen ihrer porösen Wand mit weißem Perlit-Bimsstein geschmückt. Andere Wände waren mit Marmorgesteinen wie Blauschiefer und Quarzit überzogen. Spuren von Goldadern und buntem Gestein zeugten von der Edelsteinreife und der Nähe eines Vulkans. Das Ausmaß der Höhle war gewaltig. Geschnörkelte Zapfen schienen die Höhle zu stützen. Bei der tosenden Erschütterung der Geröllawine hatte es zu klimpern begonnen. Kaum hatte sich alles beruhigt, liefen die Leute schon suchend umher. »Dort muss es gewesen sein.« »Das sind nur Felsen.« »Merkwürdig ...«, sagte der Schamane nachdenkend, als er sich einem Haufen Steine näherte. Vorsichtig klopfte er auf einen Felsenbrocken und siehe da, es erklang ein Ton wie von einem Xylofon. Der nächste Brocken wiederum klang anders und so begannen alle euphorisch mitzumachen. Es war herrlich: Musikklänge so tief unter der Erde zu hören. Man versuchte gerade ein gemeinsames Lied anzustimmen, als der Schamane voller Furcht in die Hände klatschte. »Leute!«, rief der Schamane besorgt. »Wir dürfen nicht auffallen, denn wir wissen nicht, was hier noch schlummert. Bitte lasst uns weiter gehen.« Mehr noch als die Hitze und die Müdigkeit wurde zunehmend erdrückender Schwermut zum Problem. »Das Huhn hat uns verlassen, also ist das das Ende unserer Reise. Stimmt doch, oder?« Der Schamane wurde von allen Seiten umringt. Jeder wollte Aufklärung. »Ja, unsere Reise geht zu Ende. Was auch sein wird, das Huhn hat uns mitgeteilt, dass alles gut gehen wird.« Tikolosha kam hinzu. »Meister, ich möchte meinen Dienst quittieren. Bitte lass mich gehen. Der Lichtvogel ist wohlauf und möchte sich verabschieden.« Der Schamane sah zu dem Salzschloss und der Lichtvogel betrachtete sie alle mit einem dankbaren Blick, ehe er mit einem ohrenbetäubenden Schrei, gefolgt von Blitz und Sturm, heimkehrte. Diese Aktion, so nah bei dem Salzschloss, brachte dessen Mauern ins Wanken. Nun hatte der Lichtvogel die Arbeit von wer weiß wie lange zunichtegemacht. Klirrend brach der Salzpalast zusammen, die Salzbrocken fielen mit Gerassel und Geratter auf den Boden und eine gewaltige Trübung sperrte die Sicht zur See. Die Enttäuschung hatte allen die Sprache genommen und untröstlich schauten sie zu. »Oh nein, Lichtvogel!«, schrie verzweifelt der Schamane, aber keiner hörte ihn bei dem ganzen Höllenlärm. »So viel zum Thema Unauffälligkeit!«, bemerkte grinsend eine Frau. »Tikolosha, geh, vermutlich werde ich dich wieder brauchen. Bis dahin danke ich dir sehr.« Und Tiko verschwand. Die Höhlenwände wechselten ihre Formation. Nun glitzerte dort Granitstein in verschiedenen Tönen und das Glimmern neben dem Quarz war eine Augenweide. Die Schritte wurden beschwerlicher und man kam immer langsamer voran. Der nächste Durchgang führte die Gruppe zu einer Diamanthöhle. Gesprenkelte unterschiedliche Farben deuteten noch auf andere Vorkommen. »Wunderschön, Mutter, findest du nicht auch?« »Ja, mein Schatz, aber sprich nicht zu viel, wir brauchen die Kraft und den Atem für die Wanderung.« Seltsame Echoklänge erregten die Aufmerksamkeit des Schamanen. »Ich hoffe, dass es nicht das ist, was ich vermute«, sagte er leise zu sich selbst. »Obsidian!«, schrie der Schamane zur Ablenkung, als sie in die nächste Höhle kamen. »Was meinst du damit?«, fragte ihn Edem. »Da, siehe doch, dieser Fels besteht aus schwarzem Glas. Dort ist sogar die weiße Variante.« »Was sagt uns das, Meister?« »Das deutet auf die Nähe von Magma hin.« Alle traten einige Schritte zurück und schwiegen mit entsetztem Gesichtsausdruck, während sie versuchten, den Schmerz im Inneren zu unterdrücken. »Mutter, du brauchst keine Angst zu haben, das Huhn hat es uns versprochen. Hast du kein Vertrauen?«, keuchte das Kind erschöpft. Alle fühlten sich in ihrer Glaubensfrage angesprochen, es war ein Gewirr von Gefühlen in dieser verzweifelten Lage. Nach langem Schweigen brach jemand die Stille »Dann gehen wir dorthin, vielleicht können wir dem Magma entkommen.« Alle bejahten den Vorschlag, obwohl ihnen unbewusst klar war, dass sie geliefert waren. Sedimentschichten an den Wänden begleiteten sie auf ihrem Weg. Zischende, flirrende, klingende Geräusche drangen aus einer Höhle, die scheinbar in einer Nebelbank von dampfender Wärme umhüllt lag. Einige wagten es,

durchzulaufen, und blieben bald wie versteinert stehen vor Schreck und dem Bewusstsein, dass ihre Lage aussichtslos war. Dort waren tausende von Schlangen, die damit beschäftigt waren, ihre Eier abzulegen. Eine Schlange mit merkwürdigem Äußerem wachte über sie mit der Würde und dem Verantwortungsbewusstsein eines Königs. »Der Elefanten-Schlangen-König!«, rief der Schamane voller Entsetzen. »Bloß weg hier, wenn sie sich gestört fühlen, sind wir nur eine Mahlzeit für sie.« Der Elefanten-Schlangen-König war eine mächtige Schlange, er überragte alle in seiner Größe und Weisheit. Sein Haupt ähnelt dem eines Elefanten. Er wirkte bedrohlich und abscheulich, wie er da um einen Zapfen gewickelt ganz oben an der Decke hing und, ohne den Blick abzuwenden, die Gruppe wie ein Geier anstarrte, als wäre er auf Beutejagd.

Diamantfelsen wechselten sich mit der Fünf-Kanten-Stiftstruktur der Felsformation ab. Diese Kantenwände erstrahlten in unterschiedlichen Farben: hellbraun, rot und auch schwarz. Es gab auch ein helles Muster, alles geschnörkelt oder wie Blöcke aufgetürmt. Unmittelbar danach zeichnete sich eine Basaltfelsen-Wand ab mit sechskantigen, eng aneinander stehenden Säulen, wie zusammen gegossen. Die Menschen genossen die Pracht der Unterwelt längst nicht mehr. Der Boden wärmte sich zunehmend, sie liefen nur noch mit gesenkten Köpfen, schnaufend und am Ende ihre Kräfte. Sie hatten schon lange nichts mehr gegessen und was sie am meisten vermissten, war eine kühle Wasserquelle. Aber auch diese Hoffnung hatten sie längst aufgegeben. Sie kamen immer schleppender voran. Zuerst waren es die Kinder, die aufgaben und der Schamane schlug eine Pause vor. Erst jetzt sah er die Schwächeren, die schon weiter hinten am Boden lagen. Erschreckt von seiner Nachlässigkeit dachte er voller Angst »Wie lange liegen die dort schon?« Alle ließen sich hinfallen und versuchten im Schlaf Kraft zu tanken. Der Schamane sah noch die flimmernde Luft vibrieren. Auch seine Sinne ließen ihn im Stich. Verzweifelt und mit der Ohnmacht ringend versuchte er noch Tiko zu rufen, aber das gelang ihm nicht. Nicht weit von ihrem Standort entfernt befand sich eine Feuerschlucht, die zum Teil in erstarrter erkalteter Lava eingebettet war – die gewaltigste Vulkanspalte der Unterwelt. Ihre Steilhänge waren schwarz wie Kohlen. Oben roch es nach Schlamm und feuchtem Fels und hier im Abgrund der Schlucht roch es eher nach Schwefelsäure. Glanzlos aufgeschäumt in seinem Bett aus Lava und Geröll brodelte schnarchend und tief atmend der Feuervogel. Eine Steinbrücke wölbte sich halbwegs über die gegenüber liegenden Enden der Schlucht. Sie sah aus wie von Menschenhand angefertigt, jedoch war sie auf natürliche Weise aus Lavasteinen entstanden. Sie stand dort wie auf einer Felsburg und zeigte ihre bizarre Schönheit. Am Tag der Auferstehung des Feuervogels aus dem hell leuchtenden heißen Schlund, dem Ort wo alles Leben entstand, erhob sich der Feuervogel und schrie: »Wehe denjenigen, die mein Reich betreten haben, um meine Geheimnisse zu enthüllen.« Wie ein Greifer aus der Tiefe der Hölle ertönte die wehklagende Beschwerde und es erhob sich ein entsetzlicher Lärm.

Nebelschwaden und Rauchfahnen stiegen empor, die Erde bebte und Felsbrocken fielen in die Schlucht. Die Schlucht und die Nebenhöhlen waren vom graugrünen, blau schimmernden Nebel verschwommen. Kongomato war derjenige, der den Lichtvogel herbeirief. Die alten Streitigkeiten waren beiseitegelegt worden und als der Lichtvogel seinen Freund sah, vertraute er ihm sein Nest mit den schreienden Küken an. Der Lichtvogel stürzte sich in die glühende Lava, gelegentlich erhob er sich in einem Lichtschauer aus der Lava, um wieder mit wilden Manövern das Lodern der Lava zu ersticken. Durch die folgende konzentrierte Entgasung trat Tikolosha auf den Plan und es entwickelte sich ein bitterlicher Kampf der Elemente. Es hieß, dass am Höhepunkt der Gefahr die Küken des Lichtvogels für höhere Zwecke ihrer Kindheit beraubt werden. So geschah es dann auch. Kongomato saß neben der heißen Quelle, die in die Schlucht floss, und sah zu wie sich die Kleinen, noch harmlos und schutzbedürftig, rumpelnd und streckend sich unter Schmerzen in ausgewachsene Vögel verwandelten. Mächtige, starke Vögel: das Ebenbild ihrer Mutter. Kongomato begann im Kreis zu fliegen und zeigte ihnen, wie einfach es war der inneren Stimme zu folgen. »Das Fliegen ist uns angeboren, wir Flieger können das sofort, sogar mit geschlossenen Augen.« Die Kleinen befolgten seinen Rat und sprangen mit geschlossenen Augen in den Schlund, federleicht wie flatternde, schwebende, segelnde Blätter, die in der Luft vom Wind erobert werden, stiegen sie wie von selbst auf. Kongomato flog voraus und die Lichtvögel hinterher, noch nie war er auf seinen Mutterinstinkt so stolz gewesen. Am Ort der großen Schlacht ließ er die jungen Lichtvögel allein. Es war dort zu heiß für sie. Die Lichtvögel sahen zu, wie die Mutter kämpfte. »Rettet die Menschen, sie gehören in die Oberwelt.« So geschah es. Später, sehr weit vom Graben entfernt, als die frische Luft die fast am Ende aufgezehrten Seelen streichelte und ihnen ihren Lebenshauch zurückgab, wachten die Überlebenden auf. Danach gab es einen fürchterlichen Blitzregen und einen gewaltigen Sturm im Inneren der Erde. Es schien, als wäre das schon das Ende der Welt. »Kinder!«, dachte Kongomato und schüttelte den Kopf. Die Kinder des Lichtvogels hatten sich bloß geschüttelt vor Freude über die gelungene Aktion. Die Luft roch verbrannt und nach Schwefel. Zuerst war nur eine Rauchfahne zu sehen, die gierig die Gegend mit Rauch vernebelte, bevor sie Feuer spuckte. Feuersäulen schossen zwanzig Meter hoch, schwarz und rot glühend über den Graben hinaus. Immer wieder unterbrachen Lichtkegel den Lauf des Flusses. Blitze, Wasserdampfwolken und Asche stiegen an die tausend Meter hoch. Die jungen Feuervögel eilten der Mutter zu Hilfe: Flammenstöße und Blitze elektrisierten die Luft mit ihrer Leuchtkraft. Der Donner brachte die Luft zum Beben. Die Überlebenden der Wanderung schauten entsetzt aus respektvoller Entfernung zu. Nur sie wussten von dem Lichtvogel. Der Feuervogel spie unnachgiebig glutrote Feuerstöße aus und die Erde wankte. Das Feuer versuchte sich unter den Angriffen der Lichtvögel aufzubäumen, diese aber ließen ihre Fesseln nicht locker.

Nur der Schamane und Edem verstanden, was das letzte Donnergebrüll des Feuervogels mit schmerzerfüllter Stimme schrie: »Dieses Mal lass ich dich gewinnen, Lichtvogel, nur noch dieses Mal.« Dann zog er sich mit einem gewaltigen Blitz in den Schlund der Erde zurück. Am nächsten Tag, als das Leben wieder seinen Lauf nahm, erblickten die Überlebenden am Rand des Schlundes die Wächter. Das waren Jaguare, Gürteltiere und, von den Kantenwänden aus hervor spähend, Bili-Ape-Schimpansen.

Eine Woche im Bann des Monsuns auf hoher See hatte erhebliche Schäden verursacht. Nachdem sie die Malediven verlassen hatten, erreichten sie nur unter großer Anstrengung Kap Komorin, den südlichsten Punkt auf dem Festland des indischen Subkontinents. Die felsige Landspitze ist ein Ausläufer der Westghats. Dort treffen drei Ausläufer zusammen: der des Indischen Ozeans, des Arabischen Meeres und des Golfes von Bengalen. Die Pilgerstadt konnte sie nur allzu schlecht mit dem versorgen, was für die Reparatur nötig war. Daher war handwerkliches Geschick angesagt. Es wurde gehämmert, gesägt, neu geflochten und es herrschte allgemein große Betriebsamkeit. Die Wellen schlugen nun weniger heftig an die Flanken des Schiffes und die Schnecken konnten endlich menschliche Stimmen hören. Es wurde gesprochen, geschrien, gebrüllt, gelacht und bei Dämmerung gesungen und getanzt. Jemand wurde abkommandiert, sich um die Schnecken zu kümmern, während unter Deck und im Laderaum abgetrocknet wurde. Den Schnecken stach nach all der Zeit im Dunkeln die Helligkeit des Lichts schmerzhaft in die Augen. Sie genossen eine Zeit der Entspannung, obwohl von Ruhe und Frieden nicht viel übrig blieb. Die Möwen und die widerwärtigen, schäbigen Ratten versuchten immer wieder ihr Glück und konnten ein paar Genossen erwischen. »Señor, wir haben einige Schnecken verloren, ich hoffe, dass es der Rest bis zum Hafen von Bengalen schafft«, meldete der Leichtmatrose. »Gib den Schnecken genug zum Essen, dann wirst du sehen, wie schnell sie sich vermehren.« »Aye, aye, Señor.« »Wir mögen sie auch, das ist auch unser Frischfleischproviant auf hoher See.« Sie schauten sich mit einem leichten Lächeln an, dann meckerte der Leichtmatrose, als er wieder nach den Schnecken sah: »Kinder, Kinder ist schon alles weg, ich bringe euch noch mehr.« Die Luft war belebend, und die Schnecken genossen die Erholungsphase, als sie endlich im Schatten der hängenden Netze geschützt wurden. »Das Übel dabei ist«, sprach eine vergrämte Schnecke »dass wir bald in See stechen. In der Stadt wird schon dekoriert für das Schlangenfest.« Achat und Blondi hörten schon nicht mehr zu. »Die muss immer nur alles schlecht machen«, flüsterte Achat höhnisch und zeigte ihr nun absichtlich die kalte Schulter. Die beiden wurden aber eines Besseren belehrt. Schon am Abend entfachten sich heftige Gespräche unter der Besatzung. »Das Fest der Schlangen steht hier bevor, wir müssen den Anker lichten!«, sprach einer der Lotsen mit Nachdruck. »Wir brauchen noch einen Tag für den Hauptmast. Juan und ich haben einen Termin mit einem Händler, der wollte einen Teil besorgen«, erwiderte Fred. »Die Stadt ist schon geschmückt. Blumenblüten werden zu Haufen gesammelt und Basare aufgestellt«, betonte der Lotse erbost. »Wehe dem Fremden, der sich in dieser Zeit dort blicken lässt!«, sprach der erste Offizier, der schon öfter diese Route gefahren war. Trotz aller Ermahnungen verließen Juan und Fred diese Nacht ihr Quartier. »Fred, wenn wir es vor Sonnenaufgang schaffen, den Händler zu treffen, dann kann uns nichts passieren.« »Wieso bist du so sicher, Juan?« »Weil erst morgen Mittag mit dem Fest begonnen wird. Die Opfergaben-Zeremonie wird kurz vor Anbruch der Nacht gestartet, aber erst morgen.« Sie tauschten Blicke aus, in denen sowohl Herausforderung als auch ängstliche Unsicherheit lagen. Früh am Morgen, als Juan die siebte Wache nicht angetreten hatte, bemerkte die Mannschaft, dass die beiden weg waren und ihre Schlafplätze nicht benutzt hatten. Der Lotse war aufgebracht. »Lass uns den Anker lichten, das Fest beginnt und die Schlangensekte versammelt die Opfer.« »Ja, die Schlangensekte ist dabei, die Zeremonie vorzubereiten, das sagte ich doch!«, zischte die vergrämte Schnecke. Achat und Blondi konnten Fred gut leiden, insgeheim hofften sie, dass sich alle täuschten. »Wetten, dass sie bald da sind!«, schrie Blondi. Fred und Juan kamen nicht, stattdessen kamen zwei sehr verängstigte Inder. »Die Sekte hat zwei Männer aus eurer Mannschaft spät in der Nacht gefangen genommen. Sie sind verloren. Verlasst die Stadt, denn hier seid ihr auch nicht sicher.« Der erste Offizier meinte gefasst: »Das ist der Lauf der Dinge, was ist mit euch? Wollt ihr mit uns mitfahren? Wir bieten gute Heuer und ihr habt Arbeit.« Die zwei Inder schauten sich erfreut an. »Abgemacht!«, schrien die beiden gelöst. Sie waren schon fast außer Sicht, als am Strand eine Gruppe Sektenanhänger das Schiff anstarrte. Ein Pfiff zum Gruß vom Schiff aus und schon kochten einige vor Wut. »Wenn nur die Engländer härter durchgreifen würden mit ihren Gesetzen«, schrie der Kommandant, bestürzt über den Verlust von zwei Kameraden. »Sie haben nicht mal die Abschaffung der Witwenverbrennung im Griff«, sprach zynisch der erste Offizier. In Bengal in Bandel hatten die Portugiesen einen Handelsstützpunkt. Das Schiff steuerte nach Westen zur Umrundung von Sri Lanka Richtung Bengalen, da murmelte einer der Inder, der wohl noch nie auf See gefahren war: »Warum, Señor, Sri Lanka umrunden, wenn man hindurch fahren kann. Das wäre wesentlich schneller, oder?« Die anderen erfahrenen Seemänner lachten sich schief. »Landratte, dort ist eine Seebrücke! Viel Spaß.« Beim ruhigen Seegang plätscherte plötzlich das Wasser, als Schwärme von Thunfischen panisch wild umher sprangen. Mit der Ankunft der schreienden Möwen kamen wie bestellt auch Delfine, die mit lauten Echosignalen, Quietschen, Klicken und lautem Pfeifen kunstvolle Sprünge wagten. Es war immer eine mystische Erfahrung, die humorvollen Akrobaten in Aktion zu sehen. Ein paar Tage später tänzelte auf den großen Wellen, die durch die Bewegung des Schiffes entstanden, eine andere Delfinart, die hier keiner anderen Zugang gewährte. Sie schlugen anmutig und mit dynamischer Eleganz die gepunkteten Zügel-

Delfine, die hier oftmals heimisch sind. Einige hielten sich mit den Schwanzflossen senkrecht über Wasser, andere sprangen, immer das Schiff begleitend, in dreifacher Umdrehung. »Was machen die denn hier? Wo sind die großen Schwärme?«, fauchte einer der neuen Matrosen. »Weißt du, diese Art ernährt sich nur von den kleinen Fischen, die hier leben.« Wochen waren sie nun schon auf See gewesen und einige Schnecken waren aufgrund der Entbehrungen schon tot. Dafür gab es erfreulich viel Nachwuchs und der war sehr hungrig. Die See war so still wie ein Spiegel, es roch nach Land und Früchten. Vögel kreischten in Formation, am Horizont ragten im staubigen Dunst schon die Kirchen und Klöster auf, die die Stadt schmückten und das Wasser glänzte noch golden in der Abendsonne. Zahlreiche Boote näherten sich. Das waren die Einheimischen, die ihre Frischware anboten: Tropische Früchte, Gemüse, Milch, Hühner, Eier und gebackene Flugfische, alles Kostbarkeiten, die Seeleute zu schätzen wissen. Die Schlepper drängten sich und zogen das beschädigte Schiff mühselig, wie einen verletzten Vogel mit gesenkten Flügeln an den Pier. Die »San Juan« sank und hob sich in der schwachen Brise. Sie war für alle ein Zeugnis einer abenteuerlichen Reise voller Ereignisse im Strudel der Elemente mit lautem Ächzen und Wehklagen wie jedes andere Geschöpf.

Indien

Sir W. John Wigram war in Begleitung von zwei indischen Bediensteten und dem Jugendlichen T. James Right, Sohn des Vorgesetzten und Nachbarn in Delhi, unterwegs nach Hause. John war ein hochgewachsener Mann um die vierzig. Er war als Offizier bei den Kundschaftern in Delhi stationiert, die auch Sepoy genannt wurden, und diente bei den Milizen des Kavallerie-Regiments der Ostindischen Handelskompanie. »Ihre Zugehörigkeit zu den Sepoys, Sir: Kamen Sie da nur durch Beziehungen rein?«, äußerte sich James vorsichtig. »Ja und nein, junger Mann. Meine Familie verfügt über einen gewissen Reichtum, außerdem wurde ich von Kindesalter an hart trainiert. Bei den Sepoys wird dazu Wendigkeit im Umgang mit den Pferden verlangt, was nicht jedermanns Sache ist.« »Wenn ich die Aufnahmeprüfung bestehe, werde ich auch das nächste Jahr in einem Fort der Sepoys ausgebildet.« Da schwieg James gekränkt. »Meine Reitkünste lassen zu Wünschen übrig. Ich gebe mir die größte Mühe.« »Das wirst du schon schaffen, wir alle hatten unsere Probleme. Die Einheimischen haben das im Blut.« Die zwei Inder warfen John für die Aufmunterung einen dankbaren Blick zu. »Wenn sie möchten, Sir James, könnten wir in den Pausen üben. In meiner Familie hat das Reiten eine lange Tradition. Ich konnte schon reiten, bevor ich laufen gelernt habe.« Das sagte Dave in großer Demut. Der Himmel war noch opalweiß und die Morgenstimmung noch betrübt von der kurzen Nacht. Sir John war aber im siebten Himmel vor Erlösung. »Ich sagte meiner Familie, dass ich eventuell ab Ende Dezember da sein werde. Endlich ist mein Einsatz in Lackhnaw beendet. Dort hatten wir die Stadt mit den britischen Streitkräften belagert.« »Die Annexion der Stadt Outh, dessen Hauptstadt, wurde danach vollzogen. Die strenge Steuerpolitik soll der Kanalisation und der Infrastruktur zugunsten kommen.« »Das ist wahr, Sir James, aber die Einheimischen sehen das anders. Sie reden schon wie Ihr Vater.« »Ja, der Apfel fällt nicht weit vom Stamm«, fügte Sir James mit würdevollem Stolz hinzu. Sir John begab sich nach Delhi zurück, das nur ein paar Tage zu Pferd entfernt war und wo seine Frau Elisabeth und der Sohn Joy auf ihn warteten. Die Strecke von Lackhnaw nach Kampur bot zwei Alternativen. Sie mussten wählen zwischen Moradabad, einer Parallelstraße zum Fluss Ganges oder ein paar Meilen weiter und dann über die Brücke zur Fähre nach Delhi. Die Strecke nach Moradabad bot die Verschiffung nach Meerut. Obwohl die Monsunzeit vorbei war, war der Winter unglücklicherweise in der Himalaja-Region regenreich. So begab sich John mit seinen Begleitern lieber in Richtung Delhi, um mit der Fähre nach Kampur zu gelangen. Dort schlängelte sich eine staubige Straße mit Dornbüschen und Elefantengras durch das satte grüne Gras der Ebene und Zugvögel flogen lärmend vorbei. Am Morgen der Abfahrt flimmerte die Welt noch im Perlenglanz wie das Firmament. Es roch nach Nadelwäldern und das Heulen der Schakale verstummte allmählich zwischen dem Getrampel der Hufe und der Staubwolke, die John und seine Bediensteten hinter sich aufwirbelten. Ein paar Rebhühner flatterten erschreckt davon und der Mungo warf ihnen mit seinen leuchtenden Augen einen zornigen Blick zu. Zur Mittagszeit erreichten sie den Fluss Ganges, den heiligen Fluss Indiens. Die Abfahrt mit der Fähre erwies sich als nicht so einfach, da die Pferde nur unwillig aufstiegen und das Gepäck ordentlich zwischen einer Masse von Einheimischen aus den umliegenden Dörfern, die sich dort versammelt hatten und auch zum Basar nach Kampur wollten, verstaut werden sollte. Die Stimmung am Bord war betrübt von den letzten Ereignissen, die sich im Bundesstaat Tamil Nadu in Tanjore ereignet hatten. Sir John und Sir James trugen scharlachrote Uniformröcke, die schon von einer graubraunen Staubschicht bedeckt waren. »Die Ostindien-Kompanie hat auch das Fürstentum Tanjore an sich gerissen, dabei gab es eigentlich noch eine Thronfolgerin die Tochter.« »Klar!«, sagte der nächste so laut, dass jeder mithören musste, da die Lautstärke der Leute, Tiere und des Flusses einen Dialog nur unter vier Augen unmöglich machte. »Aber die Ostindien-Kompanie wollte nur männliche Erbfolger und der Prinz Shivaji II ist letztes Jahr gestorben.« Gestikulierend, fast schreiend, riefen sie sich von einer Ecke zur anderen zu: »Ja, sie haben die Infanterie der Sepoys verlegt, das ganze Vermögen beschlagnahmt und sämtliche Wertgegenstände mit ihrem Siegel versehen.« »Dabei haben sie sogar die Truppen des Fürsten entwaffnet und das Eigentum der Mutter mitgenommen.« Verachtend streiften dabei ihre Blicke die anwesenden Ausländer, vor allem die Briten. Sie haben auch überall Hochkommissare zur Prüfung der Legitimation des Eigentums entsandt.« Es wurde mehr als nur geflüstert und laut diskutiert. »Die Sepoy haben nicht mal Lohn gewollt für so eine Drecksarbeit.« Es herrschte mehr als nur Unruhe, es brodelte förmlich. Die Bevölkerung war aufgebracht, sie hatten das Fürstenhaus geliebt, nun waren sie arbeitslos. Das Fürstenhaus von Tanjore ging in der Region zurück in die Zeit der Hochkultur Indiens. Hier lag das Zentrum der südindischen Musik. Am Hof waren zu der Zeit dreihundertsechzig Musiker beschäftigt, dazu wurde auch Miniaturmalerei gefördert. Diese Malereien waren als Tanjore-Malerei bekannt. Es handelte sich um Tafelbilder auf Holzunterlagen, wie auch auf Glas, Perlen, Edelsteinen, sogar auf Goldblatt. Die Motive stammten aus der hinduistischen Vishu-Götterwelt. In der Stadt ragte der berühmte Brihadishvana-Tempel auf, der im Dravida-Stil für den Gott Shiva gebaut wurde. Es handelte sich um einen Monolith-Tempel aus Granitfelsen mit vielen Verzierungen, in denen sich Götterbilder mit Miniaturschreinen abwechseln. Diese Tempel-Typen symbolisieren den Weltberg Meru mit seinen abgestuften Türmen und eckigen Abschlüssen. In der hinduistischen Mythologie sind dort die Götter zu Hause. Die Strömung des Flusses Ganges war in der Mitte gewaltig laut und schleppte eine Unmenge von Steinen und

Gehölz mit sich. Seine Farbe war gelbbraun, was John faszinierend und doch auch beängstigend fand. Die Turbulenzen nahmen zu. Alle wurden ruhiger und versuchten, sich möglichst still zu verhalten. Spannung lag in der Luft und jeder wusste von den Zwischenfällen aus der Vergangenheit, bei denen ein paar Leute vom Fluss mitgerissen wurden. Zwei Jugendliche, die auf zwei Gepäckstücke aufpassen sollten, wurden in dem Gedränge geschubst und gegen die Reling geschleudert, worauf ihr Gepäck stand, sodass ein Loch ins Gepäck gerissen wurde. Am anderen Ufer angekommen, stiegen alle in einem großen Durcheinander aus. Mitsamt dem Gepäck, das auch auf dem Kopf getragen wurde, drängelten alle vorwärts. Voreilig legten die zwei Jugendlichen ihr Gepäck an einer ruhigen Ecke ab, in Erwartung, dass sich das Chaos etwas lichtete und der Vater sie abholte. Dabei fiel unbemerkt etwas aus einem Beutel: Blondi. Beim Einkaufen im Basar vernahm John Geflüster, Bitterkeit und was da wisperte, war mehr als nur der Wind. Heftiger wurde es dann am Dreschen-Platz, wo die Dorfbewohner beisammen waren. Dort hockten Schlangenbeschwörer und Wahrsager, während heilige Kühe im Gedränge bei Gemüsehändlern ihren Tribut forderten. Diener trugen Sänften mit Fransen an den Vorhängen umher. Dazu gesellten sich Reisende, Sepoy, indische wie auch englische und europäische Soldaten, Pilger und auch Eurasier, eine Mischung aus Europäern und Indern, sowie Geschäftsleute. Es war nicht nur eine bunte Mischung in Sachen Sprachen, sondern auch in der Kleidung. Bei manchen Menschen waren nur die Augen sichtbar oder sie waren vollständig in dunkles Gewand gehüllt. Andere trugen bunte Saris in Orange, Grün, Blau, aber auch, typisch für diese Gegend, mit ganz bunten Mustern und ausgefallenen Röcken sowie Hosen. Viele Männer trugen Turban. Nach langem Anstehen an einem Schmuckstand kam dann endlich John mit seiner Gruppe an der Reihe. Sir James beäugte den Schmuckstand interessiert in dem Gedränge, während die anderen damit beschäftigt waren, eine warme Mahlzeit zu bekommen. »Ich schlage vor, wir nehmen alle das Gleiche«, meinte John, denn er kannte sich aus und heißes Curry mit Reis würde wie üblich schnell ausverkauft sein. Alle waren einverstanden. »Wir nehmen vier Portion heißen Reis mit Curry-Soße, dazu eine Fladen Brot. Zu Trinken nehmen wir dann ein Glas Dickmilch«, bestellte ein Bediensteter. Es roch wunderbar nach Gewürzen und exotischen Mischungen. Die bunten Farben der Waren und die der Kleidung waren betäubend, die Gerüche in der Luft waren vielfältig und das Schubsen heftig. Es herrschte dichtes Gedränge und misstrauische Blicke lasteten schwer auf John. Hier waren Europäer nicht erwünscht. Der Lärm war unbeschreiblich, denn jeder wollte noch am Stand drankommen, besonders da, wo eine warme Mahlzeit frisch serviert wurde, deren Vorrat bei der Unmenge an Leuten schnell erschöpft war. Es roch nach köstlichen Süßspeisen, unangenehm war aber der Dunst, der von einer derartigen Ansammlung von Menschen ausströmte. In einer Ecke saßen die zwei Jugendlichen mit ihrem Vater. Sie boten Äpfel, Forellen, Walnüsse und Riesenschnecken zum Kochen und Braten an oder auch nur um sie als Haustiere zu halten. John war nicht besonders angetan von den Schnecken. »Schauen Sie mal, Sir!«, sagte James. »Das wäre ein Geschenk für Ihren Sohn, Kinder mögen exotisches.« »Ich weiß nicht recht, wir brauchen vor allem Proviant. Was interessiert Sie da der Schmuckstand?« »Ah, schon notiert, Sir, ich dachte an ein Geschenk für meine Mutter, Sie wissen schon wie Frauen auf Schmuck stehen.« »Kaufen Sie Schnecken, Sahib, frisch aus Bengalen. Das ist sehr selten. Da, wo sie herkommen, werden sie gern gebraten und gekocht sind sie eine Delikatesse!«, pries der Verkäufer. »Wo er recht hat, hat er recht. Schauen Sie sich mal an, Sir, wie groß sie sind.« »Der junge Mann hat recht, die anderen Sahibs kaufen sie auch als Gefährten für ihre Kinder. Ich mache ihnen auch einen vernünftigen Preis.« Es wurde lange gefeilscht und zum Abschluss eines guten Geschäfts kaufte John doch eine Schnecke zur Überraschung für seinen Sohn Joy. Dabei entschied er sich für eine mit schwarzem Fuß und einem hellbraunen Gehäuse mit Streifen: Achat. Die Leute unterhielten sich in kleineren und auch in einer großen Gruppe. »Die Briten haben uns wieder große Stücke Land abgenommen. Sie sind so gierig, das ist unser Land!«, sprach ein älterer Mann mit einem Turban und einem breiten Bart. »Hast du von der Christianisierung des Landes etwas mitbekommen? Es ist ungeheuerlich, wie sie mit diesem Tabu umgehen. Sie verletzen mit ihrer verachtenden Haltung die Religionsansichten der Hindus und der Moslems.« »Vor allem die Doctrine of Lapse ist ungeheuerlich. Sie werfen unsere Traditionen und jahrhundertealten Regeln über den Haufen.« »Sie sagen auch, dass wir rückständig sind wegen unserer Dauerkriege mit den Nachbarn.« »Sie mögen recht haben, aber das ist nicht ihr Land.« »Neulich haben sie sogar Tempel-Rituale gestört und sie verboten, um die Christianisierung voranzutreiben. Das ist schlimm, wie lange noch lassen wir uns das gefallen?« Misstrauisch schauten sie sich um, ob Sahibs, die Briten, in der Nähe waren. »Seid vorsichtig mit solchen Äußerungen. Sie haben schon für weniger ein Blutbad angerichtet.« Die Muslime und Hindus, die sich stets nicht leiden konnten, hatten nun einen gemeinsamen Feind. Genauso wütend waren sie über die Annexion von Outh, bei der sehr viele Landbesitzer mit Einbußen rechnen mussten, dabei stammten sechzig Prozent der Sepoys aus dieser Region. Die Sonne stand schon hoch am Himmel, ihre goldenen Strahlen erhellten die Ebene. Es war an der Zeit aufzubrechen. »Sir John, da ist noch ein Schmuckstand, lassen Sie uns sehen, ob wir das richtige Geschenk finden.« Der Schmuckstand glitzerte vor lauter Kostbarkeiten wie Gold, Silber, bunten Ketten und Armbändern. »Da, Sahib James, das mögen die Frauen sehr.« Sir James hatte ein Auge auf eine goldene Kette geworfen. Diese war reichlich verziert und bunte Perlen verliehen ihr eine besondere Ausstrahlung. Sir John gefielen aber die klingelnden Arm- und Fußkettchen besser. Unglücklicherweise war die Kette zu teuer und Sir James war untröstlich, das zugeben zu müssen. Es wurde unendlich lang verhandelt, bis endlich ein vernünftiger Preis erzielt wurde. Zum Schluss bekam er auch noch die Arm- und Fußkettchen dazu. Sir James war sehr zufrieden. Gemeinsam mit ihnen verließen auch unzählige andere Leute den Markt. Alle schienen einer unsichtbaren Landstraße zu folgen, wobei die Gefolgschaft immer größer wurde. Die Gegend wurde trostloser und deprimierender und auf den Straßen voller Wagenspuren war große Vorsicht geboten. Bis zum nächsten Dorf herrschte noch lebhafter Verkehr. Ochsenkarren, die die ganze Nacht hindurch unterwegs waren, auch wenn der Führer des Karrens schlief, verstopften den Verkehr erheblich. Auf der Straße waren nicht nur die gewohnten Bauernkarren und die stampfenden Fußgänger, sondern auch Engländer zu Pferd. Auch Kamele waren zu sehen. Sie liefen in langen Reihen und trugen schwankend die gewaltigen Lasten, gefolgt von Ziegen und Rindern, die von Dorf zu Dorf getrieben wurden. Schon beim ersten Dorf halbierte sich die Gefolgschaft. Das Dorf war früher eine befestigte Stadt, nur Mauerteile umringten noch ein paar Häuser. Ein Tempel ragte übereinem Labyrinth aus schmalen Gassen. Die Wände der Häuser waren rosa oder weiß bemalt, die Tore und die Mauern waren mit Kriegselefanten und legendären Helden verziert. Selbst die Rinder trugen bunte Hörner, die wie die Röcke der Frauen mit schwarzen Kanten verziert waren. Das wirkte so belebend. Die Nacht war kühl und durch die weite Entfernung der Tümpel und Wassergräber waren sie von möglichen Überschwemmungen in der Nacht verschont. Achat fiel in große Trauer darüber, dass er nichts Gescheites zum Fressen bekam. Vor allem aber schmollte er, während der Vollmond den Himmel erleuchtete, über den Verlust von Blondi. Achat betrachtete dessen Herrlichkeit und erinnerte sich an das genossene Glück mit Blondi. So schmerzhaft und süß kehrte es in sein Gedächtnis zurück. Dicke Tränen benetzten seine Augen und ließen den Mond wirken, als wäre dieser von Regenbögen umgeben. Achat wisperte »Für immer dein.«

Sie befanden sich schon auf dem Weg nach Agra, als am nächsten Morgen, nachdem der dicke Morgennebel sich gelichtete hatte, wie durch einen Zauber ein mächtiger, roter Palast hinter einer mit ebenso mächtigen Mauern umgebener Festung erschien. In der Nähe des Flusses Yamuna jagte ein Grundherr mit seinem Falken in Begleitung von mehreren Dienern. Noch im Rampenlicht des Mondscheins glitzerte der Fluss silbern. Beruhigend sanft floss er als leuchtende, schlängelnde Schlange dahin. Einmal marschierte eine Kolonne britischer Soldaten heran. Eine dicke, graubraune Staubschicht lag auf den scharlachroten Röcken. Im Gefolge hatten sie Elefanten, die das Gepäck trugen. Kurz vor dem Tor der Stadt Agra wurde der Verkehr dichter. Jeder machte sich verrückt damit, der Erste sein zu wollen. Die Kutscher gaben den Pferden zum Endspurt noch mal richtig die Peitsche, sodass sie vor Erschöpfung scheuten und schäumten. Der Staub vernebelte die Luft, sodass die Passanten fast daran erstickten.

In Agra wollte Sir John noch den Befehlshaber treffen. Sie wurden schon am Tor empfangen. Da der Tag noch so jung war, erlaubte sich der gesandte Offizier, ihnen die Stadt Agra zu präsentieren. Der Palast, das Hauptquartier, lag in der Mitte dieser wunderschönen Stadt, welche routinemäßig Neuankömmlingen voller Stolz vorgestellt wurde. »Ich heiße Euch Willkommen, Sir John und Sir James. Ich hoffe, Sie hatten eine gute Reise. Falls Sie zum ersten Mal hier sind, werde ich Ihnen mal das eine und das andere von der Stadt erzählen, wenn es euch genehm ist.« »Nur zu, Sir, tun Sie sich keinen Zwang an.« Sicher war Sir James und Sir John die Stadt wohl bekannt, da hier auch eine Kompanie der Sepoy stationiert war, die als Ausbildungsbetrieb diente. »Agra war ohne Unterbrechungen von 1526—1648 die Hauptstadt des Mogulreichs. Alle Bauten aus früheren Zeiten bestehen aus Ziegelsteinen und wurden mit rotem Sandstein oder mit Marmor aus Rajasthan verkleidet. Dieses Mauerwerk zeigt keine Fugen, obwohl kein Mörtel verwendet wurde«, begann der Offizier, während sie durch die doppelten Tore liefen. John und die Gruppe hörten aufmerksam zu, fast betäubt von dem Echo ihrer Schritte und vom Trotten der Pferde, das von den Toren erzeugt wurde wie bei einem riesigen Höhleneingang. »Agra ist aber vor allem berühmt für den Taj Mahal und die Verarbeitung der Pietra-dura-Technik«, unterbrach James. »Ja, Sie sagen es, Sir. Es handelt sich um ein ›Florentiner Mosaik‹, die Kunst des Verlegens von Bildern und Ornamenten auf Plättchen und harten Steinsorten. Bei der Pietra-dura-Technik meißelt man eine Form in den Marmor und die passend vorbereiteten Teile aus Achat, Chalcedon, Jaspis, Lapislazuli, Perlmutt und Koralle in verschiedenen Farben, werden dann mit Mastixkitt dort eingeklebt und anschließend spiegelglatt poliert. Der Taj Mahal ist ein Mausoleum, ein Grabgebäude, mit vier Minarette an den vier Ecken der Grundplattform. Die Kuppel und die Minarette sind mit weißen Marmorplatten verkleidet. Der Großmogul Shah Jahan ließ den Bau zum Gedenken an seine verstorbene, liebe Frau Mumtaz Mahal erbauen. Die Außenfassade und die Grabmäler sind mit Reliefs und im vielfarbigen Pietra-dura-Stil verziert. Dabei sind nicht nur Blumenelemente vorhanden, sondern auch Inschriften aus dem Koran. Zwischen Torbau und Mausoleum liegen achtzehn Hektar Garten mit einem länglichen Wasserbecken im Zentrum. Nach traditioneller islamischer Vorstellung handelt es sich hier um den Paradiesgarten. In der Abendsonne glänzt der Taj Mahal so hell, als wäre er aus Gold und beleuchtet die ganze Umgebung.« »Da hast du recht!«, unterbrach John, während eine junge Inderin mit einem Wasserkrug auf dem Kopf Sir James im Vorbeilaufen genau musterte. Das war ein magischer Augenblick, denn sie schaute ihn mit den schönsten blauen Augen an, die Sir James je gesehen hatte. Es herrschte der übliche Verkehr, denn die Zolleintreiber standen am Toreingang und Ausgang und forderten ihren Tribut. Sie liefen eine lang gestreckte Straße entlang, die einem langen Korridor ähnelte. Links und rechts war er gesäumt von Mauern. Dieser Korridor erstreckte sich über die Stadt mit engen Gassen, wie in einem Labyrinth. Die Häuser, einige davon besaßen keine Fenster, standen dicht nebeneinander. Danach kam die Palastanlage mit dem Tempel und die Moschee mit ihren Minaretten, die dem nächsten Tor am Fluss am nächsten war. Auf der linken Seite des Tors am Fluss erstreckte sich die Anbaufläche sowie die grüne Anlage der Stadt. Die machte ein Viertel der gesamten Fläche aus. »Sehr malerisch ist es auch bei Sonnenaufgang, wenn der Himmel neongelb leuchtet und der Schatten des Taj Mahal wie ein Gespenst hervorragt. Dagegen erscheint der Palast bei wolkenlosem Himmel weiß, wenn die Sonne sich verabschiedet hat.« »Richtig, Sir John, das haben Sie gut beobachtet.« Und dabei bemerkten die beiden James, der total abwesend wirkte. »Das Rote Fort ist eine Festung und eine Palastanlage, wie es in Indien viele gibt. Agra zählt wie Delhi zu den größten Städten Indiens. In der Palastanlage gibt es ein Trommelhaus, eine öffentliche Empfangshalle, den Marmorpalast, den privaten Palast des Kaisers, den Palast der Farben, die königliche Bäder, die Perl-Moschee und einige Pavillons aus der Epoche der Mogul Kaiser und eine Gartenanlage. Haben Sie Interesse, Sir James, diese Anlage zu besichtigen?«, fragte der Offizier eindringlich, dem nicht entgangen war, wie James die Kaserne anstarrte. Zu dieser Zeit diente dieser Komplex als Kaserne und als politisches Zentrum der Sepoy, der Armee der Ostindien-Kompanie. Das war nicht nur der Herrscherhof und das Schatzlager, sondern viel mehr das pulsierende Zentrum Hindustans mit dem Hafen am Yumana Fluss, der die Würde des Herrschers widerspiegelte. »Es wäre mir eine große Ehre, die Palastanlage des Großmoguls zu besichtigen, Sir, aber ich möchte viel lieber die Kaserne genauer besichtigen«, sprach Sir James und seine Augen glänzten vor Vorfreude. »Alles zu seiner Zeit, Sir James, Sie müssen noch viel dazulernen«, flüsterte John in väterlichem Ton. Sie bestaunten die Palastanlage des Großmoguls. Seine üppigen Teppiche und deren Muster lieferten noch Zeugnis von Hofzeremonien im zentralasiatischen Stil. Lebendige Schilderungen der Szenen am Hof zeigten, wie Würdenträger aus Persien und Zentralasien aufeinandertrafen, die Hofbeamten ihre Geschäfte abwickelten, die Musik und der Tanz mit seiner Anmut und den mythischen Motiven seine hoch entwickelte Kultur darstellte. Diese Festung war die Verschmelzung der hinduistischen und muslimischen Religion und sollte Harmonie und Aussöhnung schaffen. Der Bau lag in Halbmond-Form parallel zum Fluss Yamuna und maß zweieinhalb Kilometer. Der Baustil war hauptsächlich zentralasiatisch und indo-persisch. Die Festung wurde im Jahr 1565 nach acht Jahren und nach dem Einsatz von viertausend Arbeitskräften von Akbar fertiggestellt. Die Außenmauer war mit zahlreichen Bastionen sowie drei mit Schiffen, neun Jochen und eindrucksvollen Toren versehen. Diese Tore trugen Namen wie Akbaritor, Hathipol, und ›Die Elefantenpforte‹, welche in die Stadt führte. Die Innenarchitektur bestand zum größten Teil aus birnenförmigen Säulen und Pavillon, die aus traditionellem, weißen Marmor errichtet worden waren. Nachdem sie erst am späten Nachmittag das Tor passiert hatten, wurden sie schon von zwei anderen Offizieren in Empfang genommen, die sie zur Residenz des Befehlshabers bringen sollten. Dort bezogen sie ihre Unterkunft. »Der Befehlshaber ist heute leider nicht in der Lage, sie zu empfangen. Dringende Geschäftsgespräche halten ihn auf. Er möchte sich entschuldigen und wünscht den Herrschaften eine erholsame Nacht.« In Sir Johns und Sir James Gesichtern stand die Enttäuschung großgeschrieben, denn noch mussten sie sich gedulden. Die Stadt lag noch nicht ganz im Schlummer und die Lichter aus den Fenstern der Häuser wirkten beruhigend auf John, der im Krieg schon für längere Zeit Winterkälte ertragen musste und oft auf dem Boden schlief. Aus der Audienz bei dem Befehlshaber wurde also an diesem Abend nichts. Es war bereits zu spät dafür. John bezog Quartier in einem wunderschönen, riesigen Raum, dessen hohe Bögen als auch Wände mit verzierten Kästchen geschmückt waren. Vor den weiten, mit Bögen versehenen Fenstern, die sich auf eine verzierte Säule stützten, waren die Gardinen vorgezogen, um die kühle Luft der Nacht zurückzudrängen. Aus den Spalten drang aber das Mondlicht herein. Achat, geweckt von der Wärme des Raums, machte sich über den Salatteller her, der auf Johns Wunsch am Abend dort abgelegt wurde. Achat konnte seinen Augen nicht trauen, als er sich endlich umsah. Er dachte zuerst, dass er sich in einem Garten befand, da überall bunte Motive einer Gartenanlage den Raum schmückten. Achat pfiff und rief, um zu sehen, ob sich noch andere Schnecken in diesem Garten befanden, denn er sehnte sich so sehr nach einer Unterhaltung und vor allem nach Blondi. Aber dort gab es nur dreidimensionale Tierfiguren. In seiner Vorstellung sah er sich mit Blondi spazieren gehen und er stöhnte, als er wieder in die Wirklichkeit zurückkehrte. »Ach Blondi, du fehlst mir so sehr.«

Die Nacht in einem warmen Bett war für John viel zu schnell vorüber. Das ohrenbetäubende Posaunen der Trompete weckte ihn schlagartig auf. Vom Fenster aus konnte er die Aufstellung der Garnison beobachten und sein Blick wurde finster, als er den umliegenden Friedhof der Garnison erblickte. Viele Gräber waren noch zu klein und frisch, um dort zu sein. Von dem anderen Fenster aus sah man in Richtung Tor auf der Straßenseite, wie die Frauen anmutig ihre leeren Wassergefäße auf dem Kopf trugen und in der Stille des frühen Morgens konnte man sogar das Klimpern ihrer Silberketten an Hand- und Fußgelenken hören. Das imposante Mauerwerk schimmerte rötlich im Opalmorgenhimmel. Erst jetzt bemerkte John Achat. »Nicht zu fassen, ich dachte, du wärst tot.« Die beiden betrachteten sich eine ganze Weile und sie spürten das stille Glück, für einander da zu sein. Allmählich wurden Johns Gesichtszüge sanfter, ein tiefes Seufzen verließ seine Brust wie ein dunkler Schatten und mit dem Zeigefinger streichelte er zart das Gehäuse. Achat spürte, wie gut ihm das tat und er seufzte und weinte vor Glück. Zum Frühstück wurde Sir John in Uniform von einem Diener zur Mensa geführt, wo er endlich den Befehlshaber zu sehen bekam. Sir John nahm einen Teller mit Bohnen, etwas

Gemüse, einem Spiegelei und einer quer geschnittenen, getoasteten Scheibe Brot zum Frühstück. Zu Trinken wählte er dann Tee mit Milch. Die Mensa war ein weit gewölbter Raum mit hohen Wänden, fast zu königlich, um nur darin zu speisen. Die Marmorverzierungen an den Wänden waren berauschend. Eine Schar von indischen Dienern lief hin und her, um Speisen aufzufüllen, Ordnung zu halten und Extrawünsche entgegenzunehmen. Johns Berichterstattung seiner Reise war beunruhigend. »Andererseits:«, sagte der Befehlshaber mit gewisser Würde. »Die Doctrine of Lapse von Lord Dalhousie dient nur zur Regelung der Erbfolge eines Fürstenstaates. Wenn der Herrscher unfähig ist oder keinen männlichen Erben hinterlässt, ist es unsere Aufgabe, Krieg zu vermeiden, indem wir den Staat einfach zu Britisch-Indien annektieren. Schließlich waren es die nutzlosen Kriege mit den Nachbarn, die den Fortschritt verhinderten. Für uns geht es ums Prinzip, die Handelsbeziehungen dürfen nicht darunter leiden.« Ein Offizier auf der linken Seite raunte: »Man darf nie vergessen, dass wir verantwortlich sind für die ganze Menschheit und dass Ordnung auf den Handelswegen herrschen muss.« Der Oberbefehlshaber ergänzte: »Denken Sie nur an unsere Christianisierungsversuche. Wenn wir die Anzahl der Traditionen und Rituale reduzieren, sind wir in der Lage, nicht nur die Witwenverbrennung zu unterbinden, sondern auch ein modernes Denken ohne Kastensysteme einzuführen. Denken Sie nur an die harmlosen Reisenden, die zur Ehre obskurer Götzen erwürgt wurden.« »Der Fall des Fürstentums von Tanjore war kein guter Schachzug. Zu viele sind arbeitslos geworden, Sie hätten darauf hören müssen, wie verbittert die Leute waren«, fauchte Sir John. »Ja sicher, Sir John, aber lassen Sie uns den Tag nicht mit Politik versauen. Nachmittags sind Sie eingeladen, Polo zu spielen, meine Familie wird Sie beide anfeuern. Hoffentlich kennen Sie das Spiel. Das haben die Arbeiter auf der Teeplantage vor ein paar Jahren in Manipur erfunden. Die Kavallerie-Einheit nutzt das als Training.« »Ja, Sir, sicher kenne ich das«, erwiderte John. »Bei uns in Delhi spielen das auch die Kaufleute, die Mitarbeiter der Kolonialverwaltung und vor allem die Angestellten der Polizei.« »Das Wetter wird schon gut genug sein. Ich lasse Sie dann abholen und erwarte Sie«, bekräftigte der Oberbefehlshaber und das klang mehr nach einem Befehl als nach einer Bitte um eine Gefälligkeit. John blieb nichts anderes übrig als zustimmend zu nicken. Sir John und Sir James blieben ein paar Tage im Roten Fort, wo sie die Sitten und Gebräuche der Heimat pflegten, wie in den Club zu gehen, einer Pferdeausstellung beizuwohnen, oder in Gesellschaft der Frauen Gemeinschaftsspiele zu pflegen. Es wurde auch getanzt und musiziert. Der Ball in Agra war ein herrliches Aufeinanderprallen von Ausgehuniformen aus allen Regimentern. Es gab das Hellblau mit Gold der leichten Kavallerie, das leuchtende Gelb der Skinnis Horse Guards, das Grün des Grenadier Regiments und das Scharlachrot der Infanterie. Die Frauen kamen in den modischen Kleidern der viktorianischen Zeit, mit den doppelten Röcken, den zarten Rüschen, dem vergoldeten Glitter und den extravaganten Hüten. Sie stahlen am meisten die Show. Von den Indern wurden die europäischen Frauen respektvoll Memsahibs genannt. Aber besonders die englischen Frauen brachten den Sitten und Gebräuchen der Inder nur Verachtung gegenüber auf, was zur Spaltung der zwei Gesellschaften beitrug. Äußerst bizarr wurde es dann, als ›Chaupan‹ mit lebenden Figuren gespielt wurde. Chaupan ist eine Art Brettspiel wie ›Mensch ärgere Dich nicht‹ oder ›Ludo‹. Beides waren aristokratische Spiele. Chaupan wurde mit lebenden Figuren gespielt. Vier Teams traten vor, mit Vorliebe indische Frauen mit Kleidung in vier verschiedenen Farben. Auch die Inderin mit den blauen Augen war dabei. Für James war es besonders hart vorbeizuschauen, während die jungen Britinnen nach ihm Ausschau hielten. Die Zeit floss einfach dahin. »Typisch, immer wenn es Spaß macht«, seufzte John, während er James suchte. Er fand ihn hinter der Mauer, wo er die junge Inderin in den Armen hielt und innig küsste. »Was machen Sie für Sachen, Sir James! Wenn ihr Vater das erfährt.« »Bitte, Sir, sagen sie meinem Vater nichts davon. Ich wurde hier geboren. Hier fühle ich mich zu Hause. Die indischen Frauen würde ich den britischen vorziehen.« »Seien Sie vorsichtig mit solchen Äußerungen, sie sind bestimmt auch schon versprochen.« James' Gesichtsausdruck verdunkelte sich und lammfromm begann er John zu folgen. Kurz vor der Abreise erhielt John eine beunruhigende Nachricht, die ihm von einem Bediensteten in aller Eile überbracht wurde. »Ein Sandsturm hat ein paar Meilen von hier die Ortschaft verwüstet und es werden schon einige Tote beklagt, andere werden noch vermisst. Die Sandsturmsaison hat dort begonnen. Sahib John, die Strecke ist zu unsicher.« John beschloss also die Reise nach Delhi, nach Hause, mit dem Schiff zu machen und den Fluss Yamuna zu überqueren. Als sie die erste Schiffsbrücke passierten, glänzte das Wasser noch silbrig in der letzten, schwachen Wintersonne. James war über die Reling gebeugt und weinte bittere Tränen. Wenig später versank Agra in einer grauen Nebelwand und die sternlose Nacht brach heran. Selbst der Mond versteckte sich hinter den Wolken, die wie wandernde Schafe aussahen. »Ja, Sir James, Kabale und Liebe, das kenne ich auch. Aber als Sahib können Sie beides haben«, versuchte John zu trösten. Die Stadt Agra und Delhi ähnelten sich sehr, sodass John nicht den Eindruck hatte, das Zuhause vermisst zu haben, nachdem er Agra verlassen hatte. In der Mogul-Dynastie wurde das Land von vier Städten aus regiert; Delhi, Agra, Fatehpur Skri und Lahore, daher wurden diese Städte besonders gepflegt. Am Friedhof der Garnison besuchte John kurz die Gräber seiner vier Kinder. Wie überall im Lande waren die Friedhöfe mit kleinen Gräbern europäischer Kinder übersät, die an Cholera, Hitzschlag, Typhus oder am Schlangenbiss gestorben waren. Sein Weg nach Hause führte am Jama Masjid vorbei, der Freitagsmoschee, die sich in der Mitte des Basars befand. Mit der Kapazität von 25.000 Gläubigen im Innenhof war die Jama Masjid-Moschee die größte Moschee Indiens. Nachdem John Sir James nach Hause begleitet hatte, begab auch er sich nach Hause. Die Wiedersehensfreude bei seiner Familie war groß und daraus wurde ein Familienfest. Da wurde gemeinsam gebastelt und dekoriert und alles mit einem großen Festessen gekrönt, wo auch die besten Freunde seines siebenjährigen Sohnes Joy dabei waren. Bei der Geschenkübergabe gefiel Achat dem kleinen Joy sehr.

Die beiden wurden gute Freunde. Für Joy gab es außerdem eine Pyjama-Party. Es wurde gelacht, getobt, mit Holzschwertern gekämpft, in Gänsefedern gewälzt, mit Stielen im Pferdekopf galoppiert und als die Kinder müde vom Toben waren, wurden Gruselgeschichten erzählt. Sie handelten von Spukschlössern, von König Artus, von Robin Hood, aber auch von Woolpit und Ely Laden … Bei der Abenteuergeschichte von Woolpit ging es um zwei plötzlich auftauchende, grüne Kinder, die aus einem unterirdischen Land kamen. »Die Ely Laden Geschichte erzählt von einem kleinen Städtchen in East Anglia im Jahr 1066«, las der Privatlehrer von Joy vor. »Hereward Wake war ein Geächteter und Verbannter. Er wurde wegen seines bösen Lebenswandels vom eigenen Vater enterbt. So wanderte Hereward Wake nach England aus. Als er in seine Heimat Sachsen zurückkehrte, hatten die Normannen dort schon gewütet, seinen Familienbesitz geplündert und den Kopf seines Bruders am Zaun aufgespießt.« »Ja!«, schrie Joy mit erhobenem Holzschwert. »Wenn du mich noch mal unterbrichst, Joy, lese ich nicht mehr weiter. Also artig sein, bitte.« »Hereward Wake rächte sich fürchterlich, indem er am nächsten Tag vierzehn Köpfe ans Tor hängte. Somit wurde Hereward Wake Anführer des sächsischen Widerstands.« »Damals gab es noch die Insel Ely, Sir, dort war sein Quartier!«, fiel ihm Luc ins Wort. »Ja, Sir, richtig.« »Wilhelm der Eroberer beauftragte eine französische Hexe damit, die sächsischen Widerstandskämpfer zu verfluchen!«, flüsterte er geheimnisvoll, dann ging es weiter: »Schwimmend in einem Fass sprach die Hexe ihre Flüche und näherte sich der Küste der Insel Ely.« Die Augen der Kinder waren vor Anspannung ganz groß. »Kurzerhand setzten die Rebellen das Meer in Flammen und die Hexe wurde verbrannt.« Joy lächelte triumphierend. »Die Rebellen wurden aber von dem Abt der Insel verraten, da der den Zirkus satthatte. Hereward Wake verpflichtete sich Willhelm dem Eroberer, um sein Leben zu retten, und die Insel versank.« »Richtig, dieser Abt musste auch bestraft werden.« »Ja, Sir Marc. Man erzählt auch, dass er an manchen Tagen wieder erscheint und …« Die Jungs waren erschreckt und fasziniert zugleich. In heller Aufregung schrien und tobten sie herum. Sie suchten Schutz in einer Ecke, als eine Eule gegen die Glasscheibe knallte, etwas benommen weiterflog, und sich mit ihrem Umriss aus Staub an der Glasscheibe verewigte. Der Vollmond erhellte die Ebene in dieser wolkenlosen Nacht. Ein Schwarm Wildgänse flog schnatternd vorbei, da wurde Achat melancholisch. »Wo bist du mein Freund?«, dachte Achat und schaute lange zum Mond hinauf.

In Delhi genoss Achat eine Zeit der Ruhe und des Friedens. Tagsüber trieb er sich im Garten herum und am Abend kehrte er in Joys Zimmer zurück, wo er auf dem uralten Bild ruhte, das, laut Joy, die Schlacht von

Trafalgar darstellte. »Dort hat der Vizeadmiral Horatio Nelson heldenhaft sein Leben verloren«, pflegte er der kleinen Joy zu erzählen, während er einen ähnlichen Hut trug und salutierte. Joy selbst war viel zu beschäftigt, um sich mit Achat zu befassen, denn zwischen Schule, Training, Reitunterricht und gesellschaftlichen Verpflichtungen war er viel unterwegs. An manchen Abenden aber betrachtete er Achat lange und erzählte ihm von seinem Alltag, davon, wie schwer es ihm fiel, immer nur gute Leistungen zu zeigen und wie er sich einmal sogar vor Angst, mit seinem Pferd über ein Hindernis zu springen, in die Hose gepinkelt hatte. Achat hörte gerne zu, das war eben seine beste Eigenschaft und beide waren zufrieden. Sie lernten, einander besser zu verstehen. Joy begriff aber nie den Grund von Achats großer Trauer, wenn er beim Vollmond eindringlich lange die runde Scheibe anstarrte.

Der Aufstand

Blondi ließ sich in Kanpur auf einem Holzstück über den Fluss Ganges bis nach Allahabad tragen, dort, wo der Ganges mit dem Fluss Yamana zusammen trifft. Laut dem Lied »Lied der Rigveda« fließt dort noch ein unsichtbarer Fluss, der nach der Göttin Savasvati benannt ist. Das Lied erzählt unter anderem:

Sie brach gleich einem Wurzelgräber mit Ungestüm und gewaltigen Wogen über den Rücken der Berge hinab. Savasvati, die die Fremden abwehrt, möchten wir mit Lobliedern und mit Gebeten um Gnade bitten.

Ein anderer Vers dann:

Sarasvati! Geleite uns zu Glück, entziehe dich uns nicht! Lass uns mit deiner Milch (Wasser) nicht zu kurz kommen! Erfreue dich an unserer Freundschaft und unserer Clan-Genossenschaft. Wir möchten nicht von dir fort in fremde Länder ziehen.

»Lass mich in Ruhe, du Ungetüm, du hast da genug zum Fressen«, fauchte Blondi, der hastig ans Ufer kletterte. »Wo bin ich gelandet? Wer sind die vielen Leute?«, fragte sich Blondi, der gerade einem hungrigen Krokodil entkommen war. Wie aus dem Nichts antwortete eine sehr raue Stimme aus dem Gestrüpp. »Allahabad.« »Alla-was?« »Du bist in Allahabad, Schätzchen.« Aus einem hohen Busch Elefantengras kroch eine langsame Schildkröte hervor. Ihre Farbenpracht war überwältigend. »Mein Name ist Elli, ich lebe schon sehr lange hier.« Ihre langsame Art zu sprechen ließ Blondi schon erahnen, wie lange sie schon da lebte und er bekam auch eine Ahnung von ihrem Alter, als er die vielen Ringe an den einzelnen Platten ihres Panzers sah. »Dieser Ort wird also auch die Stadt der drei Flüsse genannt. Dort ist eine Pilgerstadt für die Hindus und besonders bei dem Kumbh Mela Fest wird groß gefeiert. Schon der Pilger Xuanzang lobte die Stadt im siebten Jahrhundert als hinduistisches Heiligtum.« Blondi hielt sich stets am Ufer auf. Eines Tages wurde Blondi endlich von einer Welle des Flusswassers gereinigt. Ihre helle Farbe sorgte schon für Aufregung. Ein Schnupfer entdeckte sie und begann neugierig zu picken. Dabei schnatterte er so laut, dass er die Aufmerksamkeit eines Rebhuhns auf sich zog, was den Lärm ohrenbetäubend anschwellen ließ. Jeder wollte die neue Delikatesse für sich haben. Ein eindringlicher Sonnenstrahl ließ Blondi sofort wie einen Spiegel hell aufleuchten und die Umgebung für einen kurzen Augenblick verblassen. Eine Gruppe Affen badete im Wasser und die mutigen unter ihnen schwammen vergnügt ein Stück auf einer menschlichen Leiche, von denen es täglich immer mehr gab. Einer von den Affen hatte alles beobachtet, mischte sich ein, verjagte die zwei Streithähne und nahm Blondi mit zu sich. Der Affe war sich ziemlich sicher, ein Zeichen der Götter erspäht zu haben. Blondi fühlte sich etwas erleichterter. Hier war ihre Spezies noch nicht bekannt und jeder wollte davon kosten.

Der Affe lief den Pfaden nach am Dorf entlang über die Grenze zwischen Ebene und Dschungel. Neben einem trockenen, mit Elefantengras bewachsenem Flussbett lag eine Felsenformation, die von einer riesigen Baumwurzel überwachsen war, deren Wölbung von Schlingpflanzen bedeckt wurde. Das war einst das Tor einer Festung gewesen. Alles war übersät mit umgestürzten, verbogenen und zerborstenen Säulen. Ein Mangobaum spaltete die hübschen Ornamente eines bemalten Fußbodens. Es sah aus, als wäre es früher eine Empfangshalle gewesen. Indien ist übersät mit solchen Ruinen. Diese sind Reste von Dynastien und Städten, die längst vergessen sind. An diesem Ort lebten in friedlicher Eintracht Wildschweine, Füchse, Schlangen und Affen. Dem unbekannten Wesen, Blondi war ja so weiß, war so einmalig, so geheimnisvoll wie eine Gottheit, wurde daher mit Ehrfurcht und Dankbarkeit Schutz angeboten. Der Anführer der Affen sagte: »Die Pilger gehen zum Berg, um den Weißen zu befragen. So ist der Weiße zu uns gekommen.« Viele Tiere, die geistigen Beistand benötigten, kamen zu Blondi. Sie war die Inspiration, die die innere Stärke hervorhob. Sie saß auf der Wiese beim Sonnenschein, reflektierte die Lichtstrahlen und glänzte wie ein Stern, so sonderlich. Die leichte Brise kräuselte wellig die Gräser um sie herum. Das waren rhythmische, gleichmäßige, langsame Bewegungen wie die Schläge eines Herzens. Das war ein Kommen und Gehen, wie das Nehmen und Geben des Wassers aus dem Bach daneben; ein ruhiges Fließen. So verflossen auch die negativen Gedanken und man fühlte sich wie ein Teil des Ganzen. Die Schnecke zu beobachten und ihre langsamen Bewegungen zu deuten gab den Pilgern eine gewisse Ruhe und prompt fielen ihnen auch selbst Lösungen für die eigenen Probleme ein. Es dauerte nicht lange und Blondis Gefräßigkeit wurde ihr zum Verhängnis, da die Heimstätte der Affen wegen der vielen kahlen Stellen und Blondis zahlreichem Nachwuchs nicht mehr im Verborgenen blieb. Eines Tages brachte die Luft Menschengerüche und das Knistern und das Flüstern waren unüberhörbar. Die Menschen hatten sich hier zusammengefunden, um eine Geheimversammlung abzuhalten, welche über die Geschicke vieler Menschen entscheiden würde. Durch einen Riss in der Mauer beobachtete ein Affe dieses Ereignis. Den Menschen war es gelungen, durch einen Gang in einen noch nicht eingestürzten Raum vorzudringen. Dieser wirkte aber unheimlich und angsteinflößend auf sie. Diese Lichtung war der Rest eines großen, mit Steinen gepflasterten Hofes. Trotz der wuchernden Vegetation war die Steinplatte nur von einem dünnen Gestrüpp bewachsen. Die in dunkle Umhänge gehüllte Männerschar hockte beisammen. Dieser gewölbte Raum wurde von Steinsäulen getragen und nur in der Mitte brannte eine Feuerstelle, wo Fledermäuse erschrocken vom Licht und vom lodernden Feuer gestört hin- und herflatterten. Die Flammen tanzten und die Schatten im Raum verlängerten sich und nahmen unheimliche Formen an, sodass die Verzierungen an der gewölbten Decke erschreckend lebendig erschienen. Sie zeigten abscheuliche Wesen halb Mensch, halb Tier, wo schlängelnde Schlangen ihr Unwesen trieben. Dazu roch es nach Schweiß, feuchter Erde und faulenden Pflanzenresten. Diese Menschen waren die Anführer verschiedener Religionen wie der Hindu-Asketen, Sikhs, Moslems, Anbeter des Shiva, des Vishnu, des Brahma, des Ganesha mit dem Elefantenkopf und der vielarmigen Mutter Kali, der Blutsäuferin. Manche hatten ihre Körper mit Asche beschmiert, andere waren nackt oder in Tierfellen gekleidet, mit langen ungepflegten Haaren und wilden Augen. Es war also soweit: Hindus und Moslems wollten zusammen gegen einen gemeinsamen Feind kämpfen, den Heiligen Krieg. Ein Priester sprach mit autoritärer Stimme.

»Liebe Brüder aller Glaubensrichtungen. Wir sind hier versammelt, weil das Karma es so wollte. Wie können wir Loblieder singen mit dem fremden Fuß über dem Herz. Mit dem Blut der Toten, das den Boden tränkt und dampfend in den Himmel steigt. Die Körper werden den Geiern überlassen. Man hört das dunkle Geschrei der verzweifelten Mütter.« Der Hohepriester warf ein weiteres Holzstück ins Feuer, schaute mit erbitterter Miene hinein und gab ein Pulver dazu in die lodernde Flamme, was zu einem farbenprächtigen Schauspiel führte. Die versammelten Geistlichen wisperten leise. »Unser Herz blutet!«, sprach er weiter, während die Flamme die Schatten seiner Bewegungen gespenstisch über die Decke warf. »Die Schandtaten der weißen Fremden, die auch unseren Glauben besudeln und unsere Gesetze missachten, müssen wir unterbinden, hier und jetzt, bevor es zu spät ist. Genauso wie den Betrug, der durch die

VERARMUNG DURCH FREMDE aus dem Westen unsere Zivilisation zu vernichten droht.« Laute Stimmen hoben sich zu einem Kriegsgeschrei. Der Hohepriester hob die Arme und ließ sie wieder sinken, nachdem er sie zum Stillschweigen gebracht hatte. Alle Augen waren auf ihn gerichtet. Der Zorn loderte in ihrem Inneren, was sich an einigen roten Gesichtern zeigte. Bei anderen waren die Pupillen vor Erregung geweitet. »DIE WEISSEN«, fuhr er fort, »haben alles an sich gerissen. Einst kamen sie als Freunde, die mit Gleichgesinnten Handelsbeziehungen suchten. Nun haben sie ihr wahres Gesicht gezeigt und sich als Unterdrücker entlarvt, die unser Herz bluten lassen. Es wurde vorhergesagt, Brüder, dass hundert Jahre nach ihrer Ankunft das indische Volk sich für die Freiheit unserer Heimat erheben wird. Ich rufe zur EINIGKEIT auf. Verbreitet das Wort, dass alle es erfahren und sich BEREITHALTEN können. Nur zusammen sind wir mächtig, denn sie sind nur wenige. Ich rufe euch, Brüder, legt eure Streitigkeiten beiseite. Jetzt ist die Zeit der Vendetta.« Die Stimme wurde rauer und hysterischer und schallte furchteinflößend durch das Gewölbe. Jeder Priester, der zu Wort kam, warf ein Pulver in Feuer, sodass kurzzeitig bunte Feuerblumen erschienen und hell strahlten. Es roch nach Weihrauch und noch mehr betäubende und erdrückende Gerüche lagen in der Luft. Unter Trommelwirbel wurde Kali eine Ziege zum Opfer gebracht und anschließend wurde ihm eine Ode mit entsetzlicher Brutalität und Bösartigkeit gesungen. Die Affen hatten folgendes mitgehört: »In Einigkeit sollen sie sich bereit halten die Verarmung durch den Fremden, den Weißen, zu beseitigen.« Jubelnde Freude und Schmerzensschreie wuchsen zu einem hysterischen Kreischen. Selbst die Vögel flogen in wilder Panik davon, um im Himmel die Kunde zu verbreiten. Gespenstisch verbreitete sich die Botschaft flächendeckend wie eine schwarze Wolke über Nordindien. Selbst das kleinste Geschöpf im Dschungel sah mit einem Seufzen der dunklen Zeit entgegen.

Im April saß Joy mit dem Hauslehrer im Garten unter den Kikar-Bäumen. Zu dieser Jahreszeit waren sie mit Mimosen ähnlichen Blüten bedeckt. Gelb leuchtend und tropfend wie Trauben, schmückten sie den Garten mit ihrem herrlichen Schatten, dessen Pollen sich überall verteilten. Sie waren eine Art altes Relikt. Eigentümlich, bizarr, schief und krumm gewachsene Bäume, von denen einer seltsamer aussah als der andere. Der Stamm ähnelte dem Körper eines dreibeinigen Pferdes, auf dessen Rücken Joy gerne saß und bisweilen träumte. *Seine gewellten roten Haare spiegelten die Sonnenstrahlen wider, was Joy eine einmalig schön funkelnde Aura gab. Die schirmartigen Baumkronen waren das Meer und dort, mit dem Vizeadmiral Horatio Nelson, hielt er Ausschau nach Freibeuterschiffen. Die leichte Brise wog die Kronen hin und her. Sein englischer Stolz brach mit ihm durch. »Ja Admiral, fürs Vaterland, Tod oder Sieg!«, schrie er.* Im dunklen aber wirkten die Bäume wie bedrohende Riesen mit scharfen, seltsamen Formen. Drei davon hatten eine dreieckige Form. Immer wenn in der Dämmerung die Schatten lang und länger wurden, schien es, als würden sie den Fesseln der Baumwurzeln entkommen. Deshalb schaute Joy in der Dämmerung nicht so gern in den Garten. Ganz besonders in windigen Nächten, in denen die kleinen Äste wie lange Finger ans Fenster kratzten und der Wind hinterhältig flüsterte: »Komm heraus, kleiner Kerl.« Joy und der Lehrer saßen im Garten bei Politikunterricht. Joy war ungewöhnlich aktiv im Politikunterricht in der letzten Zeit, so auch heute. Joy las vor: »Es war im Jahr 1576, als Akbar Bengalen besiegte und die Herrschaft dem Gouverneur Nawab übergab. Ab dem Zeitpunkt kam Bengalen zum Wohlstand.« Selbst der Lehrer merkte, dass Joy etwas auf dem Herzen lag, wollte aber nicht nachbohren. Der Lehrer erklärte: »Das wurde das Paradies der Völker genannt. Sie waren, wenn auch eingeschränkt, selbstständig und wurden selbst vom Mogul in Delhi respektiert.« Der Lehrer zögerte kurz, dann meinte er: »Sehr gut, und was geschah danach?« Ein bunter Schmetterling setzte sich auf Joys Buch und putzte sich anmutig die Flügel. »Dann ging alles kaputt.« »Joy, du musst die Zusammenhänge logisch betrachten. Die Briten besiegten am 23. Juni 1757 die Truppe des Nawabs und setzten ihren neuen, selbst gewählten Nawab ein.« Der Lehrer verschwieg den Rest, schließlich war Joy noch ein Kind. *Im Jahr 1770 brach in Bengalen eine Hungersnot aus und forderte zehn Millionen Todesopfer, die von der Ostindien-Kompanie verschuldet wurden. Die Kompanie unternahm nichts, um ihnen zu helfen, sondern erhöhte die Steuer und förderte den Anbau von Opium anstelle von Reis.*

Dann kam wie aus heiterem Himmel: »Es wird zum Heiligen Krieg kommen, wie es die Verheißung vorhersagte, nicht wahr? Seit Outh eingenommen wurde, legte diese Verheißung einen Schatten über das Karma Indiens. So flüstern die Bediensteten. Vielleicht sollen wir flüchten.« Joy war ein aufgewecktes Kind und hatte ein gutes Verhältnis zu den Kindern seiner Kindermädchen. Der Lehrer war verblüfft. »Joy, die Kompanie wird das nicht zulassen, außerdem sind alle sehr zufrieden ...« In Merath, ein paar Meilen von Delhi entfernt, verweigerten am siebten Mai 1857 85 von 90 Sepoys eine Schießübung mit dem Vorwand, die Patronen seien mit Rinder- und Schweinefett beschmiert worden, was für Hindus und Muslime tabu ist. Diejenigen, die sich damit besudelten, wurden aus der Gesellschaft verstoßen, ehe sie gegen ein Vermögen von einem Priester gereinigt wurden. Die verweigernden Soldaten wurden degradiert, in Fußketten gelegt und ins Gefängnis geworfen, wo es aber zu einem Aufstand kam. Viele Europäer, Zivilbeamten, Soldaten, Frauen und Kinder verloren ihr Leben. Die Stadt hatte Plünderungen nichts mehr entgegen zu setzten. Der Aufstand war überwiegend auf das obere Tal des Ganges und auf Zentralindien beschränkt, begann aber überall beinahe zeitgleich. Ein treuer Sepoy ritt nach Delhi, wo er sofort um eine Audienz bat. Als der Oberbefehlshaber von Delhi den Ernst der Lage erkannte, ordnete er die Evakuierung an. Es dauerte ein paar Tage, aber dann wurden Frauen und Kinder in Richtung Kanpur verschifft. Joy beeilte sich noch, Achat mitzunehmen und bevor er das Schiff bestieg, setzte er die Schnecke auf einem breiten Brett ab. »Lebe wohl, mein Freund, da, wo ich hingehe, ist kein Platz für dich. Vielleicht sehen wir uns wieder«, sagte Joy traurig. Eilig strich er mit der nassen Hand die roten Locken nach hinten und überließ Achat dem reißenden Fluss, der gurgelnd und brausend daherfloss. Anschließend verabschiedete sich Joy auch von seinem Vater. »Joy, kümmere dich um deine Mutter. Wenn wir fertig sind, komme ich nach.« Mit zitteriger Stimme und einem Kloß im Hals erwiderte Joy: »Versprochen, Dad?« Stramm gestanden salutierte John seinem Sohn, der seinen Gruß erwiderte. »Rühren, Soldat«, forderte er noch und der Ernst der Verantwortung stand Joy in Gesicht geschrieben. Die Frau aber umarmte er innig, während diese zu schluchzen begann. Alle fähigen Männer blieben, um das Fort zu verteidigen, falls es zu einem Angriff kommen sollte. Am späten Nachmittag hüllte die Dämmerung Delhi in einen rot-orangenen Schimmer, welcher wie ein blutiges Omen wirkte. Am nächsten Tag, dem elften Mai, traten die Rebellen in Delhi vor den Roten Palast. Dort, so hofften sie, konnten sie das Mogulreich wiederauferstehen lassen. Vor allem brauchten sie die Unterstützung und Führung des Großmoguls Bahadur Schah II. Die Ostindien-Kompanie mit der Unterstützung aus England und den ihr treuen Einheimischen war in der Unterzahl. Die meuternden Sepoys handelten unkoordiniert, was sie zu einer leichten Beute machte. Der Kampf um die Rückeroberung von Delhi dauerte vom achten Juni bis zum einundzwanzigsten September. Das planlose Vorgehen der Inder und die

Verweigerung des Großmoguls, weiterzukämpfen, waren ausschlaggebend für die Niederlage der Rebellen. Delhi war völlig zerstört worden und John verlor als Held sein Leben. Die Meuterer hatten auch den Maharaja von Bithur Nana Sahib um Unterstützung gebeten. Da aber dieser als Brahmane, Angehöriger der obersten Kaste der Hindus, nicht an der Seite der Muslime kämpfen wollte, lehnte er ab. Nana Sahib nahm lieber die Chance wahr, auf eigene Faust sein Imperium zu vergrößern, und begann mit Kanpur. In Kanpur war eine Garnison stationiert mit drei Infanterie-Regimentern, einem Kavallerie-Regiment und einer Kompanie-Artillerie. Der Befehlshaber war der General Hugh Wheeler, der mit einer Inderin verheiratet war. General Wheeler war für einen Aufstand nicht vorbereitet und wie viele andere wollte er den Gerüchten keinen Glauben schenken. Als am fünften Juni der Aufstand begann, zogen sich die Europäer und die Eurasier in die Garnison zurück. Die Meuterer begnügten sich zunächst damit, die Stadt zu plündern. Aber Nana Sahib verfügte über eine große, täglich wachsende Freiwilligenarmee. Außerdem verfügte er über ausreichend Artillerie. Sein Feldzug war spektakulär. Er ritt auf einem prächtigen, wie für ein Fest geschmückten Elefanten. Nana Sahib selbst glänzte nur so von den Gold- und Silberornamenten, die in seine prächtige Kleidung gestickt waren. Es war für ihn ein leichtes Spiel, das Fort von Kanpur einzunehmen, da die Gebäude nicht besonders stabil waren und die eingeschlossenen Bewohner keinen Schutz, kein Wasser und keine Nahrung hatten. Die Überlebenden waren entweder krank oder verletzt, selbst ihre Kleidung war mangelhaft. Der Geruch der ungewaschenen Körper und der Leichen zog viele Fliegen an. Ganze Scharen machten sich über die Leute her und viele wurden dadurch in den Wahnsinn getrieben. Am fünfundzwanzigsten Juni kapitulierte der General. Boote sollten sie nach Allahabad bringen, aber es kam anders. Beim Besteigen der Boote wurde das Feuer eröffnet und alle Männer wurden hingerichtet. Die Frauen und Kinder, die auch aus den umliegenden Orten hierher geflüchtet waren, wurden nach Kanpur gebracht. In einem Haus, das den Namen Bibighar trug, wurden alle zusammen eingesperrt. Als die britischen Truppen sich näherten, ließ Nana Sahib alle mit Äxten und Beilen erschlagen. Joy und seiner Mutter wurde das erspart, da sie schon vorher an Hunger und ihren Verletzungen gestorben waren. Ihre Leichen wurden mit den anderen in den Fluss geworfen. In dieser Zeit war Achat noch in der Gabelung der drei Flüsse, wo er sich ständig vor gierigen Krokodilen in Acht nehmen musste. Obwohl die treibenden Leichen vielen Tiere ausreichend Nahrung boten, waren die Schildkröten hartnäckig hinter Achat her. Er rettete sich, indem er auf die ufernahen Pflanzen kletterte. Ausgerechnet dort erkannte Achat zwischen den Leichen Joy. Sein Körper war nicht mehr zu erkennen, aber sein Gesicht war unversehrt und seine Züge sprachen von Schmerz und Verzweiflung. Achat war zutiefst berührt und sang seinem Freund ein Lied:

»Ich habe die Sonne gesehen, so weiß wie Schnee in

der Winterzeit, was macht das schon? Meinen Blondi habe ich verloren in der Winterzeit.

Ich habe den Himmel gesehen, so gelb wie Sonne in der Frühlingszeit loderten Flammen so hoch. Was macht das schon?

Ich fuhr mit einem Floß davon in die Frühlingszeit.

Ich habe den Fluss gesehen, so dunkelrot, als ob er verbrenne.

Der Fluss treibt meinen Joy tot davon, tot davon.

Wo sind die starken Helden, die in dir wohnten für alle Zeit?

Die Kraft, die uns verband, wird nicht zerreißen im Strom der Zeit.«

Alle Tiere, die an dem großen Leichenschmaus beteiligt waren, gesellten sich zu Achat, um mitzusingen. Die Kojoten gaben den Rhythmus vor und die Vögel stimmten leise mit ein. Achat war der Sopran, die Schildkröten summten mit und die Krokodile klapperten im Hintergrund. Die streunenden Hunde gesellten sich zu den Kojoten und zu den Füchsen, wie bei einer großen Familie. Der Mungo war der Bass und der Fasan schwang tanzend seine Federn. Es war sehr anmutig und harmonisch, bis die Krokodile aggressiv wurden und eins von ihnen einen Fuchs verschlang. Darauf brach allgemeine Panik aus und es herrschte ein wildes Durcheinander. Im Dschungel hatten die Affen Schnecken gesammelt. Es war ein kühler Tag, und alle waren noch in einem tiefen Schlaf versunken. Sie brachten allesamt die Schnecken fort zu dem Ort, in dem sich die Pilger herumtrieben zur Flussgabelung, wo auch Achat eintraf. Der Gesang war nicht sehr laut und wurde von den Kojoten, Hunden und Füchsen übertönt. Dennoch war Achats Wispern zu hören und wurde vom Wind mitgetragen. So nah und doch so fern. Blondi spürte einen Hauch von Achats Wispern und dachte, es wäre nur die Einbildung seiner Fantasie, wie so oft davor. Seit ihrer Trennung waren sechzig Jahre vergangen und in keinem davon hatte er je Achat vergessen. Neue Schnecken wurden geboren und andere starben, aber Achat und Blondi besaßen ewiges Leben. Sie vergaßen einander nicht, denn der Wind trug immer wieder ihr Lied mit sich und der Mond hielt ihre Versprechen fest. Die Wirbelsturmsaison im Golf von Bengalen wurde Ende Mai vom Monsun abgelöst und obwohl die Luft nach Jasmin, Orangenblüte und Kräutern duftete, war die Freude über den Frühling dahin. Die verheerende Zerstörung der Wirbelstürme hatte wieder großes Ausmaß angenommen. Es gab Tote zu beklagen, dazu zahlreiche Vermisste und viele Verletzte, nicht zu vergessen die Schäden an der Natur und den Dörfern. Am Hafen von Paridap herrschte reges Treiben. Das Dampfschiff Austria lag dort unter Hamburger Flagge vor Anker und war bereit zum Auslaufen. Das Schiff wurde in der Werft von Caird & Company im schottischen Greenock gebaut. Es besaß zwei Dampfmaschinen, drei Masten und Platz für achtzig Mann Besatzung. Das Schiff war circa 97 Meter lang und besaß eine Geschwindigkeit von zehn Knoten. In dieser Zeit war es eine Berühmtheit. Dieses Schiff wurde für die britische Ostindien-Kompanie zum Truppentransport nach Birma eingesetzt. Am Hafen lagerten schon die Kisten mit den Schnecken, bereit für die Verschiffung nach Birma. Aber der Abreisetag war noch nicht festgelegt. Turbulenzen im Atlantischen Ozean als Folge des Ersten Weltkrieges sorgten immer wieder für längere Verzögerungen. Nun fingen im Oktober die Wirbelstürme wieder an. Die Nachrichten von Angriffen im Golf von Bengalen, besonders auf die Royal Navy und vorwiegend britische Frachter machten die Runde. »Wo haben sie wohl so viele Schnecken gesammelt?«, fragten sich zwei Matrosen beim Kontrollrundgang. »Du sagst es, die meisten wurden an der Gabelung und in der Umgebung des Flusses Yamana gefunden. Fantastisch, oder?«

Die Morgenbrise transportierte stoßweise die Dünste der großen Stadt herbei. Es roch mal mehr, mal weniger intensiv nach Mandeln und reifen Früchten aber auch nach Staub, Kloake und faulenden Pflanzen. Im Traum rief Blondi: »Achat, wo bist du?« Achat erwachte in heller Aufregung. Schon sehr lange hatte er seinen Namen nicht mehr gehört. Auch wenn er Blondi nicht erreichen konnte, da alle eingeengt waren, rief er vor Freude: »Blondi, ich bin's! Ich lebe noch!« Mehr kam nicht raus, seine Stimme verstummte und dicke Tränen der Dankbarkeit spülten seine tiefe Trauer fort.

Birma

Nach der Niederschlagung des indischen Aufstands von 1857 vergrößerte sich der britische Kontinentalbereich auf dem indischen Subkontinent. Die besetzten Gebiete der britischen Ostindien-Kompanie wurden in eine Kronkolonie umgewandelt. Britisch-Indien umfasste zur Zeit seiner größten Ausdehnung nicht nur das Territorium der heutigen Republik Indiens, sondern auch die Territorien der heutigen Staaten Pakistan, Bangladesch und Myanmar. Währenddessen ging auf dem Nordatlantik die Hurrikan-Saison zu Ende, genauso wie das Drama der SMS Emden. Die Londoner Times schrieb: »Die Nachricht, dass die Emden schließlich ihr unvermeidliches Ende gefunden hat, ist hierzulande natürlich mit großer Befriedigung aufgenommen worden. Ihr Schicksal hat aber auch andere Gefühle erweckt. Seit den ersten Septembertagen, als die Emden im Golf von Bengalen auftauchte, waren ihre Taten durch Wagemut und Unternehmungslust gekennzeichnet, Eigenschaften, die in einem Volk mit einer derartigen Marinetradition wie England Anerkennung finden müssen. Ihr Schicksal war ein ehrenvoller Kampf ums Überleben. Dennoch hat man ihr keine rohen oder gewalttätigen Handlungen nachsagen können. Wir begrüßen Kapitän von Müller als einen tapferen und ritterlichen Gegner. Es gibt nur wenige Ereignisse in der neueren Seekriegsgeschichte, die bemerkenswerter als die glänzende Laufbahn der kleinen Emden wären.« Auch im neutralen Ausland waren die Stimmen positiv. So schrieb der italienische *Corriere della sera* am zwölften November 1914: »Das einsame Schiff hat die deutsche Marine mit einem Lorbeerkranz versehen, den weder die Zeit noch das Schicksal verwelken lassen wird. Der Ruhm der Emden in den Weiten des Ozeans wird im Gedächtnis der Menschheit bleiben.«

Endlich verließ das Versorgungsschiff »Austria« am 15. November 1914 die Hafenstadt Paridap am Golf von Bengalen in Richtung Birma. Die Stimmung an Bord war entspannt. Die vielen beunruhigenden Meldungen hatten die britischen Gemüter schon lange abgestumpft. Per Post und Telegramm hieß es: »Das Kriegsschiff SMS Emden, in den selbstständigen Handelskrieg entsandt, sorgte für Aufregung im Indischen Ozean. Am 22. September fuhr die SMS Emden mit einem falschen Schornstein getarnt, um die britischen Kreuzer der Town-Klasse zu täuschen, auf den Indischen Ozean hinaus. Dort nahm sie eine Öl-Anlage im britisch-indischen Madras unter Beschuss. Die geriet in Brand und wurde dadurch zerstört. Anschließend kaperte die Emden dreiundzwanzig Handelsschiffe im Golf von Bengalen. Nun war der Spuk vorbei, hieß es, als sie am 9. November auf den Kokosinseln verloren ging.«

In Birma nahm die Luftfeuchtigkeit stetig zu. Die Schnecken erwachten aus ihrem tiefen Schlaf und schon konnte man im Raum die vor Hunger knurrenden Mägen vernehmen. Blondi machte sich über die Schnecke neben ihm her und öffnete gerade den Schlund, als Brauni mit einem Blatt Blondis Schlund zustopfte. Blondi, unfähig sich zu wehren, wurde überwältigt und in die Ecke gedrängt. Achat suchte bereits nach ihm. »Blondi, Blondi!« Dicke Tränen trübten seinen Blick. Es konnte kein Traum gewesen sein, er spürte Blondis Anwesenheit. »Na, Brauni, was tust du denn da?«, fragte Opal besorgt. »Wenn Achat es erfährt?« »Wer ist das? Sollte ich Angst haben?«»Das solltest du, weil er die Alpha-Schnecke ist und rein zufällig auch unter uns weilt.« »Egal, er kann mir nicht verbieten, Blondi zu essen, ich habe Hunger.« Lass es Zufall, lass es Vorsehung, lass es Schicksal sein. Achat nannte es Gottes Willen. Er spürte, was Blondi für ein Schicksal drohte und versuchte es mit Wind. Da pustete er so stark wie nur möglich und sprach in Gedanken zu Gott »Vater, Blondi ist mein Freund, wir waren schon so lange getrennt. Ich will auf dieser Reise nicht allein sein.« Der Koch der englischen Armee spürte etwas und griff nach den Schnecken. Bald gab es zum Abendessen ein Schneckengericht. Ach o je, Brauni war unter ihnen. Die übrig gebliebenen Schnecken schauten voller Panik. »Ja, Achat ist der Auserwählte, er hat eine Mission.« Alle verbeugten sich, außer Blondi. In die Ecke gedrückt mit einem Blatt im Schlund blickte Blondi Achat gleichzeitig erleichtert und ungläubig an, als ob er ein Gespenst sähe. Nach so langer Zeit hatte Blondi ausgerechnet jetzt einen Blackout. »Du hast dich kein bisschen verändert, du bist nur etwas blasser als in meiner Erinnerung«, flüsterte Achat, der Blondi vor Freude fast erwürgte. »Du musst mir unbedingt alles erzählen, was du erlebt hast, genau wie ich.«

Mittlerweile war es Sommer geworden. Gegen Morgen spannte eine Sikh-Familie im Dienste der Engländer mit ihren zwei Söhnen die Zebus vor die Holzkarre und fuhr gemütlich in den Wald, um Feuerholz zu sammeln. Die Wallungen der eingeweichten Wege kosteten die Tiere viel Kraft. Der Mann wurde von seiner Frau und den Kindern begleitet. Autar, der jüngste Sohn, legte seinen Kopf in den Schoß der Mutter. »Mutter, erzähl mir ein Märchen.« Unter der Karre, fest mit den Füßen angeheftet, klebten ein paar Schnecken, darunter auch Blondi und Achat. »Weißt du Blondi, ich hasse den Krieg. Diese Truppen von indischen Söldnern führen nichts Gutes im Schilde.« Der erste Eindruck von Birma war sehr nüchtern.

Etwas lauerte in der Luft. Das Ächzen und Rütteln der Karre zusammen mit dem Schnaufen der Zebus gestaltete das Denken schwierig. Ein gewisser Dunst lag in der Luft.

»*Also: Der Affe und das Krokodil:*, begann die Mutter. »*Auf einem Baum am Flussufer lebte ein Affe. Er war zufrieden mit seinem Leben und der Baum spendierte ihm süße Früchte. Eines Tages wurde er von dem Krokodil angesprochen, das hungrig war. Der Affe gab ihm von den Früchten und so begann eine süße Freundschaft. Eines Tages wurde die Frau des Krokodils krank und wollte das Herz des Affen essen. Sie schickte den Mann los, der es ihr besorgen sollte.*

›Guten Morgen mein Freund, meine Frau hat was Leckeres gekocht und will dich einladen.‹ ›Ach, wenn das so ist, bin ich dabei.‹ Auf dem Rücken des Krokodils schwammen sie davon. Mittendrin sagte das Krokodil ›Es tut mir leid, aber meine Frau ist krank und sie will dein Herz essen. Sie wird dich töten.‹ Der Affe war sehr schlau. ›Ja, wenn es so ist, muss ich erst mal nach Hause. Da liegt mein Herz immer.‹ Am Baum angekommen quittierte der Affe dem Krokodil die Freundschaft.«

»Noch mal, Mata Ji! Erzähle mir eine zweite Geschichte!«, rief Autar begeistert.

»Ok, sie heißt: *Der verzauberte Sohn der Brahamanen. In der Stadt Radscha lebte ein Brahmane mit seiner Gattin. Leider blieben sie kinderlos. Sie befragten das Orakel, das folgendes antwortete: ›Brahmane, du sollst einen Sohn bekommen: Schön, tugendhaft und mit viel Glück gesegnet.‹ Als es an der Zeit war, gebar die Gattin eine Schlange. Obwohl die anderen ihr rieten, sie wegzuwerfen, behielt sie sie und zog sie groß. Als sie im heiratsfähigen Alter war, bat die Mutter ihren Gatten, den Brahmanen, eine Braut für die Schlange zu suchen. Der Mann reiste sehr weit bis nach Kukutanagare. Dort fand der Brahmane einen Bekannten und Kastengenossen, der ihm seine Freundschaft und eine seiner Töchter anbot. Am Hochzeitstag waren die Leute empört, aber das Mädchen beruhigte sie: ›Wenn das der Wille Gottes ist, so sei es.‹ Die beiden wurden ein Paar. In jener Nacht häutete sich die Schlange und wurde zum Mann und alle waren sehr zufrieden.«*

»Was ist ein Brahmane, Mutter?« »Aman, hast du es wieder vergessen? Die Grundlage der Hindus ist der Rigveda. In zehnten Buch der Purushukta heißt es, dass durch das Opfer des Ur-Riesen Pursha aus dessen Mund die Brahmanen, aus den Armen die Fürsten, aus den Schenkeln die Händler und Bauern und aus den Füßen die Diener entstanden sind. Die Brahmanen sind die Angehörigen des oberen indischen Kastensystems. Sie sind die Priester, die Gelehrten und die Lehrer der Veda.« Autar schaute verständnislos zu Aman, der vor Scham rot wurde. Der Regen der letzten Tage hatte den zertrampelten Weg stark aufgeweicht und die Zebus schnauften vor Anstrengung unter der Last. Erst in tausend Metern Höhe wurde es angenehm kühl. Dort bei den Nadelbäumen und Bambuswäldern duftete es herrlich nach Pinienzapfen. Das Panorama war beeindruckend, aber über den Bergen und Tälern konnte man eine Schneise der Verwüstung erkennen. Autar war der Erste, der wieder etwas sagte. »Das sieht aus wie eine Narbe, die die Erde zerreißt ... Warum diese Zerstörung, Mutter?« »Das ist nicht wahr, Autar. Du musst das so sehen: Der Fortschritt kennt keinen Halt. Das da sind die Eisenbahnlinien und sie bilden die Zukunft.« Weiter schaffte sie es nicht. Ihre Augen glänzten wie Perlen, aber sie musste stark sein. »Diese Fliegen ...«, meinte der Vater eilig, während die Mutter schnell mit dem Zeigefinger eine Träne wegwischte. Dabei blieb der Tropfen am Finger hängen. Ein Sonnenstrahl machte sich einen Spaß daraus und ließ ihn für einen Augenblick glänzen wie einem Diamanten. Da musste sie schmunzeln. »Streng genommen dürfen wir nicht darüber reden.« Die indische Familie saß unter einen Baum und aß Curry mit Hühnchen, Reis und dünnem Fladenbrot. Der Mann trug einen Longyi, einen Wickelrock mit weißem Hemd. Von da aus konnte man die Reisfelder sehen, wie Kinder auf Wasserbüffeln ritten und wie die kleinen Flüsse und die vielen kleinen Dörfer drum herum. Wie im Traum von »Tausendundeine Nacht«, erhoben sich aus der üppigen grünen Vegetation goldene Tempel wie Spitzhüte aus dem Boden, pilzartig, überall zerstreut und dazwischen waren dunkle Flecken wie unheilvolle Blumen. Wie ein Nebelhauch herrschte die Spiritualität mit Stille und Besinnlichkeit und schob die Realität erst mal von sich weg. Wie aus dem Nichts explodierte im Tal zwischen dem Bambus-Gestrüpp eine Mine, welche mit lautem Getöse alles in ihrer Umgebung in der Luft zerriss, bevor es dann in einer dunklen Wolke verhallte. Der Vater schrie, während er sich über die Zebus beugte, um sie zu beruhigen »Alle auf den Boden!« Mehr schaffte er nicht, bevor seine Stimme erstarb und die Luft stehen zu bleiben schien. Die Bauern auf den Feldern wussten schon, dass wieder ein Tier oder ein Mensch auf die Mine getreten war. Achat und Blondi kamen aus dem Schrecken nicht raus. Mit einem Satz sprangen sie aus dem Wagen. »Wo sind wir, Achy? Das ist nicht Indien.« »Sieht nicht so aus, dafür fehlen die Hindu-Tempel.«

Hinter der Palme ging die Sonne auf. Der kleine Aman weinte bitterlich. Die Sonne kam zum Vorschein, zuerst schwach und schüchtern, dann, vom feuchten Dunst gedrängt, der aus dem Boden aufstieg, wartete sie nun auf ihren Auftritt. Die Mutter tröstete die Kinder, die eng aneinandergepresst mit verzerrten Gesichtern vor Schreck Schutz suchten. »Kommt, Kinder, lasst uns Vater helfen. Denn die Zebus sind ausgerissen.« Am Wegrand wuchsen rote und lila Hibiskus-Büsche. Unter einer Holzbrücke boten Dattelpalmen dem überwuchernden Jasmin Klettermöglichkeiten. An den Mangobäumen reiften schon die ersten Früchte. Es roch herrlich nach duftenden Blumen, die auch Schmetterlinge anlockten. Die Kinder bewunderten die Monarch- und die Schwalbenschwanz-Schmetterlinge. »Kinder, passt auf die Schlangen auf! Immer laute Geräusche machen!«, sagte die Mutter besorgt, während sie den Nats eine Opfergabe brachte. »Die Nats sind Geisterwesen, die überall leben. Sie können böse oder gut sein, denn sie waren einst Menschen, die einen brutalen Tod fanden. Man erzählt, dass dankbare Menschen, die in den Olymp der Nats steigen wollen, beschützt werden«, erklärte Achat. Blondi und Achat gingen auf Wanderschaft. In einem Dorf hinter der Kuppe machten sie Rast. Da waren ärmliche, fensterlose Hütten, deren Wände aus getrockneten Blättern und Gräsern geflochten waren. Einige Hütten waren auf Pfählen gebaut. Sie waren etwa einen Meter fünfzig hoch und bestanden aus schwarzen Teak-Brettern mit einem Blätterdach und einer schmalen Veranda. Unter dem Haus wühlte ein Schwein und mehrere Hühner liefen über den Hof. Es roch nach Zimt, Curry, Chili-Pfeffer, Zitronengras und Ingwer und dazwischen mal mehr, mal weniger nach dem süßlichen Duft von überreifen Früchten und Überresten von Fäkalien. Ein Mädchen sah die Schnecken und schloss Achat und Blondi sofort ins Herz. Sie nahm sie mit nach Hause. Ihr Name war Mi Mi. Die Eltern waren auch sehr darüber entzückt, solche Geschöpfe bei sich zu haben. Ihr Glaube lehrte ihnen Ehrfurcht vor dem Leben zu haben und im Einklang mit der Natur zu leben. Nirgendwo sonst hatten Achat und Blondi so viele Märchen gehört wie hier. Mi Mi nahm sich immer viel Zeit dafür, wie es die Mutter ihr vorlebte. Im Nachbardorf, nicht weit von Mandalay, fand eine Beerdigung statt. Einige Männer waren als Partisanen in den Wäldern gefallen. Sie waren in eine Falle geraten; es war ein Täuschungsmanöver und alle wurden niedergemetzelt. Eine Frau mit fünf Kindern beerdigte ihren Mann. Mi Mi fiel sofort der Junge auf, Maung

Chan Tha, der sich traurig an seine Mutter schmiegte. Er war in Mi Mis Alter. Drei Tage lange wurde der Leichnam nicht berührt, bevor man ihn verbrannte und im Familiengrab beisetzte. Im Gewirr des Guerillakrieges waren solche Augenblicke der Besinnung Luxus und sie mussten sich beeilen, bevor wieder die Soldaten kamen. Die Birmanen wurden wegen des ständigen Widerstands als nicht vertrauenswürdig genug eingeschätzt, um als loyale Soldaten angeheuert zu werden. Dafür hatten die Engländer andere Verbündete, wie die Inder und vor allem die Sikhs zur Verfügung. Die Birmanen dienten ihnen vor allem dazu, Minen aufzuspüren. Das Grab war hübsch verziert mit dem Bild einer Lotusblume. Hinzu kamen Opfergaben, Obst, Räucherstäbchen und Blumen. Es war Markttag, die Dorfbewohner eilten in die Stadt, um an den besten Verkaufsständen Plätze zu ergattern. Der Trampelpfad führte zu einer kleinen Holzbrücke. Auf der anderen Seite des Flusses standen mehrere Frauen bis zu den Knien im Wasser, wuschen Wäsche und sangen dabei. Die fertigen Hemden und Longyi lagen zum Trocknen auf den Felsen in der Sonne. In den Seitengassen waren mehrere Ochsenkarren abgestellt. Die Ochsen schnauften und schüttelten sich, sodass das Gebälk ihrer Gespanne ächzte. Die Frauen hatten sich mit hübschen Motiven bemalt. Der Weg in die Stadt war beschwerlich. Soldaten in Jeeps bewachten das Geschehen, während es immer heißer wurde. Männer und Frauen waren damit beschäftigt, Gemüse, Obst, Reis und Kartoffeln auf die Karren zu laden. Dabei kauten sie Betelnuss. Das beruhigte und hielt wach. Die Tiere waren unruhig. Die Pferde wieherten und scharrten oder stampften mit den Hufen. Der Gesang der Frauen hallte immer noch in der Luft. Mi Mi verkaufte auf dem Marktplatz mit ihrem Bruder Zuckerrohrsaft. Der Saft wurde frisch gepresst in Bechern angeboten. In der Stadt war ein Kloster, in dem die Jungen die Schule besuchten. Direkt dahinter befanden sich ein halbes Dutzend kleine, weiße Pagoden, die mit bunten Wimpeln und goldenen Glöckchen geschmückt waren. In der Mitte ragte ein viereckiger Turm empor, der schon von Weitem zu sehen war. Zur Mittagsstunde kamen nach dem Läuten der Glocken die Novizen, mit kahl rasiertem Haupt, Sandalen und den dunkelroten, fast braunen Mönchskutten heraus. Die Leute auf dem Marktplatz machten ihnen den Weg frei und verbeugten sich. Sie warteten, um den Kindern etwas zu Essen in die Behälter zu geben, die sie in Händen hielten. Die Kinder sammelten stillschweigend die milde Gabe auf. Man gab ihnen Reis, Soße, Fleischstückchen, Gemüse, Obst und Fladenbrote. An diesem Markttag war Mi Mi etwas zerstreut. Während die Novizen vorbeiliefen, rollte aus Mi Mis Schürze ein Bund mit Zuckerrohrstangen heraus, gerade als Maung Chan Tha vorbeikam. Sie schauten sich kurz an und Mi Mi erinnerte sich an die Beerdigung. Das Feuer loderte und der Rauch schlängelte sich mit leichten Windungen in die Luft, als wolle der Vater sich noch kurz zum Abschied verbeugen. Noch überraschter war Mi Mi, als ihre Blicke sich trafen. In Maung Chan Thas Augen war ein Funke von Freude und Freundschaft.

Blondi und Achat waren sehr geschätzt und sie legten ständig Eier. Kranke kamen oft Mi Mis Familie besuchen und unterzogen sich der Schnecken-Therapie. Ihre langsamen Bewegungen, ihre Anmut, das Aufeinanderprallen von Farben und Mustern luden zur harmonischen Meditation ein. Das Leben im Dorf war stark geprägt vom ständigen Krieg. Männer wurden immer wieder Mangelware, denn die Engländer kamen von Zeit zu Zeit, um diejenigen im kampffähigen Alter und solche, die sie sonst brauchen konnten, zu holen und vor allem um Steuern zu kassieren. Die ständige Erhöhung der Steuern trieb die Bauern in den Ruin. Diejenigen, die nicht zahlen konnten, wurden brutal bestraft. Von nun an sah man Mi Mi und Maung Chan Tha oft zusammen. Im Nachbardorf wurde ein Mann von einem Tiger angefallen, der sein Schwein retten wollte. In den Engländern mit ihren Blashörnern erwachte sofort das Jagdfieber und sie zogen durch die Dörfer und die Wälder. Sie waren sehr zahlreich und wurden von Pferden und Hunden begleitet. Wie für ein Fest trugen sie saubere rote Kavallerie-Uniformen und zerstörten mit größter Brutalität so manches auf ihrem Weg. Der Bahndamm wurde gebaut, die Kinder prahlten damit, auf den Gleisen zu toben, während sie auf die schwarze Dampflok warteten. Sie legten Pinienzapfen oder andere Gegenstände auf die Schienen und beobachteten, was dann geschah. Sie machten Mutproben, indem sich so nah wie möglich an die vorbeifahrenden Züge heranrobbten. Die Züge waren beladen mit Kriegsgütern und Soldaten, wovon viele selbst noch Kinder waren und aus aller Herren Länder stammten. Die Bevölkerung fand die Züge und die Automobile, mit denen die Engländer durch die Straßen fuhren, unheimlich. Sie fürchteten sich nicht vor dem schrecklichen, lauten Knattern, mit dem sie durch das Dorf rumpelten, sodass die Hühner die Flucht ergriffen und die Pferde und Ochsen scheuten. Nein, nicht mal der Gestank, den sie hinterließen. Es war viel mehr die Geschwindigkeit. Es hieß auch, Birma sei ein Protektorat Englands geworden und England setzte die Maßstäbe für die Entwicklung der Welt. Die Teak-Wälder, die schon lange von den Engländern begehrt wurden, fielen ihnen zuerst zum Opfer. Sie wurden erbarmungslos gerodet. Genauso wie die Hibiskus-, Birnen-, Palmen- und Avocadobäume, die an blühende Wiesen angrenzten. Gerade in der Zeit wo der Klatschmohn, die Freesien und die Gladiolen blühten. Teakholz wurde Mode, die Engländer benutzten es für fast alles. Viele Elefanten waren im Einsatz, was für eine große Verwüstung sorgte. Häuser und Villen im Tudorstil schossen wie Pilze aus dem Boden. In Mi Mis Dorf war auch eine Villa gebaut worden. Ein Tor fungierte als Eingang zu dem Anwesen. Es handelte sich um eine zweistöckige Villa. Im ersten Stock war eine große Veranda, von der man einen tollen Blick über das Dorf und die Berge hatte. Die Stützpfeiler des Dachsimses und die Fensterrahmen waren mit Holzschnitzereien dekoriert. Es gab einen Wintergarten und mehrere Erker. Diese Herrlichkeit war gesäumt von den armseligen Hütten der Dorfbewohner, die dort Arbeit fanden, wie Maung Chan Tha. Daneben befanden sich zudem zahlreiche Golfplätze. Mi Mi war berühmt für ihre heilenden Schnecken und nebenbei verkaufte sie noch frisch gepressten Zuckerrohrsaft. Eines Tages machte auch ein Puppentheater Rast am Banyan-Baum. An dem Baum wurde immer Rast gemacht, wenn jemand in das Dorf kam, um Reklame für seine Vorstellung zu machen, die erst bei Sonnenuntergang begann. Es handelte sich um ein altes, traditionelles Wander-Puppentheater, das sich großer Beliebtheit erfreute. In dieser Ecke wuchsen Orchideen auf einem Eukalyptusbaum, der Geruch war berauschend. Die Vorstellung des Puppentheaters fing bei Sonnenuntergang an und dauerte die ganze Nacht. Es ging um Könige, Prinzen, das Leben im Palast, Einsiedler und Tiere. Bei den Tieren gab es Pferde, Elefanten und Affen. Die Tiger aber waren immer dabei, denn sie verkörperten das Böse. Der Natkadaw, ein Mensch mit Tiger Gesicht, fehlte nie. Die letzte Vorstellung dieser Nacht handelte von Dämonen in der Wüste:

Zwei befreundete Händler waren mit ihren Karawanen unterwegs. Beide hatten dasselbe Ziel. Damit es zu keinen Schwierigkeiten kam, entschlossen sie sich, dass einer vorangehen würde. Ein Händler wollte als erster gehen. Er dachte, dass er dadurch Vorteile hätte, wie das Gras der Wiesen für seine Zebus zu beanspruchen, oder als erster die Früchte aus dem Wald pflücken zu können, bevor es in die Wüste gehen würde. Der Zweite war vorsichtiger und ließ ihm den Vortritt. Er dachte, dass der Erste für seine Tiere und Karren den Weg ebnen würde.

Auch das Gras wäre dann frischer, wenn das alte schon vertilgt wurde, sodass für sie das neue, zarte Gras übrig blieb. Auch wenn die Früchte im Wald schon gepflückt wären, so hätten sie dann die neue Ernte für sich. In der Tat hatte die erste Karawane es sehr schwer, voranzukommen. In der Mitte der Wüste begegnete ihm eine andere Karawane, die in die Gegenrichtung unterwegs war. Diese hatte die Karren voller Wasser geladen. Zu allem Überfluss brachten sie sogar noch Lilien und Lotusblumen mit. »Warum schleppt ihr an diesen Ort so viel Wasser mit, wenn ihr in der Oase drüben bald neues aufladen könnt?« Der Anführer dachte darüber nach und warf das Wasser weg, das im Sand versickerte. Aber an einem Ort, der »Trockene Wüste« heißt, gibt es keine Oase. Als er das bemerkte, dachte er an die letzten Wörter seines Freundes: »Sei vorsichtig, dort sind Dämonen, die gerne täuschen.« Es dauerte nicht lange, und sie mussten vor Erschöpfung und Durst anhalten. In dieser Nacht kamen die Dämonen in ihrer wahren Gestalt und fraßen sie alle auf, sodass am nächsten Tag nur noch Knochenreste übrig waren, die in der Sonne ausbleichten. Monate später folgte dann die andere Karawane. In der Mitte der Wüste begegneten auch sie der anderen Karawane. Diesmal aber antwortete der Anführer: »Warum sollen wir in einem Ort, der ›trockene Wüste‹ heißt, das Wasser wegwerfen? Fürwahr, ihr schaut auch nicht vertrauenswürdig aus, mit den roten Augen und so seltsam anders.« Als sie an die Stelle kamen, wo die anderen ihr Leben verloren hatten, waren nun auch die

Karawanenmitläufer, die an der Entscheidung ihres Anführers gezweifelt hatten, sicher, dass der Anführer richtig gehandelt hatte. Diese Nacht hielten sie Wache. Mit den zusätzlichen Waren seines Freundes machte er gute Geschäfte und kehrte später glücklich nach Hause zurück. Die Moral der Geschichte ist, sei immer auf der Hut.

Die Zebus-Marionetten waren mit goldenem Stoff verziert, genauso wie die Menschen der Karawane. Die Dämonen funkelten genauso wie die Puppen in roter Neonfarbe, als wäre es die erste Vorstellung. Alle sahen aus wie frisch aus der Werkstatt. Was noch beeindruckender war, war die Musik, so exotisch, ausdrucksstark und überwältigend. Vor allem die Beleuchtung und der Schall des Gongs ließen danach noch lange die Luft vibrieren. Die Zeit verging und Maung Chan Tha und Mi Mi entschlossen sich, sich zu vermählen. Der Gang zum Astrologen war sehr wichtig, da der Hochzeitstag entscheidend für das zukünftige Glück war. Auf dem Weg nach Hause hatten sich viele Leute am Marktplatz versammelt. Maung Chan Tha und Mi Mi schlossen sich der Gruppe an. Ein Taschendieb wurde von den Engländern auf frischer Tat ertappt. Bei sich trug er noch das Diebesgut, das zum Teil den Engländern gehörte. Der Dieb wurde an einem Pfahl angebunden und öffentlich zu Tode gepeitscht. Man hörte nur das Klatschen der Peitsche und die fast verzweifelten Rufe der Täter: »Winsele um dein Leben, du Hund. Soll ich noch stärker schlagen?« Maung Chan Tha erkannte seinen Bruder und während alle anderen schwiegen, rief er:

»Aufhören, ihr Hunde, mehr verkraftet er nicht.« Es war schon zu spät, sie sahen sich noch kurz an. Die Augen seines Bruders waren weit aufgerissen, sie erzählten vom Schreck über die Schmerzen, aber nicht von der Angst vor dem Tod. Aus seinem Mund tropfte Blut heraus und er gab keinen Laut mehr von sich. Das ärgerte die Engländer sehr, denn auch wenn sie den Körper knechten konnten, so blieb er standhaft in seinem unerschrockenen Stolz und unnachgiebig in seiner Integrität, immer noch fähig, gegen die Unterdrücker Widerstand zu leisten. Sein Blick zeigte einen Hauch von Zufriedenheit, dann stieß er einen leichten Seufzer aus. Sein Körper hing nun leblos und schlapp herab, doch der Engländer schlug ihn immer weiter. »Schreie, du Hund.« Der Arzt stellte seinen Tod fest und auf dem Marktplatz herrschte tiefe Stille. Alle standen da und hielten die Köpfe gesenkt, doch in ihren Herzen wuchs der starke Drang nach Widerstand, den man nicht töten konnte. So war das Opfer von Maung Chan Thas Bruder nicht umsonst gewesen und er blieb als ein weiterer Held und Mutmacher in ihren Herzen. Nur Maung Chan Tha konnte sein Schluchzen nicht stoppen. Mi Mi ermahnte ihn entsetzt: »Hör auf zu jammern, sonst wird er nicht in den Himmel steigen, der Fluss der Tränen wird ihm den Weg versperren, das weißt du.« Maung Chan Tha kam mit wenigen Peitschenhieben davon. Die Leute aber flüsterten: »Er wird wohl kein Glück mehr haben.« Zur Hochzeit war das ganze Dorf anwesend. Schweißperlen und Tränen drohten Mi Mis Schminke zu ruinieren. Die Braut wurde von den Eltern eingekleidet und mit dem kostbarsten Schmuck der Familie geschmückt. Sie trug eine hüftlange Jacke und einen langen Longyi. Sie sah aus wie eine Prinzessin am königlichen Hof. Der Bräutigam war auch elegant gekleidet mit einem traditionellen Anzug. Dieser bestand aus einer Kopfbedeckung, einem langärmligen Shirt mit Hemdkragen, einem seidenen Longyi mit traditionellem Jackett und samtenen Schuhen. Das Brautpaar wurde reichlich beschenkt mit Haushaltswaren und persönlichen Dingen. Im Gegenzug teilte das Paar Opfergaben und Geld für die Gäste aus, das soll nach buddhistischem Glauben Glück bringen. Das Paar wurde von dem Blumenmädchen gesegnet, das Blumen vor ihren Füßen verteilte und das traditionelle Orchester spielte bis tief in die Nacht. Es gab viel zu essen, von Reis und Nudeln über Fleisch und Fisch bis zu Gemüsevariationen, vor allem auch viele Gewürze in süßsauer, sowie Fischpaste und Fischsoße. Grüner Tee war allgegenwärtig. Für die meisten war es endlich die Gelegenheit, etwas Vernünftiges zu essen, denn seit der Krieg tobte, wurden viele Ernteerzeugnisse zur Front transportiert. Am nächsten Tag wurden sie nach einer zusätzlichen Spende zur Verbesserung des Karmas noch mal von dem Astrologen gesegnet. Beim Verlassen des Dorfes besprengten sie dann mit einer Tasse Wasser die Buddhastatue und den Tiger als gutes Omen für Zufriedenheit und Ausgeglichenheit im neuen Leben. Mi Mi verbrachte viel Zeit mit den Schnecken. Sie erzählte ihnen oft Märchen und streichelte dabei ihren runden Bauch.

Eines Sonntagnachts gebar Mi Mi einen gesunden

Jungen und es war erneut Zeit, den Astrologen zu konsultieren, um zu erfahren, was das Schicksal für den Jungen vorsah und auch, um den richtigen Namen zu bestimmen. Die Sonne stand noch silbern am Horizont, ein dicker feuchter Nebel verbarg noch die Berge und die Täler. Mi Mi und Maung Chan Tha gingen frohen Mutes spazieren, als sie plötzlich aus einer dünnen Nebelbank heraus von einem Gecko angestarrt wurden. Der Blick war merkwürdig. Mi Mi überkam ein ungutes Gefühl, als hätte sich ein dunkler Schatten über ihr Schicksal gelegt. Als sie beim Astrologen angekommen waren, fragte der Meister: »Womit kann ich euch dienen?« Sie verbeugten sich mit gefalteten Händen zum Gruß, dann erwiderte Maung Chan Tha: »Unser Sohn ist vor zwei Wochen gegen Mitternacht geboren worden, wir möchten gerne wissen, ob die Sterne für ihn günstig stehen.« Der alte Astrologe nahm einen Stift in die Hand und kritzelte auf eine Tafel. »Welcher Tag war das?« »Es war am Sonntag.« Der Astrologe rechnete, stoppte aber mittendrin und runzelte die Stirn. Nach einer Weile legte er die Tafel zurück und blickte das Paar mit finsterer Miene an. »Der Junge wird groß, er wird Probleme machen.« »Was meinen Sie mit ›groß‹?«, wollte der Vater wissen. Durch das Schluchzen von Mi Mi konnte er die Antwort nicht verstehen, also beschloss Maung Chan Tha zu gehen, nachdem er bezahlt und sich dankbar verabschiedet hatte. Auf dem Rückweg hatte sich der Nebel gelichtet. Sie liefen auf die Straße zu und bogen auf einen Trampelpfad ein, der zum Fluss hinunter führte. Pflanzen blühten üppig am Wegrand, darunter waren Dattelpalmen, Mangobäume und Bananenstauden, an denen kleine Bananen hingen. Es roch nach frischem Jasmin und reifen Früchten.

Der kleine Myo Youn konnte kaum krabbeln, und schon waren seine Triebe zerstörerisch. Außerdem war er für sein Alter schon sehr groß. Eines Tages saß Myo Youn an der Türschwelle. Achat und Blondi kamen von einem Ausflug zurück. Plötzlich fing er an, mit Gegenständen nach ihnen zu werfen, und das geschah nicht zum ersten Mal. Mi Mi sah die Schrammen an Blondis Gehäuse und meinte mit traurigem Blick: »Nun ist es soweit, wir müssen uns trennen. Morgen bringen wir euch zum Kloster Schwenandaw in Mandalay, dort könnt ihr in Frieden …« Plötzlich verstummte sie und fügte dann leise »leben« hinzu. Achat dachte über den Frieden nach und musste feststellen, dass er so etwas richtig vermisste. Sie weinten die ganze Nacht, aber es war das Beste für alle. Unterwegs nach Mandalay betrachtete Mi Mi enttäuscht die Landschaft. Die Präsenz der britischen Armee war immer noch stark spürbar und einige Hänge waren nur spärlich mit Nadelbäumen bedeckt, da die Engländer viele Wälder abholzen ließen. Dazwischen lag braun verbranntes Gras. Sie dachte an die Nats und Tränen flossen über ihre Wangen. Achat und Blondi saugten sich an ihren Händen fest. Der Abschied fiel ihnen allen schwer. Die Nacht überraschte sie wie ein Dieb, leichtfüßig und bedrohlich, und sie hatten noch nicht gänzlich den Schauer des Geschehens verarbeitet. Nun waren sie nach so einer langen Zeit wieder auf sich allein gestellt, ohne Schutz und Geborgenheit. Sie vermissten jetzt schon die Märchenstunden.

Im Kloster Schwenandaw lebten viele Mönchen und Kinder, die Novizen. Das Kloster war noch nicht fertig. Alle Jungen hierzulande sollten einmal im Leben die Erziehung des Klosters genossen haben, die Dauer war jedem selbst überlassen. Das Kloster war mit seinen vielen Holzschnitzereien atemberaubend schön. Die Außenfassaden waren sogar mit Gold überzogen. Die bunten Wimpel schimmerten bei Sonnenuntergang märchenhaft schön. Viele Säulen und Decken waren mit Gold verziert, auch die gesamte Innenarchitektur war wegen der zahlreichen Blumen- und Figuren-Ornamente berühmt. An einer Pfütze blieb Achat stehen und bewegte sich nicht mehr. »Was ist los, Achy, ist alles Ok?« »Sag mal, Blondi, bin ich wirklich so alt, wie ich da aussehe?«, erwiderte Achat. »Weißt du, Achy, ich mag dich so, wie du bist, ich bin auch nicht mehr der Jüngste. Wir sind wohl die ältesten Schnecken der Welt. Niemand will uns noch sammeln. Ich vermute, dass sie sich ekeln.« »In der Tat, ist mir auch aufgefallen, dass wir es nicht mehr nötig haben, uns zu verstecken.«

Nachmittags saßen bei schönem Wetter die Novizen auf der Terrasse. Mit den rasierten Köpfen, den rot-orangenen Mönchskutten und Sandalen hörten sie dem Meister zu. Die Sonnenstrahlen waren noch lauwarm und berührten zart die Kronen der umstehenden Eukalyptusbäume, welche im Spiel von Licht und Schatten immer heller wurden. Alles atmete erleichtert auf. Schon versuchten die ersten Schmetterlinge die besten Plätze an der Sonne zu ergattern, während die Vögel ihren Grußgesang lauter anstimmten. In der Ferne konnte man Hirsche, Antilopen und Wildbüffel grasen sehen. Ein weißer Elefant wurde im nahen Fluss gebadet. Das geschah täglich immer zur gleichen Zeit. Die weißen Elefanten stehen in der buddhistischen Lehre für die Verbindung zwischen Himmel und Erde. Der Meister las:

»Der große Fisch: Seit Tagen hatte es nicht geregnet und der Wasserstand des Flusses war niedrig. Zwei Jungen wollten trotzdem fischen, auch wenn die Reiher weg waren und die Männer aufgegeben hatten. Bonifo kam mit einem großen Fisch vorbei. ›Ui, der ist ja groß, wie hast du das geschafft?‹, fragten die Jungs. Bonifo sagte zuerst nichts, aber dann: ›Wo der herkommt, da ist noch viel mehr.‹ Zu Yamandau und Yilil schloss sich Krocre noch an und zu dritt gingen sie zum Fluss. Krocre wusste von einem Brauch, dem Lianen-Zauber, der von den Männern des Stammes praktiziert wurde. Die Männer hatten die Liane von weiter oben vom Berg geholt und den richtigen Zauberspruch gesungen. In der Eile begnügten sie sich mit den Lianen aus der Gegend. Sie zermalmten sie, sodass der Saft die Steine entlang floss. Sie sangen einen Zauberspruch, der ihnen gerade einfiel. ›Ihr vielen Fische, kommt alle her.‹ Während Yamandau vor Wut auf das schäumende Wasser schlug, hallte Krocres Stimme wie ein Echo zum Klang der ins Wasser klatschenden Liane. Am Abend aßen sie fünf Krebse, die sie unterwegs gefangen hatten. Am Haus Bonifos roch es so herrlich nach Fisch. Zu ihrer Überraschung

durften sie mit ihm gemeinsam den Fisch essen. Er hatte sogar auf sie gewartet. Da erfuhren sie, dass er den Fisch am Markt gegen zwei Kokosnüsse getauscht hatte.«

Achat schmatzte gemütlich mit einem kleinen Abstand zu Blondi. »Weißt du, Achy? Da fällt mir ein Zitat von Buddha ein, passend zu deinem Alter.« Achat schaute ihn grimmig an. »Die Zeit ist ein großer Lehrer. Das Unglück ist nur, dass sie ihre Schüler tötet.« Da riss Achat der Geduldsfaden und er ging auf Blondi los. Das wurde beobachtet und alle lachten. Der Meister las noch eine Geschichte vor und die beiden versöhnten sich wieder. Sie standen nebeneinander und liebkosten sich. »Du Strolch!«, schnurrte Achat.

»Das Königreich, das wegen eines Tropfens Honig verloren ging: Der König und sein Staatsminister standen gut gelaunt an einem Fenster des Palastes. Sie aßen gebratenen Reis mit Honig und lachten viel, sodass etwas Honig aus dem Fenster tropfte. ›Eure Majestät, gestatten Sie, dass ich den Honig wegwische.‹ Der König erwiderte lachend: ›Wir haben besseres zu tun, als Honig zu wischen.‹ Der Honig tropfte vom Fensterbrett auf die Straße und eine Fliege trank von ihm. Die beiden Herren sahen ihr mit Vergnügen zu und aßen weiter. Eine große Spinne fraß die Fliege und eine Hauseidechse verschlang die Spinne. Die beiden lachten am Fenster, als eine große Katze die Hauseidechse fraß. Ein Hund griff die Katze an, auch die Eigentümer gerieten in Streit. Der König und der Minister waren höchst amüsiert. Freunde ergriffen Partei und bald bildeten sich Gruppen. Selbst

die Palastwachen mischten sich ein. Es kam zu einer großen Unruhe und bald zum Bürgerkrieg. Dabei wurde der Palast samt dem König und dem Staatsminister vernichtet. Die Botschaft der Geschichte ist: Die Richter sollen die kleinste Angelegenheit schnell und zuverlässig erledigen.«

Auf der saftigen Wiese, wo Achat und Blondi sich für eine lange Zeit niederließen, waren Wachteln und die beiden konnten diese nicht leiden. Die Wachteln hatten die Gewohnheit, von Zeit zu Zeit auch Schnecken zu verspeisen.

Morgens trafen sich alle zum Frühstück. Achat lernte gerne Fremdsprachen. Das Surren des Windes war ihm ein Rätsel, genauso wie die vielen Klänge der Wachteln. Lange horchte er in sich hinein, wenn er die Wachtel beobachtete. Da sagte er sich: »Willst du die Sprache der Wachtel lernen, so musst du wie sie denken, wie sie sein, wie sie fühlen.« Es war eine Sache der Ehre und eine Sache von Leben und Tod. Nachmittags hatten die Wachteln die Gewohnheit, sich auf dem sandigen Boden zu wälzen, was nicht nur Staub verursachte, sondern sie auch in Staubmonster verwandelte. Bei dieser Verwandlung konnten sie nebenbei auch ein Sonnenbad nehmen. Da gingen ihre Blicke ins Leere und sie verrenkten sich dabei so unnatürlich, als würden sie schmelzen. »Schau zu, Blondi!«, fauchte Achat »Das können wir nicht, somit bleiben unsere Studien über ihre Gewohnheiten unvollständig.« Eines Tages aber schafften Achat und Blondi es, den Pfeifenton des Wachtel-Weibchens nachzuahmen. Es war an der Zeit, den Wachteln einen Denkzettel zu verpassen. Sie fanden ein Loch in der Erde, das groß genug war, um drei lästige Wachteln für eine Weile zu beschäftigen. Am anderen Ende des Tunnels bildete sich eine Art Oboe mit einem breiteren Eingang. Blondi pustete und die Wachteln warfen sich in heller Freude hinein. Dort blieben sie stecken und das Jammern war unbeschreiblich. Der Maulwurf, der wegen der Würmer seine Ruhe brauchte, half den dreien wieder nach draußen. Die Vorwürfe waren groß und es war an der Zeit für sie weiter zu ziehen.

Die Erwachsenen waren auf einem Reisfeld damit beschäftigt, mithilfe von Wasserbüffeln Stecklinge zu pflanzen. Ein kleines Mädchen saß am Rand des Feldes und wirkte traurig, müde und gelangweilt. Als sie Blondi und Achat erblickte, strahlten ihre Augen wie Sterne am Firmament. Die Zeit lief einfach davon und zwischen den Streicheleinheiten auf dem Gehäuse und unter dem Fuß erzählte das Mädchen eine Geschichte:

»*Das Mädchen im Mond: Vor langer Zeit, als die Welt anders war und die Geister mit den Menschen verkehrten, lebte auf der Insel Nauru ein Mädchen namens Ejawanoko, das mit seiner Großmutter unter einem Baum wohnte. Die höchsten Zweige des Baumes berührten den Himmel. Der Baum gab den beiden alles, was sie zum Leben benötigten: Obdach, Schatten und Nahrung. Als die Enkelin ins heiratsfähige Alter kam, sagte die Großmutter: ›Reibe dich mit Öl ein, schmücke dich mit Blumen und klettere auf die Spitze des Baumes, da sollst du einen Mann finden. Kommst du zurück, bin ich froh, kommst du nicht, dann bist du auch in guten Händen.‹ Die*

Großmutter sprach den Zauberspruch und das Mädchen konnte in den Himmel steigen. An einem alten Haus erblickte sie eine alte, blinde Frau. Diese kochte für ihre Söhne auf heißen Steinen in einer Kokosnussschale Palmen-Eis mit Sirup. Sie rührte kräftig und regelmäßig um, damit nichts anbrannte. Das Mädchen aber trank heimlich eine Schale nach der anderen und bei der letzten wurde sie erwischt. Mit festem Griff hielt die Alte sie am Arm fest. Das Mädchen flehte sie an und versprach ihr, sie zu heilen. Das Mädchen fasste das Gesicht der Frau mit beiden Händen und konnte sehen, wie eine Eidechse und ein Käfer aus ihren Augen krochen. Die Alte stellte sich vor, ihr Name war Eriburana, die Mutter der Sonne Iguan und des Mondes Merrimen. Sie versteckte das Mädchen aus Furcht vor den Söhnen. Als die Söhne das Mädchen entdeckten, boten sie sich als Bräutigam an. Sie entschied sich für den Mond und seither kann sie durch den Himmel reisen.«

Achat und Blondi sahen oft Elefanten, die mit schwerer Arbeit beschäftigt waren, was sie sehr beeindruckte. Häufig begegneten sie indischen Buckelrindern, die an Holzkarren gespannt waren. So kamen sie von Pagode zu Pagode.

Am späten Nachmittag schlenderten Achat und Blondi am Ende der Straße in Amarapura umher. Vor allem die Handwerkstätten und die Webereien erregten ihre Aufmerksamkeit. Dort, in einer traditionellen Marionetten-Werkstatt, fanden sie eine Weile Unterschlupf. Das war ein Familienbetrieb, wie es hierzulande häufig vorkam. Die Liebe zum Detail gemäß der

Tradition war mustergültig. Obwohl es immer um die gleiche Thematik ging, war keine Puppe wie die andere. Manchmal schauten sie zu, wie liebevoll mit den Puppen gesprochen wurde. Das war sehr rührend. Sie krochen bis zum anderen Ende der U-Bein-Brücke, dort beobachteten sie das Treiben der Einheimischen und genossen den malerischen Sonnenuntergang mit seinen silbrigen Strahlen über dem spiegelglatten See. Tagsüber gab es viele Bettler, die Strecken zur Brücke waren voll mit Werkstätten, Händlerständen, lauten Stimmen, fahrenden Karren und dem Lärm der Werkstätten – eben die Musikbeschallung einer pulsierenden Stadt. Mandalay war das Handelszentrum sowie die Heimstätte des kulturellen Erbes. Die Ruinen der Königsstadt mit ihren vielen alten Klöstern machte Mandalay zu einem wichtigen Zentrum für burmesische Kunst und Architektur des 19. Jahrhunderts. Ganz interessant waren auch die Holzschnitzereien, die Silber- und Tapisseriewaren, Seide und andere Erzeugnisse traditioneller Handwerkskunst. Von Mandalay aus gingen Eisenbahn-, Straßen- und Schiffsverbindungen in alle Teile des Landes. Der Hügel war ein Naturwahrzeichen von Mandalay und bot eine tolle Aussicht auf die Umgebung und die Stadt. Viele Treppen führten den Hügel hinauf. Ein Sprichwort sagt: »Man soll in die Umgebung von Mandalay flüchten, wenn man lange leben will.« Das heißt, dass es ein Segen ist, den Hügel zu besteigen. Viele bedeutende Pagoden standen entlang der Stufen, Achat und Blondi huldigten sie ehrenvoll. Auch dort fanden sie zahlreiche Geschäfte mit Goldplättchen, traditionellen, handgemachten, burmesischen Spielsachen und herrlichen Perlen.

Die Kuthodaw-Pagode war im Jahr 1868 fertiggestellt worden. Sie bestand aus 729 pavillonartigen Tempeln, die mit Marmorplatten versehen waren, den Stupas. Auf diesen Marmorplatten waren das Leben und die Lehre Buddhas niedergeschrieben, was es zum größten Buch der Welt machte. Ihre Türme, Treppen, Tempeln und Säulen sind vergoldet, mit Figuren, Obelisken, Glocken und einer großen Gebetskapelle ausgestattet. Im Jahr 1871 wurden für den Weltkongress für sechs Monate 200 Steinmetze und 2400 Mönchen beschäftigt, um die Tipitaka zu übersetzen.

Gleich neben der Kuthodaw-Pagode war die Sandamuni-Pagode. Sie wurde zur Ehre des im Jahr 1866 getöteten Prinzen erbaut. Hier befinden sich gegossene Buddhastatuen und weiße Türmchen-Schreine mit Marmortafeln und zwei Kommentaren zur Lehre. Hier befand sich auch die 3,80 Meter hohe Buddha-Figur. Bei Vollmond saßen sie am Sockel der Statue und genossen ihre Zweisamkeit.

Die Mahamuni-Pagode war das älteste religiöse Zentrum von Mandalay. Neben dem goldenen Felsen befand sich eine fünfeinhalb Meter hohe Stupa. Unter der Pagode soll sich ein Haar befinden, das von einem Reliquien-Schrein bewacht wird. Ein alter Eremit soll es selbst von Buddha bekommen haben. Kurz vor seinem Tod verlangte der Eremit den Bau einer Pagode mit einem Felsblock, der die exakte Größe seines Schädels besaß. Am Meeresgrund wurde man dafür fündig. Der Fels hatte eine Beschichtung aus Blattgold, die von Gläubigen beklebt. Neben dem goldenen Felsen war die Mahamuni-Pagode die Hauptattraktion des Landes. Hier soll Buddha einem drei Meter hohen Ebenbild aus Bronze seinen Atem eingehaucht haben, besagt die Legende. Das Gewölbe der Mahamuni-Pagode war mit kräftigen, goldenen und roten Farben eingerahmt. Die Krone des Buddhas war mit Edelsteinen besetzt. Gläubige und Pilger klebten Goldplättchen an die Körperstelle, für die sie Heilung erbitten wollten. In der Halle waren Bronzefiguren ausgestellt. Dort erzählte eine Mutter ihrem müden Kind die *Geschichte vom Goldenen Baum.*

»In einem großen Wald lebte ein alter Eremit. Eines Tages lief ihm eine fast verhungerte Hündin zu. Mit der Zeit fürchtete sich der Eremit um ihre Zukunft, so verwandelte er sie in ein Mädchen, so schön wie eine Lotusblume. Sie lebten zufrieden miteinander, bis eines Tages der König mit seiner Jagdgesellschaft in die Nähe kam. Der König verliebte sich sofort in das Mädchen hielt um ihre Hand an, obwohl ihm gesagt wurde, sie sei nicht von edler Herkunft. Sie wurde Mutter von sieben Töchtern, die auch Prinzen heirateten. Die jüngste aber wollte lieber einen Bauern. Der Vater war nicht einverstanden, es kam zum Ehestreit und die Frau fiel in die alte Gewohnheit zurück, auf Sandalen zu kauen. Als der König das bemerkte und erfuhr, dass sie eine Hündin war, verbannte er sie aus dem Haus. Die Hündin fand Hilfe und Trost bei der jüngsten Tochter, nachdem eine nach der anderen sie schwer verletzt hatte. Sie erlag ihren Wunden

und bat darum, dass ihr Körper in der Nähe der Hütte begraben wurde. Über Nacht wuchs ein Baum mit goldenen Früchten. Die Schwestern versuchten, sie zu pflücken, aber vergebens. Erst dann verstand der König die Besonderheit der Frau. Er gab die Regierungsgeschäfte zugunsten der jüngeren Tochter und ihrem Gemahl auf. Von da an lebte der König in der Hütte neben seiner dort begrabenen Frau.«

Ein Mann stand verborgen hinter der Säule und hörte der Geschichte aufmerksam zu, dabei war er sehr gerührt und weinte stille Tränen. Achat und Blondi gaben Töne von sich, die diejenigen verstehen, die schon Schnecken kennen. Der Mann schaute sich um und rief voller Freude und Überraschung: »Achat, Blondi, endlich!« Er nahm die Schnecken zu sich, küsste und streichelte sie voller Zärtlichkeit. Auch Achat und Blondi freuten sich sehr, denn der Mann war Maung Chan Tha. Er erzählte, was geschehen war, nachdem Achat und Blondi die Familie verlassen mussten. Wie vom Astrologen vorhergesagt, wuchs der Sohn Myo Youn sehr schnell und schon bald war er der größte Mann im Dorf. Was große Probleme bereitete, war seine Leichtfertigkeit, Böses zu tun, ohne Reue zu empfinden. In der Nachbarschaft hatte er sich unbeliebt gemacht. Ständig kamen aufgebrachte Leute mit Schadenersatzforderungen. Im Kloster war er auch nicht sehr lang, denn auch da konnte man seine Zerstörungswut nicht stoppen. Mi Mi hatte immer versucht, Myo Youn zur Vernunft zu bringen. Vergebens. Eines Nachmittags hörten die Nachbarn schon wieder eine laute Auseinandersetzung zwischen

Mutter und Sohn, dann wurde es plötzlich unheimlich still. Myo Youn war erst zwölf. Am Abend fand der Vater die Leiche von Mi Mi ausgestreckt auf dem Küchenboden. Der Sohn gab an, die Mutter noch am Abend gesehen zu haben. Die Polizei war ratlos. Von da an war sein Leben die Hölle, das Geld wurde knapp, und er wurde von dem zügellosen Sohn oft verprügelt. Vier Jahre später bestand Myo Youn darauf, bei Monsunregen ausgehen zu wollen. Der Regen prasselte mit enormer Geschwindigkeit tagelang nieder, als wolle er alles wegspülen. Die Pfützen vereinigten sich zu einem See und schließlich zu einem tosenden Fluss, der die Böschung hinunterströmte. Myo Youn rutschte auf der glitschigen Erde aus und wurde sofort weggespült. Maung Chan Tha musste in diesem Leben wieder gut machen, was er im vorherigen getan hatte. Für ihn was das alles die Bestrafung seines sündhaften, früheren Lebens. In Mandalay wollte er noch Achat und Blondi wiedersehen. In Erwartung, sie zu treffen, begann Maung Chan Tha dort als Mönch zu arbeiten. Sie verabschiedeten sich schweren Herzens, denn auch Achat und Blondi wussten, dass es für immer war.

Die große Narbe

Das Land war durchgehend im Unruhe-Zustand. Burmesische Soldaten zwangen vor allem junge Burschen aus den Dörfern dazu, Minen zu suchen. Unterwegs fanden Achat und Blondi zerfetzte Körper und die Geräusche der Bombendetonationen und Gewehre knatterten und ließen die Luft erbeben. In der Dämmerung bei einer Brücke an einem Mangobaum trafen Achat und Blondi einen Astrologen, der im Lotus-Sitz meditierte. Er sah die zwei Schnecken und nach einer kurzen Meditation erfuhr er auch von der Mission Achats. So sprach der Astrologe: »Birma wird keinen Frieden finden. Die große Narbe.« Es folgte eine lange Pause. Seufzend betrachtete er die zwei Schnecken, die orientierungslos wirkten. »Achat und Blondi, eure Mission ist zu Ende.« Liebevoll streichelte er die zwei Schnecken noch. Sie wisperten wie der Hauch des Abendwindes. Dann, fast beiläufig, gab er einen väterlichen Rat: »Der Weg ist das Ziel am Ende des Regenbogens.« Und ging. »Was meint er damit, Achy?« »Wer weiß, er sprach in Rätseln.« Im Fluss schwammen einige Knochenfische, denn der Wasserpegel war gesunken. Wasserschildkröten und Schlammspringer machten ihre nächtliche Runde, um Futter zu suchen. Es war lustig mitanzusehen, wie sich die kleinen Kerle gegenseitig das Leben schwer machten. Die Männchen gingen mit hochgezogenem Kamm aufeinander los, die Weibchen dagegen versanken im Schlamm und suchten nach Essbarem. Ihre schnellen Bewegungen waren so drollig mit ihren abgeflachten Hintern, den getrennten Rückenflossen und den hochstehenden Augen, die sich seitlich über dem Kopf erhoben. Merkwürdig waren auch die Töne, die sie von sich gaben. Blühende Wasserhyazinthen leuchteten bläulich mit einem Hauch Gelb in den schwachen Lichtstrahlen des Mondes. An einem felsigen Kalkstein unterhielten sich die Schnecken gedankenverloren, als ein widerlicher Gestank sie wachrüttelte. »Pfui, was ist das, und so plötzlich?«, beschwerte sich Achat. Am Fluss, der langsam wieder anstieg, kamen schon die Frühaufsteher, die Fasanen und die Eisvögel. »Wissen Sie das nicht? Flussaufwärts arbeiten die Menschen eifrig an einer Bahnstrecke. Sie schreien immer wieder ›speedo, speedo‹.« »Und das ist noch nicht alles«, raunte ein Nashornvogel. »Sie verbinden die bestehende Strecke nach Indien mit Thanbyuzayat, die Strecken sind teilweise Baustellen und Brücken werden auch gebaut.« »Das Schlimme daran ist, dass sie den Fluss verunreinigen und alles kurz und klein schlagen. Viele Tiere laufen davon, wissen aber nicht wohin«, ergänzte ein Gibbon. Erst jetzt merkten die Schnecken, wie viele Tiere schon am Wasser waren und dass es schon recht hell war. Die Wildrinder mit den Pferdehirschen hatten gerade getrunken, da kam ein Tiger in Sicht. »Lass uns einen ruhigen Platz suchen, Achy, für uns ist hier Feierabend.« Ein Tapir machte sich auf den gleichen Weg. »Dort sterben die Menschen wie Fliegen, schlimme Krankheiten befallen sie. In den Lagern laufen total abgemagerte Leute umher. Die Heere bestehen aus Briten, Niederländern, Australiern, US-Amerikanern, Asiaten, Indern und anderen Minderheiten.« Die Schnecken hörten aufmerksam zu, gegenüber dem Fluss war der Regenwald. Heiße und feuchte Luft umhüllte die artenreichen, dichten und bis zu siebzig Meter hohen Bäume. Nur wenige Büsche und Sträucher gediehen hier, aber dafür breiteten sich die Orchideen zwischen den Durian-Baumästen aus wie Weihnachtsschmuck. Eines Morgens, kurz bevor Achat und Blondi sich schlafen legten, begegneten sie einer Herde von wilden, asiatischen Elefanten. Sie waren erschöpft und ihr Äußeres spiegelte den seelischen Zustand wider, nämlich Panik. Die Schnecken hielten sich verborgen und hörten dem Gespräch zu. »Von Khoh Mo in Thailand schneiden die Menschen eine Schneise in Richtung Drei-Pagoden-Pass.« »Das ist wahr!«, kreischte ein Vogel, der damit beschäftigt war, das Ungeziefer aus dem Ohr eines Elefanten herauszupicken. »Sie wird sich mit der birmanischen Strecke verbinden. Ganze Bambuswälder werden am Fluss verschwinden. Die stärksten und größten Bäume werden gefällt werden, wie auch die Teak-Bäume.« Ein Beo, der auf einem Ast saß, pfiff »Speedo, Speedo«. Wie ein Kommando stimmten andere Beos das Trauerlied »Am Ende des Tages« an:

Am Ende des Tages bist du einen weiteren Tag älter.
Das ist alles, was du über das Leben der Armen sagen kannst.
Es ist ein Kampf, es ist ein Krieg.

Und es gibt nichts, was irgendwer einem gibt.
Einen weiteren Tag herumstehen, wofür?
Ein Tag weniger zu leben.
Am Ende des Tages bist du einen weiteren Tag älter.
Usw …

Die Morgensonne glänzte schon silbern am Horizont und alles drumherum war wie in Nebel gehüllt, auch die Stadt mit ihren Tempeln und exotischen Silhouetten. Sie alle verschwanden. »Achy, die große Narbe, wovon der Astrologe sprach.« Achat nickte nur nachdenklich. »Blondi, was ist, wenn wir den Regenbogen nicht finden?« Die Bergketten waren noch sehr weit weg. Sie liefen in der Ebene an Reisfeldern vorbei. Sie sahen den Kampf der goldenen Sonne am Morgen, wenn sie sich mit den Dünsten der Nacht die Schlacht lieferte, die sowieso die Sonne gewann. Die Ebene war von einem goldenen Glitzern überzogen, dem Morgentau, so schön wie ein Schleier aus Perlen. Mittags blendete die weiße Sonne, da mussten sie ruhen. Dann, wenn bei der Abenddämmerung die Sonne rosarot strahlte, wussten sie, dass es Zeit war, weiterzumarschieren. »Was ist, Achy, wenn wir den Regenbogen nicht finden?« Diesen Abend regnete es und das nicht zu knapp. Anschließend kam ein großer Regenbogen zum Vorschein. »Da Blondi, das muss der Regenbogen sein. Achy, es sind zwei, einer ist für dich. Jetzt müssen wir uns etwas Geheimes wünschen.« Die beiden schauten lange die Regenbögen an, während das Hochwasser in den Boden sickerte. Der Regenbogen endete dort bei der Ebene, ganz hoch im Norden des Landes, bei den Gletschern an der Grenze zu China. Ganz unten fanden sie noch eine Spalte, in die sie hineinkrochen, bevor die Wärme ihre Körper verließ. Achat sagte: »Wir werden hier eine Weile bleiben, wir können nicht mehr tun.« Blondi erwiderte: »Seit wir hier sind, haben wir Krieg und Elend gesehen. Selbst die Kinder haben so gelitten und trotzdem haben sie uns geliebt.« Achat verbittert: »Ja, dafür haben ihre Eltern uns zum Fressen gern gehabt. Sie haben sogar Geschäfte damit gemacht.« »Ah, dein Name ist Mirrowyu, das heißt ›Spiegel deiner selbst‹, was hat es damit auf sich?« Achat gedämpft: »Blondi, unsere Mission ist gescheitert. Unsere Beseelung wird sich wandeln, die Folge will ich nicht wissen.« »Achy?«, fragte Blondi traurig. »Dann war alles umsonst.« »Nein, Blondi, nichts ist umsonst. Wir haben in den Herzen der Kinder den Frieden gesät. Wenn die Herzensgüte ihre Fülle erreicht, werden sie nach dem Frieden und der Liebe streben.« Achat sah Blondi an und nickte mit den Augen. Beide sahen furchtbar aus, als hätten sie mit der Ewigkeit getanzt – ein Trauertanz, der ihnen die Jugend nahm. Wassertropfen aus der Wölbung der Höhle hauchten eine süße Melodie. Erst als ein Sonnenstrahl die Höhle erleuchtete, erblickten sie deren Besonderheit. Für Achat war es wie damals, als in Madagaskar die Lichter blitzten und er freudig zusah, aber Kolibri, sein lieber Freund und Spielverderber, noch näher hinwollte. Diese Lichter waren anders, sie sprangen aus dem Felsen hervor, bunt, in warmen satten Neonfarben. Die Riesenschnecken spürten eine innere Wärme. »Siehst du, Blondi, das ist das Zeichen, dass wir etwas bewirkt haben!«, sagte Achat und in seiner Stimme schwang Dankbarkeit und Erleichterung mit. Starre Kälte stieg rasant schnell vom Fuß nach oben und als das Körpergefühl nachließ, die Kälte das Herz erreichte und der letzte warme Hauch entwich, verließen zwei kleine Blitze ihre müden Körper.

Im Zweiten Weltkrieg erstreckte sich die Thailand-Burma-Eisenbahn wie eine tiefe Narbe quer über den Kontinent, von Khok Mo in Thailand über die Grenze am Drei-Pagoden-Pass nach Thanbynzayat in Burma, um Anschluss an die schon bestehende Strecke nach Indien zu herzustellen, die 415 Kilometer lang war. Hierzulande aber hieß sie »Die Todeseisenbahn«. Sie verband in den Jahren 1943–1945 nach nur siebzehn Monaten Bauzeit Thailand mit Birma. Der Kaiser von Japan ließ die Strecke durch die kaiserliche, japanische Armee mit Zwangsarbeitern und Kriegsgefangenen unter menschenunwürdigen Bedingungen bauen. Der Bau der Todeseisenbahn war deswegen so wichtig, weil die Japaner den Angriff auf Britisch-Indien vorbereitet hatten, um die Malaiische Halbinsel zu meiden. Auf dieser Seestrecke waren nämlich alliierte Bomber, U-Boot-Attacken und Seekrankheiten an der Tagesordnung. Die Arbeitsbedingungen waren erschwert durch das heiße feuchte Dschungelklima. Besonders in der Monsunzeit lag zusätzlich ein schwerer Nebel über den Tälern. Es gab viele Unfälle beim Brückenbau und der Felssprengung am Pass. Im April 1943 fehlte es am Hellfire Pass an Arbeitsgeräten. Nachts wurde mit Diesellampen gearbeitet sowie mit Hammer und Meißel. Die Strecke maß 25 Meter

Breite und 75 Meter Höhe. Der Bergabschnitt ging aber noch weiter. Dazu kamen die vielen Krankheiten und die schlechte Ernährung. Wegen der Luftangriffe fuhr der Zug nur nachts. Tagsüber wurden die Züge mit einem Spitzdach getarnt, das den Hütten der Einheimischen ähnelte. Daher wurden sie auch die ›Fliegenden Dörfer‹ genannt. Zwei Mal täglich flogen alliierte Bomber in Formation, zerstörten Brücken und schnitten Gleise ab. Am 2. September kapitulierte Japan. Viele Tode waren zu beklagen, man schätzte um die 90.000 Menschen. Die Ursachen waren unterschiedlich; Krankheiten durch schlechte Ernährung und Hygienezustände hauptsächlich. Vor allem Tropenkrankheiten und Entzündungen von unbehandelten Verletzungen, da es an Medikamenten mangelte. Die Misshandlungen, das tropische Klima und die Angriffe der Alliierten spielten auch eine Rolle. Amerikaner und Japaner nahmen Afrikanische Riesenschnecken mit nach Hause.

Sie sind wohl mit heiterem Herzen gegangen, denn Trauer ist nicht gut für die Seele. Ihre Nachkommen sorgten für Unruhe. Sie waren groß wie Ratten, mit gewaltigem Appetit und giftig, da alles, was sie essen, den Menschen nicht bekommt. Die afrikanischen Riesenschnecken entwickeln sich zur Landplage im Südosten der USA. Sie zerstören Felder, vertilgten Gestein, sogar den Putz von Wänden und Autoreifen. Man hatte Wolfsschnecken auf sie gehetzt, mit ihrem zehn Zentimeter langen Gehäuse, die Hälfte von dem Achats. Es gibt sie in Halbmond- und in Eiform. Ihre Merkmale sind die besonders langen Labial-Palmen, zwei tentakelartige Fortsätze am vorderen Teil des Fußes im Mundbereich. Mit dem Mund schneiden sie die Beute in Stücke und verschlingen sie, sowohl die Schnecken als auch ihr Gehäuse. Das Heimtückische daran ist, dass die räuberischen Landschnecken Kannibalen sind. Sie verfolgen ihre Beute sogar über Flüsse und Bäume. Sie fressen mit Vorliebe Schnecken, bloß die falschen. Die Weinbergschnecken, die so nützlich sind, fallen ihnen zum Opfer, was zum Aussterben der ganzen Population eines Bezirks führt. Die Riesenschnecken sollen sogar Krankheitserreger von Hirnhautentzündungen und Bauchschmerzen sein und Fieber übertragen. Die Erreger sind dort, wo sie unterwegs waren, denn ihr Schleim ist giftig, da die Riesenschnecken sich auch von giftigen Pflanzen ernähren.

Quellen

Wikipedia
Hekaya.de Märchen aus aller Welt
Tb-guide.de
Google bild
Mada Magazine
In Afrika, Mythos und Alltag von Ilija Trojanow
Myanmar discover.de
Buddhistische Beerdigung in Burma
Das Herzenhören von Jan-Philipp Sendker
Palast der Winde von M. M. Kaye
Schatten über dem Mond von M. M. Kaye
Die Brücke am Kwai von Pierre Boulle
A thousand cups of rice von Kyle Thompson
Terra X Monster der Tiefe
11 Legendary Monster Afrikas
Königreich der Schlangen Wikipedia
Afrikanische Kosmologie Wikipedia
Mulungu afrikanischer Hochgott
Marungu Bergen Mythos
Felsenformation-Planet-Schule.de
Schlangenkult Indien

Kurzer Inhalt

Aus dem Tagebuch der Riesenschnecke Achat erfahren wir ihre abenteuerliche Reise quer durch die Welt im Indischen Ozean. In der Kolonialzeit werden von Madagaskar aus die afrikanischen Riesenschnecken weiter verbreitet, zuerst von den Portugiesen als Nahrungsmittel. Von Afrika dann nach Britisch-Indien. Dieses umfasste zu der Zeit das Territorium der Republik Indien, die heutigen Staaten Pakistan, Bangladesch, Myanmar und Birma. Birma war im Zweiten Weltkrieg zwischen die Fronten geraten. Die Amerikaner und die Japaner nahmen auch die Riesenschnecken mit in die Heimat. Ihr Dasein ist alles andere als erfreulich.